Sound und Sexismus

»Substanz«

L. J. Müller

Sound und Sexismus

**Geschlecht im Klang populärer Musik.
Eine feministisch-musiktheoretische Annäherung**

Die Deutsche Bibliothek verzeichnet diese Publikation
in der Deutschen Nationalbibliografie.
Detaillierte bibliografische Daten sind im Internet abrufbar unter
http://dnb.d-nb.de

Besuchen Sie uns im Internet:
www.marta-press.de

1. Auflage April 2018
© 2018 Marta Press UG (haftungsbeschränkt),
Hamburg, Germany, www.marta-press.de
Alle Rechte vorbehalten.
Kein Teil des Werkes darf in irgendeiner Form (durch Fotografie, Mikrofilm oder andere Verfahren) ohne schriftliche Genehmigung des Verlages reproduziert oder unter Verwendung elektronischer Systeme verarbeitet, vervielfältigt oder verbreitet werden.
© Umschlaggestaltung: Niels Menke, Hamburg
unter Verwendung eines Bildes von: www.pexels.com
Printed in Germany.
ISBN 978-3-944442-55-6

Für alle, die gegen Sexismus kämpfen,

gekämpft haben oder kämpfen werden.

Vielen Dank für eure Gedanken, eure Kraft und euren Mut!

Inhalt

Vorwort   11

Einleitung: Wie klingt eigentlich Sexismus?   15

    Feministische Musikanalyse   17
    Forschungsstand   20
    Vorgehen und Aufbau   28

Kapitel 1: Theoretische Grundlagen   31

    Frauen als unwesentliche Subjekte   32
    Die Performativität von Geschlecht   36
    Popmusik als sozialer Zement   44
    Popmusik als innere Selbstproduktion   52

Kapitel 2: Analysewerkzeuge   57

    Musik als Zeichen: Assoziationen   59
    Homologie   66
    Der Songtext als Genotext   71
    Auditive Lüste   76
    Der sonische Körper   85
    Der vokalische Körper   93

Kapitel 3: „Echtheit" als implizit männliche Norm — 103

Die männliche Rockstimme als Norm — 103
Authentizität und „echte" Stimme — 110

Nirvana: „Smells Like Teen Spirit" — 114
Die Wirkungsweise der „echten" Stimme — 118
Die Identifikation mit der „echten Stimme" — 120

Robbie Williams: „Feel" — 122
Die „echte" Stimme als männliche Performanz — 125
Das geschlechterdifferenzierte Publikum — 127

Kapitel 4: Alternative ästhetische Strategien von Sängerinnen — 131

Kate Bush: „Feel It" — 132
Timbre als Maske — 135
Die Produktion von Begehren — 136
Intentionalität und Verführung — 138
Das Subjekt hinter der Stimme — 140

Kylie Minogue: „Can't Get You Out of My Head" — 142
Der sich entziehende vokalische Körper — 145
Der Stimmklang als fetischisiertes Objekt — 147
Tanz als Aneignung des eigenen Körpers — 149

Björk: „All Is Full Of Love" — 152
Die Klangumarmung der körperlosen Stimme — 156
Die Materialität des Wortes — 158

Birdy: „People Help The People" — 160
Eine weibliche „echte" Stimme? — 164
Inszenierung von Kastration — 166
Die Selbstauflösung als tröstender Ausweg — 169

Fazit: Sexismus hören? **173**

    Die Stimmen der Anderen   173
    Der geschlechtlich kodierte sonische Körper   177
    Sexismus hören!   179

Anhang   **185**

    Literatur   187
    Musik   199

Vorwort

Es war, glaube ich, im Herbst des Jahres 2012, als ich Peter Wicke die ersten Ideen für meine Abschlussarbeit vorstellte und er die Betreuung dieses eigentlich ziemlich größenwahnsinnigen Projekts zusagte, in dem ich herausfinden wollte, wie Sexismus klingt. Damals hatte ich noch kein klares Bild davon, wohin mich diese Frage führen würde, nur die vage Vorstellung, dass althergebrachte Methoden der Musikanalyse (zu Form, Melodie, Harmonik, Instrumentation usw.) wahrscheinlich nicht weit führen würden, sowie ein in vorhergehenden Musikanalysen entwickeltes Gefühl für etwas, das mir beständig durch die Finger zu gleiten schien.

Um dieses „Etwas" zu packen, war es notwendig, zu eher ungewöhnlichen Methoden zu greifen, die ich vor allem in feministischen Theorien (Cyborgs, Performanz, Othering, Standpunkttheorien und Genotexte) gefunden habe. Dorothea Dornhof, die damals die Zweitbetreuung meiner Arbeit übernahm, brachte mich außerdem dazu, über das Potential von psychoanalytischen Theorien für mein Projekt nachzudenken: Ich war damals sehr, sehr, sehr skeptisch, was Begriffe wie „Kastration" oder „Fetisch" angeht, und bin heute selbst erstaunt, wie stark sich meine Position hierzu geändert hat. Tatsächlich sehe ich mittlerweile den Wert psychoanalytischer Begriffe und Konzepte, die trotz aller berechtigter Kritik die Möglichkeit enthalten, Dinge zu bezeichnen, die sonst viel zu leicht aus dem Blickfeld geraten.

Dabei hoffe ich sehr, liebe_r Leser_in, dass auch du dich auf dieses eher ungewöhnliche Musikbuch einlassen kannst, das dich, wenn mein Projekt gelungen ist, wahrscheinlich mit Dingen konfrontieren wird, die du gar nicht hören willst. Dieses Buch ist, obwohl ich mich um eine gute Verständlichkeit bemüht habe, recht widerständig. Es erforderte beim Schreiben nicht nur gedankliche, sondern vor allem auch sehr viel emotionale Arbeit, denn es geht in diesem Buch nicht um die

Beschreibung einer Sache „irgendwo da draußen", sondern um Verletzungen, die mich und wahrscheinlich auch dich tief zeichnen.

    Vor fünf Jahren habe ich nicht damit gerechnet, das zu finden, was ich gefunden habe, und ich fürchte, die Versuchung ist groß, zu behaupten, dass es nicht existiert. Ich weiß, dass die Anerkennung dessen, was ich hier beschreibe, nicht einfach ist (sie war es auch für mich nicht), ich denke aber, dass eine Hoffnung auf eine wirkliche Veränderung nur existiert, wenn wir das ganze Ausmaß sexistischer Gewalt erkennen, wozu ich hier einen Beitrag leisten möchte. Dabei möchte ich in diesem Buch keine einfachen Auswege präsentieren und auch keine leichtfertige Hoffnung auf Veränderung verbreiten, sondern erst einmal beschreiben, was ich höre, und dieses Hören nachvollziehbar machen.

    Dieser Text ist bei aller Mühe und Arbeit, die in ihm steckt, alles andere als perfekt. Die größte Lücke, die mir schmerzlich bewusst ist (und immer bewusster wird), ist dabei das Ausblenden von weiteren Diskriminierungszusammenhängen, insbesondere Rassismus und Heteronormativität. Die Fokussierung meiner Frage auf Sexismus führte zur Ausklammerung von queeren Sänger_innen und Sänger_innen of Colour, womit ich nicht wirklich zufrieden bin, da dies als Wiederholung einer weißen heterosexuellen Norm gelesen werden kann. Die Frage, wie sich Rassismus und Heteronormativität klanglich auswirken, ist wichtig und erfordert m.E. dringend eine Antwort, die ich hier jedoch nicht liefern kann. Queere und Sänger_innen of Colour miteinzubeziehen, diese Fragen jedoch zu übergehen, hätte m.E. eine Gleichheit suggeriert, die so nicht existiert. Da jedoch verschiedene Diskriminierungen sich gerade in der (erzwungenen) Differenz von einer (konstruierten und willkürlichen) Norm zeigen, erschien es mir sinnvoll mit der Analyse dessen zu beginnen, was in einer heterosexistischen und rassistischen Welt als normativ gesetzt wird.

    Meine Ergebnisse bleiben somit unabgeschlossen und vorläufig, machen aber hoffentlich dennoch einen kleinen Schritt hin zu einem Verständnis der Strukturen, die uns immer weiter an eine ungerechte Welt binden und die wir möglichst gut verstehen müssen, um sie wirksam anzugreifen. Vor diesem Hintergrund wünsche ich mir nicht, dass du das, was ich schreibe, einfach unreflektiert als Wahrheit anerkennst, sondern hoffe vielmehr, dass du es als Baustein brauchbar findest, um es kritisch weiterzuentwickeln und/oder in ein Material für politisches Denken und Handeln zu verwandeln. (Ich freue mich sehr über Feedback!)

Zudem möchte ich mich bei all denjenigen bedanken, die auf sehr unterschiedliche Weise zu diesem Projekt beigetragen haben. Zuerst sind natürlich Peter Wicke und Dorothea Dornhof zu nennen, ohne deren Vertrauen dieser Text heute wohl kaum existieren würde. Besonders dankbar bin ich außerdem allen Korrekturleser_innen und Kritiker_innen der ersten Stunde: Steffen Just, Barbara Fichtl, Nana (=Frank Wismar), Jerome und Ingolf Wowros, die 2013 zum ersten Mal meinen Text gelesen und mir wertvolles Feedback gegeben haben.

Das letzte Jahr, in dem ich mir nach längerer Pause meine Magisterarbeit mit Hinblick auf diese Veröffentlichung noch einmal sehr intensiv und kritisch vorgenommen habe, war dabei zugleich das erste Lebensjahr meines Kindes. Dass die Überarbeitung dieses Textes zwischen Stillen, Wickeln und zahlreichen schlaflosen Nächten nicht zugleich zu meiner eigenen Überarbeitung führte, verdanke ich der großen und selbstverständlichen Unterstützung zahlreicher Menschen, die mich bzw. uns im letzten Jahr begleitet haben.

Dabei möchte ich drei Personen besonders erwähnen: Steffen Just, der während des Abschlusses seiner eigenen Promotion meinen Text Korrekturgelesen hat und in den letzten Monaten auch immer wieder ein offenes Ohr für mein Projekt hatte, mein Bruder Ubbo, der nicht nur regelmäßiger und begeisterter Babysitter war, sondern mir auch sehr hilfreiches und anregendes Feedback gegeben hat, sowie vor allem Jerome, mein Partner, der nicht nur nie am Sinn und an der Notwendigkeit dieses Projekts gezweifelt hat (im Gegensatz zu mir), sondern mich vor allem immer wieder zwingt und dabei unterstützt, mich mit den kritischen Fragen und Problemen zu befassen, die ich die meiste Zeit eigentlich lieber verdrängen würde.

Für hilfreiche Diskussionen, weiterführende Fragen, Hinweise, Bestätigung sowie wertschätzende und wertvolle Kritik danke ich außerdem: Stefanie Alisch, Christopher Ballantine, Cecilia Björck, Monika Bloss, Dahlia Borsche, Sarah Chaker, Dietmar Elflein, Stan Hawkins, Florian Heesch, Jin Hyun Kim, Bianca Ludewig, Susan McClary, Jens Papenburg, Melanie Schiller, Andreas Schönrock und den Mitgliedern der studentischen Forschungsgruppe Popmusik an der Humboldt-Universität.

LJM, April 2018

Einleitung:
Wie klingt eigentlich Sexismus?

Das ist grob gesagt die Frage, die ich in diesem Buch beantworten möchte, doch sie stößt meiner Erfahrung nach oft zuerst auf Unverständnis, Erstaunen oder große Skepsis:

Zuerst scheint vielen Menschen die Antwort auf diese Frage recht trivial zu sein: Sexismus klingt „scheiße", denn sexistische Musik ist in der Regel immer die, die wir gerade schlecht finden. Dabei trifft diese Kritik erstaunlich oft gerade Sängerinnen: Ob Beyoncé, Lady Gaga, Helene Fischer, Celine Dion oder Britney Spears – gerade was den Klang ihrer Stimmen angeht wird das Urteil oft schnell gefällt, denn sie klingen „unecht", „künstlich" oder „sexuell verfügbar". Männer hingegen werden meist nicht für ihre Stimmen sondern nur für problematische Songtexte kritisiert und auch dort kreist die Diskussion sehr schnell und sehr beharrlich um ein bestimmtes Genre: Hip Hop. Auch Personen, die sich bisher kaum im Kampf um feministische Themen verdient gemacht haben, fällt es bemerkenswert leicht die Rap-Texte von 50 Cent, NWA, Tupac oder Jay-Z zu kritisieren. Nicht, dass eine solche Kritik unberechtigt wäre, aber wieso richtet sich der Fokus solcher Gespräche so erstaunlich selten auf *weiße Männer*? Wieso sprechen wir nicht über den Klang von z. B. ... Nirvana?

Wenn ich das Gespräch in diese Richtung lenke, werden die Einwände meist größer und plötzlich macht sich Skepsis breit, ob Sexismus denn überhaupt hörbar sein kann. Nachdem die Antwort auf die oben gestellte Frage zuerst trivial erschien, ist sie nun plötzlich unmöglich. Denn nun spreche ich über „echte Musik", die irgendwie über so schreckliche Dinge, wie Sexismus, erhaben zu sein scheint. Mit großem Eifer wird auf einmal ein „eigentlicher Kern der Musik" verteidigt, der jenseits ideologischer Beeinflussung liegen würde. Dabei ist jedoch die oft vehement vertretene Annahme, dass gerade der Klang populärer Musik von der Reproduktion sexistischer Geschlechtervorstellung ausgenommen sein soll – zudem in einem Kontext dessen Sexismus ansonsten bereits lange kritisiert, allgemein bekannt und schlichtweg offensichtlich ist – bei näherer Reflexion eigentlich eher überraschend. Sie basiert auf kulturellen Vorstellungen von Musik, die ich in diesem Buch grundlegend in Frage stellen werde.

Schon die Idee, dass Musik ein einfach gegebenes Objekt ist, werde ich dabei angreifen: Der einzelne Song steht immer vor dem Hintergrund anderer Musik und musikbezogener Diskurse, die ebenso die Basis für seine Verständlichkeit herstellen, wie das rezipierende Subjekt selbst, das maßgeblich zur affektiven Wirkung der Musik beiträgt. Der angebliche „Kern der Musik" verweist so zugleich auf einen alles andere als unpolitischen musikästhetischen Gesamtzusammenhang, wie auf die Identität des hörenden Individuums. Musik kann nur in diesem zweifachen Kontext existieren und als Musik wirken. Sie lässt sich damit, wie ich zeigen möchte, als ein Vermittlungsmoment zwischen der_dem Einzelnen und einem gesellschaftlichen Ganzen, von mittlerweile globalem Ausmaß, ansehen.

Meine gesamte Argumentation zielt dabei darauf ab, populäre Musik als einen Komplex zu analysieren und zu kritisieren, in dem sexistische Strukturen nicht nur in Musikvideos, Interviews, Songtexten, Images, Bühnenshows und den Produktions- und Vermarktungsbedingungen zu finden sind, sondern ganz direkt auch die Wahrnehmung und Wirkung von Musik bestimmen. Anders gesagt: Schon was wir hören, ist nicht einfach gegeben, sondern bereits von unserer eigenen geschlechtlichen Identität und Positionierung, sowie den gesellschaftlichen Vorstellungen über die Selbige mitbestimmt.

Um diese vielleicht provokant erscheinende These zu untermauern, werde ich in diesem Buch alternative Möglichkeiten zum Verständnis von Musik und ihren Wirkungen vorstellen und entwickeln. Hierzu greife ich insbesondere auf den Begriff des „Sonischen" zurück, den Peter Wicke entwickelt hat, um auf die kulturelle Determinierung von Musik und ihrer Abhängigkeit vom hörenden Subjekt hinzuweisen.[1] Von einem solchen Musikverständnis ausgehend werde ich sechs Songs (von Nirvana, Robbie Williams, Kate Bush, Kylie Minogue, Björk und Birdy) analysieren und dabei zeigen, dass problematische Vorstellungen von Geschlecht sich nicht einfach nur durch Assoziationen oder Attribute (d.h. beispielsweise eine Verbindung von Weiblichkeit mit Weichheit und Männlichkeit mit Härte) vermitteln, sondern vor allem in einer unterschiedlichen Positionierung von Männlichkeit und Weiblichkeit in Beziehung zum Medium selbst besteht. Diese Positionierungen sind ferner, wie ich zeigen möchte, mit

---

[1] Vgl. Wicke (2006).

den affektiven Wirkungen von Popsongs, d.h. ihren beispielsweise verführerischen, mitreißenden, erotischen oder tröstenden Effekten eng verbunden.

Feministische Musikanalyse

Dieses Buch basiert im Kern auf einer Magisterarbeit aus dem Jahr 2013 mit dem Titel „Feministische Popmusikanalyse. Auf der Suche nach Worten". Meine Motivation für dieses Abschlussprojekt war dabei vor allem eine ziemliche Unzufriedenheit mit etwas, was ich in meinem Studium als eine Art Sprachlosigkeit gegenüber Sexismus und Geschlecht im Klang wahrgenommen habe.

Sprache ist nicht nur Mittel zur Beschreibung der Wirklichkeit, sondern ein Werkzeug, das die Welt verständlich macht und ihre Wahrnehmung strukturiert. Das Fehlen von Worten zur Bezeichnung erschwert hingegen die bewusste Wahrnehmung eines Phänomens und macht seine genaue Abgrenzung von ähnlichen Phänomen fast unmöglich. Gerade in der Benennung von Klang und Klangerfahrung fehlen allerdings oft genaue Begriffe,[2] so dass wir der Erfahrung tendenziell ausgeliefert sind, ohne uns selbst sprachlich dazu in Beziehung setzen zu können. Es war daher ein wichtiges Ziel meiner Magisterarbeit Begriffe zu entwickeln, die eine wirksame Kritik am in der Regel unbewusst vermittelten Sexismus im Klang populärer Musik ermöglichen.

Dabei möchte es jedoch keinesfalls nahelegen, dass die hier analysierten Musikbeispiele als besonders sexistisch gelten können, oder überhaupt den Fokus vorschnell auf einzelne Performer_innen richten. Eher im Gegenteil möchte ich mithilfe der Songs problematische Hintergrundstrukturen herausarbeiten, die in populärer Musik insgesamt wirksam sind. Daher habe ich gerade keine Extrembeispiele ausgewählt, sondern ein Set an Songs erstellt, das recht verbreitete und langlebige Muster von dem enthält, was mir als derzeit hegemoniale Muster[3] von Männlichkeit und Weiblichkeit erscheint. Ich erhebe hierbei

---

[2] Vgl. z.B. auch Pfleiderer (2003), S. 21 ff.
[3] Als hegemoniale Männlichkeit bzw. Weiblichkeit fungiert globalgesellschaftlich derzeit weiße heterosexuelle Männlichkeit bzw. Weiblichkeit, wobei die hegemonialen Geschlechterbilder jedoch nicht nur für weiße heterosexuelle Frauen/Männer normativ sind, sondern auch für alle Anderen (zumindest von außen betrachtet) zum (unmöglichen) Ideal werden, an der sich ihre Männlichkeit/Weiblichkeit misst, während sie zugleich durch rassistische und heteronormative Strukturen davon ausgeschlossen werden. Vgl. Collins (2006), S. 96 f.

weder einen Anspruch auf Vollständigkeit, noch möchte ich suggerieren, dass es Sinn macht, Popmusik irgendwie nach den hier präsentierten Songs zu kategorisieren. Denn obwohl sich einige typische Muster für geschlechtliche Identitäten, wie auch schon von anderen Autor_innen (z.B. John Shepherd oder Simon Frith und Angela McRobbie) beobachtet, häufig in der populären Musik wiederfinden, produziert eine Hörweise, die auf eine solche Einteilung zielt, eine Reduktion, in der dasjenige, was ich in diesem Buch thematisieren möchte – Musik als emotionale und körperliche Erfahrung – tendenziell verschwindet.

Dies stellt auch Hören als passives Rezipieren der akustischen Umwelt in Frage. Im Hören produzieren wir Ordnungen, fokussieren Aufmerksamkeit, erkennen Bekanntes oder lassen uns von Unbekanntem überraschen, und zwar in der Regel bereits lange bevor irgendeine bewusste Entscheidung darüber getroffen wurde.[4] Darüber hinaus lässt sich Hören insbesondere im Popmusikkontext auch als ganzkörperliche Aktivität verstehen, die je nach Kontext Tanzbewegungen anregt, Gefühle und Gemütszustände beeinflusst und mit den im Stimmklang vermittelten Körperspannungen resoniert.

Ein Alltagsverständnis von Hören grenzt selbiges hingegen vom Sehen ab und ist, wie der Musikwissenschaftler John Shepherd betont, geschlechtlich kodiert.[5] Hören und Sehen legen dabei eine jeweils andere Beziehung zur Welt nahe: Die im Blick implizit enthaltene Distanz vom betrachteten Gegenstand ähnelt der Distanz im Benennen durch Sprache und kann als eine Spielart einer männlich konnotierten sich selbst immer im Zentrum einer objektiven Weltbetrachtung imaginierenden Perspektive gedeutet werden, die Donna Haraway wie folgt beschreibt:

„Dieser Blick schreibt sich auf mythische Weise in alle markierten Körper ein und verleiht der unmarkierten Kategorie die Macht zu sehen, ohne gesehen zu werden sowie zu repräsentieren und zugleich der Repräsentation zu entgehen."[6]

Ein so verstandenes Sehen erzeugt das Selbst nicht als Teil der Welt, sondern in einer Sonderposition scheinbarer Souveränität. Hören scheint in Abgrenzung dazu in einer engen und involvierten Verbindung zur Welt zu stehen und das hörende Subjekt den klanglichen Einwirkungen eher ausgeliefert. Dies beides sind jedoch vereinfachende

---

[4] Vgl. z.B. auch Merleau-Ponty (2010 [in fr. 1945]), S. 182 ff. und Kassabian (2009), S. 55.
[5] Vgl. Shepherd (1991), S. 157 ff.
[6] Haraway (1995 [1985]), S. 80.

Vorstellungen, die sich als Verzerrungen verstehen lassen und die durch die gegenseitige Abgrenzung und die Verknüpfung mit Geschlecht plausibel erscheinen. Die so schließlich entstehenden fehlerhaften Vorstellungen der differenten Sinne und die essenzialisierenden Vorstellungen von Geschlecht stabilisieren sich dann gegenseitig.

Das Hinterfragen althergebrachter Vorstellungen von Hören und Musik steht damit auch vor dem Hintergrund der geschlechtlichen Kodierung, die diese beiden Terme mit Weiblichkeit verbindet und gegen Sehen und Sprache als ihre virilen Gegenparts abgrenzt. Diese fordert aus feministischer Sicht die Suche nach Alternativen heraus, die einfache Dichotomien von Subjekt und Objekt überschreiten.

Die Musikanalyse, als Sprechen und Denken über Musik, wird so selbst zum Gegenstand der Untersuchung und muss daraufhin kritisch befragt werden, inwiefern sie ebenfalls an der Reproduktion problematischer Geschlechterbilder beteiligt ist.[7] Schon die Frage, wie und was in Musik analysiert und beschrieben wird, kann daher aus feministischer Perspektive nicht als neutral angesehen werden. Einen großen Teil dieser Arbeit macht aus diesem Grund auch die Entwicklung von Untersuchungsmöglichkeiten und Modellen zum Verständnis der Wirkungsweise populärer Musik aus. Dabei denke ich, dass auch der eher dürftige Stand der Forschung zum Thema Geschlecht und Sexismus im Klang (gerade im Vergleich zur feministischen Forschung in visuellen Medien und in Sprache) auch mit dem Festhalten an solchen geschlechtlich konnotierten Dichotomien erklärt werden kann, die das hörende Subjekt bzw. den Prozess des Hörens außerhalb der Untersuchung belassen, anstatt beides als Teil dessen zu begreifen, was Musik ausmacht.

Durch diese Veränderung des Gegenstandes rückt hingegen die Hörweise selbst mehr und mehr in den Fokus und damit die Beziehungen, die zu Musik möglich sind. Das Entwickeln dieses Blickwinkels wurde zudem durch die Lektüre von feministischer Forschung zu anderen Medien inspiriert, wobei insbesondere Laura Mulveys Kritik am Male Gaze im Kinofilm erwähnt werden muss. So werde ich in diesem Text die Positionierungen von Hörer_innen durch Musik beleuchten und die hierin enthaltenen gesellschaftlichen Machtverhältnisse darlegen.

Produktiver als der Vorwurf des Sexismus an den einen oder anderen Song erscheint mir daher die Entwicklung und Verbreitung eines

---

[7] Entsprechende Kritiken finden sich u.a. bei: Susan McClary (2002 [1991]), Suzanne Cusick (1994b) und (2009) und Fred Maus (2009).

kritischen Bewusstseins über die problematischen Aspekte von gesellschaftlich vermittelten und internalisierten Hörweisen. Dies soll und muss auch eine Kritik an verletzender Musik ermöglichen, die schließlich das Medium dieser Vermittlung ist. Ich hoffe aber, dass meine hier entwickelte Musikkritik vor allem zur (Weiter-)Entwicklung von (vielleicht auch sehr radikalen) Alternativen und Veränderungen beitragen kann.

Forschungsstand

Wie schon erwähnt, ist die Erforschung von Geschlecht und Sexismus im Klang ein bekanntes Desiderat.[8] Zwar ist eine kritische Auseinandersetzung mit Geschlecht selbstverständlicher Teil der Popmusikforschung,[9] allerdings weist die konkrete Auseinandersetzung mit Klang, wie einige Vertreter_innen des Fachs bereits bemängelt haben, insgesamt ein Defizit auf.[10] Entsprechend setzt sich auch ein Großteil der Forschung zu Geschlecht und Popmusik vor allem mit Kontexten (Biographien, Musikgeschichte, Diskursen, Subkulturen, Genres, Produktions- und Konsumptionsbedingungen) auseinander:

Die Analyse des popmusikalischen Kontextes ist dabei insgesamt wichtig, um die vielfältige Marginalisierung von Frauen im Popmusikbereich zu verstehen. So belegen Vaughn Schmutz und Alison Faupel beispielsweise in ihrem Aufsatz „Gender and Cultural Consecration in Popular Music", dass und durch welche Dynamiken Musik von Frauen

---

[8] Vgl. Monika Bloss (2006), S.314, Binas-Preisendörfer (2015) und Jens Papenburg (im Erscheinen).

[9] Mitunter umfangreiche Abschnitte, die Sexismus/Geschlecht thematisieren sind in jedem größeren Forschungshandbuch enthalten. Vgl. beispielsweise Frith/Goodwin (Hg.) (2007 [1990]), Scott (Hg.) (2009) und Bennett/Waksman (Hg.) (2015). Außerdem gibt es einige Special Issues in relevanten Zeitschriften: Bradby/Laing (Hg.) (2001), Stadler/Tongson (Hg.) (2013), und Dougher/Pecknold (Hg.) (2016). Sowie einige Sammelbände, die sich diesem Thema widmen: Whiteley (1997c), Whiteley/Rycenga (Hg.) (2006), Jarman-Ivens (Hg.) (2007), Stras (Hg.) (2011a) und Adrian/Warwick (Hg.) (2016).

[10] Mit dem Problem wird vielfach gehadert und es werden immer wieder Lösungsversuche präsentiert: Vgl. Middleton (1993), Middleton (Hg.) (2000a), Papenburg (Hg.) (2006), Helms/Phleps (Hg.) (2012). Die Kritik aktualisiert sich aber nach wie vor: Vgl. Jasen (2016), S. 4ff. und die Gründungserklärung des 2015 gegründeten „Network for the Inclusion of Music in Music Studies" (NIMiMS).

im Musikjournalismus tendenziell ausgeschlossen und bei Berücksichtigung oft mit Attributen belegt wird, die Weiblichkeit betonen.[11] Auch Marion Leonard beschreibt in ihrem Buch „Gender in the Music Industry", wie solche Bewertungen sich aktualisieren und Indie Rock in vielfältigen Praktiken (Vermarktung, Fotos, Imagebildung) als männlich konnotiertes Genre naturalisiert wird.[12] Die Aktualisierung eines ebenso männlich konnotierten Musik-Expertentums[sic] noch in Diskursen zu Online-Musik haben kürzlich außerdem Ann Werner und Sofia Johansson belegt,[13] so dass hier leider auch aktuell kaum mit grundlegenden Änderungen zu rechnen ist.

Dass Frauen beim Aufbau einer erfolgreichen Karriere als Pop-Musikerin behindert werden, ist mittlerweile ebenfalls gut belegt: Vom Erlernen des Instruments über den Austausch von Wissen in Insidernetzwerken und der Vermittlung von Auftrittschancen bis hin zu normativen Vorstellungen von Geschlecht, die das Einnehmen bestimmter Positionen (z.B. das Spielen der E-Gitarre)[14] schlicht kulturell unverständlich machen, wird Frauen der Einstieg und die Professionalisierung im Bereich der populären Musik erschwert und oft auf die Rolle der Sängerin reduziert.[15] In der Konsequenz gibt es mittlerweile frauenzentrierte bzw. FLTI*-Netzwerke[16], die sich für den Abbau solcher Barrieren einsetzen. Dennoch belegen beispielsweise Anna Gavanas und Rosa Reitsamer die Probleme von weiblichen DJs in einer durch Neoliberalismus und Post-Feminismus gekennzeichneten Gegenwart:[17] Frauen machen dabei immer noch Erfahrung als gesonderte Gruppe behandelt und als Repräsentantinnen von Weiblichkeit rezipiert zu werden und sehen sich gezwungen ihre Karrierepläne daran auszurichten. Das Netzwerk Female Pressure belegt außerdem in seiner aktuellen Studie die nach wie vor eklatante Unterrepräsentanz von

---

[11] Schmutz/Faupel (2010). Siehe auch: Davies (2001).
[12] Vgl. Leonard (2007).
[13] Vgl. Werner/Johansson (2016).
[14] Vgl. zur E-Gitarre: Lewis (2017) und Whiteley (2015), S.374; Detaillierter zu den Hintergründen: Björk (2009).
[15] Vgl. z.B. Bayton (2007 [1988]), Björk (2009), Buscatto (2007), Cohen (1997), Leonard (2007).
[16] Beispielsweise: Female:Pressure, Pink Noises, Melodiva und die Girls Rock Camp Alliance, vgl. außerdem Bayton (1993).
[17] Vgl. Gavanas/Reitsamer (2017).

weiblichen Acts und Acts mit Beteiligung von Frauen in der elektronischen Musikszene.¹⁸ Das Wissen um diese Kontexte ist dabei notwendiger Hintergrund für meine Arbeit, die die klanglichen Konsequenzen und Voraussetzungen dieser nach wie vor sehr stabilen Asymmetrien bearbeiten möchte, wird aber in dieser Arbeit selbst nicht weiter thematisiert.¹⁹

Auf der anderen Seite gibt es zahlreiche Aufsätze, in denen einzelne Songs, Genres oder Performer_innen unter Gendergesichtspunkten untersucht werden. Auch hier stehen allerdings oft nicht Musik als Klang, sondern eher Songtexte, Musikvideos, Biographien und Images im Zentrum der Betrachtung, wobei vor allem im deutschsprachigem Raum insbesondere die Untersuchung von Videos sehr verbreitet ist.²⁰ Diese Arbeiten sind ebenso wichtig, belegen sie doch den weitverbreiteten Sexismus in der medialen Präsentation von Frauen, den Einfluss von Geschlecht oder Sexualität auf die Wahrnehmung von Stars und biographische Schwierigkeiten in einzelnen Lebenswegen, die durch (Hetero-)Sexismus ausgelöst oder verschärft wurden. Dennoch sind auch diese Arbeiten, selbst wenn sie klangliche Aspekte mitberücksichtigen, in Bezug auf die Frage, wie Sexismus klanglich vermittelt wird, oft leider wenig hilfreich, denn es wird hier nur selten eine musikspezifische Dimension in der Produktion von Geschlecht oder Sexismus analysiert, die unabhängig von Text, Video oder biographischem Hintergrund einen problematischen Inhalt verbreitet. In ihrem

---

[18] Vgl. Female:Pressure Trouble Makers (2017).

[19] Interessent_innen an diesem Thema seien auf die frauen-/geschlechterzentrierten Musikgeschichtsschreibungen von Gaar (2002 [1993]), Reynolds/Press (1995), O'Brien (1996), Whiteley (2000) und Volkmann (2011) hingewiesen.

[20] Auch, wenn es hier Überschneidungen gibt: Vgl. zur Untersuchung von Songtexten insbesondere: Avery et al. (2017), Bradby (2007 [1988]) und Greig (1997); zur Untersuchung von Biographien und Images: Mayhew (2006), Whiteley (1997a), Palmer (1997), Negus (1997), Bruzzi (1997), Funk-Hennigs (2011); Hawkins (2016) und zur Untersuchung von Musikvideos: Whiteley (1997b), McDonald (1997), Bechdolf (1999), Bloss (2001), Dickinson (2001), Schuhen (2012), sowie der gesamte dem Thema Sexismus in Musikvideos gewidmete Sammelband Helms/Phleps (Hg.) (2003); des Weiteren wird Geschlecht gezielt in einzelnen Genres bzw. Subkulturen erforscht, wobei vor allem Heavy Metal und HipHop untersucht werden. Vgl. zu Metal: Walser (1993), Clifford-Napoleone (2015), Hill (2016) und Heesch/Scott (Hg.) (2016); Vgl. zu HipHop: Mushaben (2008), Rose (2008) und Jeffries (2011).

Text „Representations of Femininity in Popular Music" stellt Nikola Dibben beispielsweise dar, wie die Musik Akzeptanz oder Dissens zu einer vermittelten Ideologie transportiert; die patriarchalen Inhalte dieser Ideologie werden allerdings bei näherer Betrachtung in ihren Analysen ausschließlich im Songtext und im Video vermittelt.[21]

Wenn hingegen einzelne Arbeiten auf die klangliche Präsentation von Geschlecht oder Sexualität eingehen, so scheint die Musik oft nur auf einer assoziativen Ebene an der Konstruktion von Geschlecht teilzuhaben, indem sie beispielsweise „weibliche Weichheit" oder „männliche Härte" vermittelt. Philip Tagg und Bob Clarida haben in ihrer semiotischen Analyse von „Ten Little Title Tunes" die vielfältigen konnotativen Verknüpfungen von Männlichkeit und Weiblichkeit mit bestimmten Attributen belegt.[22] Sie weisen hierbei nach, dass musikalisch hochgradig konservative Vorstellungen von Geschlecht vermittelt bzw. mit Geschlecht verknüpft werden. Trotz dieses sehr klaren Ergebnisses zeigt allerdings die Arbeit von Tagg und Clarida auch auf, dass Sexismus als Struktur nicht auf diese Weise erfasst werden kann: Musik übernimmt in der semiotischen Analyse nur die Rolle Geschlecht als vorab existente Kategorie mit meist bereits geschlechtlich konnotierten Eigenschaften zu versehen, so dass sich die beiden Assoziationen gegenseitig stützen. Schließlich ist Geschlecht in einer solchen Interpretation lediglich als ein (natürlich grundsätzlich wandelbares) Konglomerat an Eigenschaften interpretierbar, während Sexismus als strukturelle Benachteiligung der Analyse notwendigerweise ebenso entgeht, wie Musik als potentiell produktive Kraft für die Konstruktion von Geschlechtern.

Die Ergebnisse von Tagg und Clarida weisen hingegen bereits über den semiotischen Bereich hinaus: Anahid Kassabian kommt in ihrer Interpretation der Ergebnisse von Tagg und Clarida zu dem Schluss, dass Frauen eher mit der Umgebung assoziiert werden, während Männer zu aktiv handelnden Helden und damit, wie im Film als Identifikationsfiguren erscheinen. In ihrem etwa zeitgleich entstandenen eigenen Buch „Hearing Film" zu Filmmusik weist sie darauf hin, dass Identifikationsprozesse auch maßgeblich von der klanglichen Untermalung abhängen.[23] Dies verdeutlicht, dass nicht nur die semiotischen Konnotationen, sondern auch die (möglichen) Beziehungen der Hörer_innen zur Musik relevant für ein weitergehendes Verständnis der ideologischen Wirkungsweisen von Musik sind.

---

[21] Vgl Dibben (1999).
[22] Vgl. Tagg/Clarida (2003), S. 667 ff.
[23] Vgl. Kassabian (2001).

Konzeptionelle Ansätze, die das Thema Geschlecht und Musik strukturell angehen und damit nach der Produktion von Ungleichheit im Medium Musik selbst fragen, gibt es nach wie vor nur wenige. Hier finden sich einige Arbeiten in den eher traditionelleren Feldern der Musikwissenschaft und Musiktheorie: Autor_innen, wie beispielsweise Suzanne Cusick, Fred Maus, Susan McClary, Eva Rieger oder John Shepherd kritisieren vor allem die Körperferne von Notation und klassischer Musikanalyse als Ausdruck eines patriarchalen Weltverständnisses. Aus dieser Kritik wurden Musikanalyseansätze entwickelt, die die Beziehung von Körper und Musik berücksichtigen.[24] Allerdings sind viele dieser Ansätze einem klassischen Musikverständnis verpflichtet, das auf Tonalität, Komposition, Notation und Interpretation beruht. Dies macht sie zur Analyse populärer Musik, in der die Materialität des Klangs auf dem Tonträger unmittelbar analysiert werden kann/muss, eher ungeeignet, wie auch die feministische Popmusikforscherin Monika Bloss kritisiert.[25]

Darüber hinaus kann die positive Bezugnahme auf den Körper dazu verführen, körpernähere Klänge und Rezeptionsweisen unkritisch mit Weiblichkeit oder Queerness zu verbinden. Mag die bloße Präsenz des Körpers im musikhistorischen Kontext tatsächlich ein großes subversives Potential besitzen, so wäre die Übertragung dieser Vorstellung auf den Popbereich fatal, denn der Körper steht hier offensichtlich in einem grundsätzlich anderen Verhältnis zu einer Musik, für die Tanzbarkeit und emotionale Resonanz zentral sind. Stattdessen muss im Popbereich eher nach der Spezifik des Körpers und seiner Beziehung zum Klang gefragt werden.

In der Popmusikforschung wurden solche Fragen zuerst von Simon Frith und Angela McRobbie in ihrem Aufsatz „Rock and Sexuality" von 1978 aufgeworfen. Dieser sehr einflussreiche frühe Text zu Geschlecht in populärer Musik entwickelt die These, dass geschlechtliche Vorstellungen von Sexualität über Musik vermittelt werden, was wiederum Geschlechterunterschiede reproduziert und naturalisiert.[26]

> „The recurrent theme of this essay has been that music is a means of sexual expression and as such important as a mode of sexual control. Both in its presentations and in its use, rock has confirmed traditional definitions of what constitutes masculinity

---

[24] Vgl. Cusick (1994a), McClary (2002 [1991]), sowie Peter Wickes Analyse des „Gebet einer Jungfrau" in Wicke (2001) S. 26 ff..
[25] Vgl. Bloss (1992).
[26] Vgl. Frith/McRobbie (2007 [1978]), S.373.

and femininity, and reinforces their expression in leisure pursuit."[27]

Dabei wird Rock als komplexer Gesamtzusammenhang thematisiert. Hierbei stellen Frith und McRobbie zwar die Frage, inwiefern Klang (und v.a. Rhythmus) eine sexuelle Bedeutung haben kann, umreißen jedoch nur grob den theoretischen Kontext für eine mögliche Antwort:

> Rock critics describe beat as "earthy" or "bouncy" or "sensual" or "crude," and so reach for the sorts of distinctions we need to make, but such descriptive terms reflect the fact that rhythmic meaning comes from a musical and ideological context.[28]

Ich werde dabei in dieser Arbeit die These einer über populäre Musik vermittelten und konstruierten vergeschlechtlichten (Hetero-)Sexualität weiterverfolgen und auf der klanglichen Ebene analysieren.

In Anknüpfung an Frith und McRobbie hat Barbara Bradby seit den 80er Jahren Geschlecht in Popsongs näher analysiert.[29] Ihre Fallstudien einzelner Songs, Bands oder Genres sind hier nicht nur aufgrund ihrer historischen Relevanz erwähnenswert, sondern auch, da Bradby oft ungewöhnliche Analysemethoden einsetzt, die u.a. ausführlich auf die Materialität von Rhythmen oder nonverbalen „Texten" eingehen. Bradby bezieht sich hierbei auf die Sprachtheorie Julia Kristevas, die eine körperliche Basis von Sprache als Grundlage von Dichtung argumentiert. Sie entwickelt hieraus Analysewerkzeuge, die auf die Vermittlung unbewusster Subtexte abzielen und als ein dezidiert feministischer Ansatz zur Musikanalyse verstanden werden können.

Außerdem ist der Aufsatz „On Musical Performances of Gender and Sex" von Suzanne Cusick zu erwähnen, in dem Cusick die Anwendung der Performanztheorie auf Gesang theoretisch beleuchtet und anhand von zwei Popsongs testet. Sie entwickelt hieraus Thesen über die klangliche Vermittlung von Geschlecht im Stimmklang, die insbesondere auch eine geschlechtliche Kodierung der singenden Körper und ihrer gesellschaftlichen Rezeption beinhaltet. Auch dieser Ansatz lässt sich als eine feministisch motivierte Musikanalyse verstehen, die mit Butlers Performanztheorie feministische Theorie auf Musik anwendet und zugleich den Körper in einer für populäre Musik produktiven Art und Weise einbezieht.

---

[27] Ebd. S. 387.
[28] Ebd. S. 386.
[29] Vgl. Bradby (2007[1988]), (1993), (2002), (2005) und (2017).

Stimmzentrierte Musikanalysen werden dabei in den letzten zehn Jahren langsam häufiger. Hier ist auf die Arbeiten von beispielsweise Laurie Stras, Veronika Muchitsch, Jaqueline Warwick und Diane Pecknold hinzuweisen, die die politischen Implikationen von geschlechtlich kodierten Stimmklängen herausarbeiten.[30] Während Muchitsch in „Neoliberal Sounds? The Politics of Beyoncé's Voice on "Run The World (Girls)" demonstriert, wie neoliberale und post-feministische Werte im disziplinierten, flexiblen und kontrollierten Stimmklang von Beyoncé hörbar werden, betrachten Stras und Pecknold vor allem die Herausstellung von gesanglichen Schwächen in den Stimmen junger Frauen („girls").[31] Die spektakelhafte Ausstellung der jugendlichen Frauenstimme zielt dabei, wie Pecknold herausarbeitet, u.a. darauf, Weiblichkeit mit verletzter und überwachter Körperlichkeit zu verbinden.[32] Warwick schließlich kritisiert die Aktualisierung von weißer Mittelstands-Männlichkeit in emotional-verletzlichen aber ernsthaft distanzierten Gesangsstil von Singer-Songwritern, das sie mit einem distanziert betrachtenden aber nicht involviert handelndem Flaneur vergleicht.[33]

Etwa seit den 2000er Jahren befasst sich ein größer werdender Forschungszweig auf vielfältige Weise mit „Queerness".[34] Da „Queer" keinen eindeutig fixierbaren Inhalt hat (und auch nicht haben soll), werden unter dieser Überschrift durchaus verschiedene Phänomene thematisiert: Diese umfassen vor allem homo-, bi-, inter- und transsexuelle Identitäten und Musikpraxen, die sich mitunter in bestimmten ästhetischen Paradigmen äußern (Camp, Dandy, Drag) aber auch Queer-Feminismus als politische Bewegung,[35] sowie Tendenzen, die als Veränderung der und in Differenz zu normativen Geschlechterschemata interpretiert werden können.[36]

Freya Jarman wendet in ihrem Buch „Queer Voices" zudem den Begriff des „Queeren" auf die Stimme selbst an, da diese sich weder

---

[30] Vgl. Muchitsch (2017), Pecknold (2016), Stras (2011b) und Warwick (2007) und (2009).
[31] Vgl. Pecknold (2016) und Stras (2011b).
[32] Pecknold (2016), S. 82.
[33] Warwick (2009), S. 356 ff.
[34] Vgl. Whiteley/Rycenga (Hg.) (2006), Taylor (2008), Leibetseder (2010), Jarman-Ivens (2011), das Special Issue des Journal of Popular Music Studies von Stadler/Tongson (2013), sowie Hawkins (2016).
[35] Vgl. Leibetseder (2010).
[36] Vgl. z.B. Goldin-Perschbacher (2007) und Fast (2012).

eindeutig innerhalb noch außerhalb des Körpers – zudem wessen Körper, des singenden oder des hörenden? – fixieren lässt und damit quer zur Vorstellung eindeutiger Körpergrenzen und Identitäten steht.[37] Hierbei wird Queerness selbst zu einer Analysekategorie, die althergebrachte und scheinbar stabile Dichotomien in Frage stellt.

Schließlich analysiert Stan Hawkins in seinem Buch „Queerness in Popmusic" von 2016 an einer Vielzahl von Beispielen queere Wirkungsweisen von populärer Musik und Popmusikkontexten (v.a. Videos). Insbesondere seine genaue Analyse von artifiziell klingenden Momenten in der Stimme von Boy George[38] bestätigt meine eigene Schlussfolgerung, dass solche Momente der überzeugenden Produktion von hegemonialer (also u.a. heterosexueller) Männlichkeit im Weg stehen.

Die Untersuchung von Queerness hat dabei insgesamt oft einen optimistischen Fokus, der die grenzüberschreitenden Potentiale populärer Musik positiv betont. Hierbei werden queere Perspektiven auf populäre Musik sichtbar und hörbar gemacht. Popmusik erscheint so als ein potentiell utopischer Raum mit vielversprechenden empowernden und transformativen Möglichkeiten. Auch wenn ich dieser Beobachtung grundsätzlich zustimme, so darf dabei jedoch nicht vergessen werden, dass dies immer (noch) in einem Kontext von Marginalisierung stattfindet, der nach wie vor heteronormative Grundannahmen bestätigt und andere Identitäten bestenfalls als (exotische/interessante/verkaufsfördernde) Ausnahme zulässt. Die Verbreitung queerer Geschlechterbilder im Popbereich kann vor diesem Hintergrund auch als eine selbstgefällige Ablenkung interpretiert werden, die die Aufmerksamkeit des Mainstreams von der Aktualisierung normativ-repressiver Geschlechtervorstellungen und einer damit einhergehenden Diskriminierung von Frauen und nicht-normativen Geschlechtsidentitäten ablenkt. Hierdurch wird eine Freiheit suggeriert, die in einer postfeministischen Gegenwart, wie Angela McRobbie kritisiert, vor allem dazu dient, Herrschaftsstrukturen zu rechtfertigen, indem die Verantwortung für das Überwinden von Diskriminierung individualisiert wird.[39]

Ed Sheeran, Calvin Harris oder die Chainsmokers fallen hingegen als aktuell sehr erfolgreiche Beispiele für normative (heterosexuell, weiße) Männlichkeit im internationalen Mainstream auf, während

---

[37] Jarman-Ivens (2011), S. 17 ff.
[38] Vgl. Hawkins (2016), S. 44 f.
[39] Vgl. McRobbie (2009) und James (2015).

Yannig Dreeßen die verbreitete Präsenz servil-unterwürfiger und stark sexualisierter Weiblichkeitsbilder im Pop-Mainstream der letzten Jahre kritisiert;[40] und auch Sheila Whiteley macht auf die nach wie vor gängige Sexualisierung von Frauen als Vermarktungsstrategie der Musikindustrie aufmerksam.[41] Susanne Binas-Preisendörfer zeigt die Aktualisierung von Ungleichheit zudem auf, indem sie die aktuelle und voraussichtlich auch zukünftige Marginalisierung von Frauen in der Musikproduktion anhand der erschreckend geringen Frauenquote der Studierenden an der deutschen Popakademie deutlich macht.[42] In ihrem Aufsatz „Pop-Sounds und Gender – Überlegungen zu einem Desiderat" betont sie zudem, dass auch die emotionale Wahrnehmung von Musik erlernt ist, und stellt damit die wichtige Frage nach einer geschlechtlichen Kodierung auf dieser Ebene.

Vor diesem Hintergrund müssen aktuelle Entwicklungen der Popmusikforschung und der Sound Studies erwähnt werden, die in langsam zahlreicher werdenden Publikationen die Zentralität eines klanglich-kulturell kodierten Körpers für die Musikrezeption betonen.[43] Der Begriff des „Sonischen", der diese kulturelle Kodierung des Hörens fassbar macht, ist hier für mich wesentlich. In diesem Kontext werde ich nach dem Geschlecht und der ideologischen Formierung dieses kulturell geprägten Musik-Körpers – des sonischen Körpers – fragen.

Vorgehen und Aufbau

Wie ich deutlich gemacht habe, geht es in dieser Arbeit auch um die Entwicklung einer feministisch motivierten Popmusiktheorie, die die Möglichkeiten Musik zu hören, über Musik zu sprechen und Musik zu reflektieren weiterentwickeln möchte. Entsprechend werde ich mit der Entwicklung eines theoretischen Fundamentes, auf dem die weitere Arbeit fußen kann, beginnen. Im ersten Kapitel arbeite ich daher die wichtigsten Begriffe, Sexismus, Geschlecht, Popmusik und ein mit der Musik in Beziehung stehender Körper, heraus, wobei ich grundsätzliche Theorien (Othering, Performanztheorie, Michel Foucaults Machttheorie und ein hierauf basierendes differenziertes Körperverständnis) für die weitere Argumentation vorstelle. Dabei werde ich insgesamt ein strukturelles Verständnis der einzelnen Begriffe betonen: Es geht

---

[40] Vgl. Dreeßen (2017).
[41] Whiteley (2015), S. 373 f.
[42] Vgl. Binas-Preisendörfer (2015), Fußnote 8.
[43] Vgl. Wicke (2006), Schulze (2006), Papenburg (2011), Goodman (2010), Papenburg (im Erscheinen).

mir darum kulturelle Verwachsungen denkbar zu machen, in denen einzelne Popsongs und die darin vermittelten Geschlechterbilder nur vor dem Hintergrund eines komplexen Ganzen (bestehend aus Sexismus und Popmusik) verständlich sind, das dennoch in jedem Moment, von all seinen Einzelteilen erneuert wird. Dieses „Ganze" bildet den notwendigen Rahmen für die spätere Analyse von Geschlechterperformanz im Popklang und steht daher am Anfang.

Das zweite Kapitel habe ich „Analysewerkzeuge" genannt. Darin werde ich verschiedene Möglichkeiten (Assoziationen, Homologien, den Genotext, auditive Lüste, den sonischen Körper und den vokalischen Körper) darstellen, die komplexen Beziehungen zu denken und zu untersuchen, die wir alle mit Musik und mit Klängen unterhalten. Im Rahmen dieser Arbeit sind dies Werkzeuge zur Musikanalyse, die in der näheren Betrachtung der sechs Musikbeispiele zur Anwendung kommen. Sie können aber auch darüberhinausgehend als Werkzeuge zur Reflexion des eigenen Musikhörens eingesetzt werden. Dabei ist es nicht mein Anspruch eine Gesamttheorie über die Wirkungsweise von Musik zu liefern. Ich möchte „Musik" nicht in dieser Form fixieren, sondern eher mögliche Zugänge zu öffnen, die sich je nach Bedarf erweitern oder anpassen lassen. In der Beschreibung der einzelnen Werkzeuge geht es entsprechen auch nicht um den Versuch Musik zu definieren, sondern eher darum mögliche Anwendungsgebiete abzustecken und fehlerhafte Einsätze zu vermeiden.

Schließlich werde ich mein Instrumentarium anwenden, um die Wirkung und Produktion von Geschlecht im Klang populärer Musik zu analysieren. Hierbei werde ich von männlichen (weißen)[44] Stimmen ausgehen, da diese, wie ich zeigen möchte, auch (oft unmarkiert) im Zentrum vieler Musikbeschreibungen stehen. Im dritten Kapitel „Männlichkeit als Norm" werde ich so herausarbeiten, dass diese Zentralität nicht nur in den Diskursen über Musik eine Rolle spielt, sondern

---

[44] Ich werde in dieser Arbeit insgesamt nur weiße SängerInnen analysieren. Da ich Weiß-Sein jedoch in dieser Arbeit selbst nicht bearbeite und daher nicht erklären kann/werde, was die Stimmen zu spezifisch weißen Stimmen macht, habe ich mich dagegen entschieden, dies im weiteren Text deutlich zu machen. Eine Bearbeitung der Frage, wie „Rasse"/Race/Ethnizität klanglich hergestellt wird und wie sich in diesem Prozess insbesondere Rassismus reproduziert und aktualisiert, halte ich ebenso für ein dringendes Desiderat, kann diese Frage jedoch im Rahmen dieser Arbeit nicht miteinbeziehen.
Vgl. außerdem Fußnote 3.

auch im Klang selbst produziert wird. Diese Produktion ist dabei von bestimmten ästhetischen Vorstellungen abhängig, die den vor allem von Sängern[sic][45] verwendeten Gesangsstil, den ich „echte" Stimme nenne, verständlich machen. Diesem Gesangsstil ist, wie ich zeigen möchte, eine Einladung zur Identifikation eingeschrieben, die diesen Stimmklang in der Rezeption geradezu dazu prädestiniert, als Verkörperung kollektiver und normativer Identität (Vgl. Bezeichnungen wie „Die Stimme einer Generation" etc.) zu dienen und hierbei gleichzeitig ein privilegiertes männliches Körperkonzept aktualisiert.

Dem hingegen sind die vier Beispiele für Frauenstimmen, die ich im letzten Kapitel bearbeiten werde, nicht nach diesem ästhetischen Modell verständlich. Auch im Klang lassen sich, wie ich zeigen möchte, Sexualisierungen analysieren und eine Positionierung von Sängerinnen als Gegenüber der_dem Hörenden statt als Identifikationsfigur feststellen. Diese anderen Stimmgebungen enthalten dabei auch ästhetische Potentiale, die kreativ genutzt werden können und in den untersuchten Beispielen auch von den Sängerinnen genutzt werden, problematisch ist jedoch ein in Differenz zur „echten" Stimme vermitteltes anderes Körperkonzept, das den Körper der Sängerinnen entweder zum Verschwinden bringt oder zum Objekt macht.

Dabei wird es mir in all meinen Analysen darum gehen Begriffe zu finden, mit denen unterschiedliche Musikerfahrungen differenziert werden können. Zu all den analysierten Musikstücken werden dabei im affirmativen Musikkonsum intime Beziehungen aufgebaut, die körperlich und emotional bewegen. Solche inneren Bewegungen werden in gegenwärtigen Diskursen meist nur allgemein, nicht jedoch in ihrer Spezifik thematisiert. Mir wird es aber genau darum gehen, *wer wie wohin* bewegt wird und wie diese Bewegungen mit übergreifenden gesellschaftlichen Strukturen, wie Sexismus interagieren, bzw. darin ihre Rolle spielen.

So hoffe ich abschließend Sexismus tatsächlich hörbar zu machen und möchte im Fazit nicht nur meine Ergebnisse zusammenfassen, sondern auch über mögliche politische Konsequenzen aus meinen Ergebnissen nachdenken.

---

[45] Ich betone die männliche Form, um Missverständnissen vorzubeugen – ich meine ausschließlich Männer, wenn ich von „Sängern", „Protagonisten" oder „Autoren" spreche – und um die männliche Form auch im Text zu markieren, statt ihr scheinbare sprachliche Neutralität zukommen zu lassen.

Kapitel 1: Theoretische Grundlagen

Bevor ich mich der konkreten Betrachtung von Musik zuwende, ist es notwendig den theoretischen Rahmen abzustecken, in dem sich diese Arbeit bewegen wird. In diesem Kapitel werde ich daher in vier Abschnitten grundlegende Theorien und Begriffe vorstellen. Wie ich in der Einleitung deutlich gemacht habe, geht es dabei um eine strukturelle Auffassung der Grundbegriffe der Arbeit: Sexismus, Geschlecht, Populäre Musik und Körper.

Zuerst werde ich im Abschnitt „Frauen als unwesentliche Subjekte" das sogenannte „Othering" als grundlegende Dimension von Sexismus thematisieren. Dabei wird es neben einer Erklärung vor allem um die Auswirkungen gehen, die das Zur-Anderen-Machen von Frauen für den Bereich der Kulturproduktion und den Prozess der geschlechtlichen Subjektbildung hat. Neben Simone de Beauvoir werde ich mich hierbei insbesondere auf die feministische Filmkritik beziehen, die deutlich macht, wie sich das „Othering" auf das Medium Film auswirkt.

Dabei fragt sich, was Geschlecht eigentlich ist. Hierbei gehe ich nicht von einem biologischen Körper als Ausgangspunkt aus, sondern fasse Geschlecht performativ auf. Das heißt, dass auch das, was wir biologisch unter Geschlecht verstehen nicht einfach „naturgegeben" ist, sondern immer schon durch kulturelle Vorstellungen geprägt. Dies werde ich im nächsten Abschnitt „Die performative Produktion geschlechtlicher Körper" näher erklären, wobei ich auf Judith Butlers Theorie der Performativität von Geschlecht eingehen werde. Butler zweifelt bekanntlich die angebliche primäre Gegebenheit von Geschlecht Biologie und Körper an und argumentiert, dass jeder Körper in seiner Materialität von Diskursen miterschaffen wird. Diesen Prozess gilt es näher zu verstehen. Außerdem werde ich auf Suzanne Cusicks Aufsatz „On Musical Performances of Gender and Sex" eingehen, in dem diese Theorie auf populäre Musik angewendet wird.

Dann, in „Popmusik als sozialer Zement", wird es um die Frage gehen, welche Aufgabe populäre Musik in einer globalisierten kapitalistischen Weltordnung übernimmt. Ich werde mich dabei um ein strukturelles Verständnis von Popmusik bemühen, wobei ich selbige nicht auf bestimmte Musikprodukte beschränke, sondern als Dispositiv nach Foucault verstehe, das kulturelle und gesellschaftliche Kontexte mitumfasst und insgesamt gesellschaftliche Werte aktualisiert. Dies geschieht nicht nur auf einer symbolisch-repräsentativen Ebene sondern vor allem auch auf einer affektiven und körperlichen.

Zum näheren Verständnis dieser körperlich-affektiven Reproduktion werde ich schließlich in einem weiteren Abschnitt („Popmusik als innere Selbstproduktion") ein theoretisches Model dafür vorstellen, wie diese Erzeugung von Innerlichkeit in einem mimetischen Verhältnis zur äußeren Welt verstanden werden kann.

Die Betrachtungen zielen dabei bereits auf das erste Entwickeln von Thesen zum Klang von Geschlecht in populärer Musik.

Frauen als unwesentliche Subjekte

Schon im Titel ihres Buchs „Das andere Geschlecht" deutet Simone de Beauvoir ihre Kernthese an, dass sich sexistische Diskriminierung nicht (nur/primär) auf einen ungleichen Zugang zu Ressourcen reduzieren lässt, sondern vor allem eine durch kulturelle Vorstellungen produzierte Hierarchie zwischen den Geschlechtern bezeichnet, bei der den einen (Männern) das Privileg zukommt sich in Bezug auf Geschlecht selbstverständlich als *Norm* zu verstehen, während die *anderen* (Frauen) von dieser Position ausgeschlossen und negativ dagegen abgegrenzt werden:

„[D]er Mann vertritt so sehr zugleich das Positive und das Neutrale[...]. Die Frau dagegen erscheint als das Negative, so daß jede Bestimmung ihr zur Einschränkung gereicht, ohne daß die Sache umkehrbar wäre."[46]

Auch wenn diese Aufteilung zuerst sehr abstrakt und nur metaphorisch erscheint, hat sie weitreichende Folgen, nicht nur für die gesellschaftliche Berücksichtigung der Interessen der jeweiligen Geschlechter (die entweder selbstverständlich mitgedacht oder aber als Sonderinteressen speziell herausgestellt werden), sondern auch für die

---

[46] Beauvoir (2012 [1949 auf fr.]), S.11.

Bildung einer vergeschlechtlichten Subjektivität, die sich an dieser unterschiedlichen Bewertung der eigenen gesellschaftlichen Position als einer oder andere ausrichtet:

Beauvoir spricht in ihrem Buch von einer „*männliche[n] Naivität*"[47] und meint damit, dass aus einer (unreflektierten) männlichen Perspektive die männliche Subjektivität als normale selbstverständliche und objektive erscheint. Dass es überhaupt eine andere Weltsicht gibt oder geben könnte, wird aus dieser Position ausgeblendet: „Er [= der Mann] begreift seinen Körper als direkte, normale Verbindung zur Welt, die er in ihrer Objektivität zu erfassen glaubt".[48] Aus der so privilegierten männlichen Perspektive erscheint die eigene Position dabei so selbstverständlich, dass sie, ebenso wie die mögliche Legitimität anderer Perspektiven, regelrecht unsichtbar wird.

Die weibliche Subjektposition hingegen wird durch ständige Widersprüche in einen inneren Konflikt „zwischen dem fundamentalem Anspruch jedes Subjekts, das sich immer als das Wesentliche setzt, und den Anforderungen einer Situation, die sie als unwesentlich konstruiert"[49] getrieben. In der Folge kann sich weibliche Subjektivität nicht in derselben Einfachheit oder „Naivität" entwickeln, sondern beinhaltet immer eine gewisse Doppelposition.

„Wenn sie [= die Frau] spielt ein Mann zu sein, muß sie natürlich scheitern; aber auch wenn sie spielt eine Frau zu sein, ist dies eine Illusion: Frau sein hieße das Objekt, der Andere sein; und der Andere bleibt in seiner Selbstaufgabe unterworfen."[50]

Eine wirkliche Identifikation mit dieser „anderen" Position ist dabei eigentlich nicht möglich. Entsprechend ist eine weibliche Subjektposition eher als ein innerer Konflikt denkbar, der zwischen einer Identifikation mit dem als implizit männlich konstruierten wesentlichen Subjekt und der als Anderes konstruierten Weiblichkeit, die in dieser Konstruktion eher als Objekt und nicht als Subjekt verstanden werden muss, wechselt und so eigentlich nicht zur Ruhe kommen kann:

„Wenn Simone de Beauvoir sagt: Man kommt nicht als Frau zur Welt, man wird es, dann heißt das wiederum nicht, daß man irgendwann einmal Frau **ist**. Frau-Sein, mit allen angenommenen oder verweigerten Attributen von Weiblichkeit, ist ein ständiger

---

[47] Beauvoir (2012 [1949 auf fr.]), S.22.
[48] Beauvoir (2012 [1949 auf fr.]), S.12.
[49] Beauvoir (2012 [1949 auf fr.]), S.26.
[50] Beauvoir (2012 [1949 auf fr.]), S.76.

Prozeß des Arrangierens mit sozialen und kulturellen Rollenzuweisungen, in denen sich auch Identität nicht als Zustand ergibt, sondern eine permanente Interaktion zwischen der Selbstwahrnehmung und den Konditionen und Konditionierungen der sozialen Wirklichkeit."[51]

Diesen inneren Konflikt zwischen Subjektposition und Objekt (der Wahrnehmung anderer) versteht de Beauvoir zwar eigentlich als für jede Subjektivität grundlegend,[52] so dass in einem gleichberechtigten Austausch miteinander jedes Subjekt sich selbst sowohl als Andere_r wie auch als Zentrum begreifen würde. Durch Gesetze, Institutionen, Diskurse und kulturelle Artefakte aller Art werden diese beiden Pole, wie de Beauvoir jedoch ausführlich demonstriert, mit den Geschlechtern, also männlich (d.i. Wesentliches, Subjekt) und weiblich (d.i. Unwesentliches, Objekt) verbunden,[53] was für die männliche Subjektivität den Vorteil bringt, die eigene Position weniger hinterfragen zu müssen. Diese kann sich somit selbstverständlich als wesentlich und normativ wahrnehmen, während eine weibliche Perspektive regelmäßig damit konfrontiert ist, dass die eigene Position von anderen Subjekten, aber auch von verschiedenen Kulturprodukten, nicht als wesentlich anerkannt wird.

Die feministische Filmanalyse hat eine solche Asymmetrie der Darstellung mit Hilfe psychoanalytischer Konzepte in Filmen kritisiert. Die Privilegierung und Normierung einer männlichen Perspektive ist dieser Theorie zur Folge vielen Filmen regelrecht eingeschrieben und verschiedene visuelle Lüste, die für den Filmgenuss konstitutiv sind, basieren auf einer sexistischen Positionierung und Kodierung der Geschlechter im Unbewussten.

Zu erwähnen ist hier insbesondere der Text „Visual Pleasures and narrative Cinema" von Laura Mulvey, in dem diese das hierbei grundlegende Konzept des „male gaze" (= männlicher Blick) erstmals ausformuliert. Mulvey erklärt, dass das Publikum im Kino[54] durch bestimmte filmische Mittel motiviert wird, sich mit dem männlichen Helden zu identifizieren. Bemerkenswert hieran ist die Analyse der strukturellen Anordnung der Geschlechter im Bezug zum Medium Film

---

[51] Bloss (1994).
[52] Vgl. Beauvoir (2012 [1949 auf fr.]), S.13.
[53] Vgl. Beauvoir (2012 [1949 auf fr.]), S.86 ff.
[54] Mulvey betrachtet vor allem Hollywood-Klassiker, als Beispiele bezieht sie sich unter anderem auf Hitchcock und Sternberg. Vgl. Mulvey (1999 [1975]) S. 840 ff.

selbst: Es geht weniger um die konkreten Handlungsweisen der männlichen und weiblichen Schauspieler_innen, als um ihre Anordnung im Bezug zum Blick, der oft die männliche Perspektive verkörpert und auf Frauen als Blickobjekte gerichtet wird. Ich werde dies später ausführlicher beschreiben.

Für Zuschauerinnen bedeutet dieser männliche Blick im Kinofilm, dass ihre Position beim Betrachten des Filmes im Gegensatz zu der von Zuschauern zwischen den Geschlechtern oszilliert:

> „for women (from childhood onwards) trans-sex identification is a *habit* that very easily becomes *second nature*. However, this Nature does not sit easily and shifts restlessly in its borrowed transvestite clothes."[55]

Sehen erscheint als männliche Aktivität, Weiblichkeit hingegen wird dem Blick gegenüber als passiv und als Symbol für ein exhibitionistisches „Angesehen-werden-Wollen"[56] gesetzt. Dies ist jedoch nicht die Position der Zuschauerin, die den Film betrachtet und sich schließlich einerseits zwar in dem abgebildeten und betrachtbaren Bild von Weiblichkeit wiedererkennt, sich aber zugleich, um dem Film folgen zu können, mit dem Helden und seinem Blick identifiziert.[57] Für Frauen bedeutet damit der Konsum vieler Filme das Einnehmen einer doppelten Subjektposition, während Männer in einer einfachen Identifikation bestätigt werden.

Insgesamt sind diese gesellschaftlichen Machtverhältnisse jedoch auch in viele andere kulturelle Produkte, wie z.B. Photographien, Kleidung und Werbung, eingeschrieben, indem sie permanent eine männliche (heterosexuelle) Perspektive privilegieren. Diese wird damit als neutrale normalisiert und legitimiert, während jede andere Perspektive mit der eigenen Abweichung konfrontiert wird. Diese als „Othering" bekannte Dynamik ist dabei auch für andere Diskriminierungsverhältnisse grundlegend und wurde insbesondere in Bezug auf Rassismus bereits vielfach bearbeitet.[58]

Othering führt schließlich zu einer anderen Selbst- und Weltwahrnehmung, die sich in Simone de Beauvoirs viel zitiertem Satz: „Man

---

[55] Mulvey (2009 [1981]), S. 35.
[56] Mulvey (1994 [in engl. 1975]), S.55, deutsche Übersetzung von „Looked-at-ness".
[57] Vgl. Auch Doane (1982), S.86 f.
[58] Vgl. z.B. Said (2017 [in engl. 1978]), Fanon (2008 [in fr. 1952]).

kommt nicht als Frau zur Welt, man wird es"[59] ausdrückt. Gesellschaftsverhältnisse wirken sich auf die individuelle Subjektivität aus und eine Subjektivierung als Frau bedeutet somit schließlich vor allem, einen eigenen Umgang mit dieser Diskriminierung zu finden. Geschlecht verstehe ich daher vor allem als Folge dieser ungleichen Positionierung von „Männern" und „Frauen", deren Identitäten und Subjektivitäten diesem Prozess nicht vorausgehen, sondern eben dadurch hergestellt werden, dass uns gesellschaftliche Plätze zugewiesen werden.

Ich werde im Folgenden aufzeigen, dass ein solches Othering auch im Klang populärer Musik stattfindet und dass die hieraus ableitbaren unterschiedlichen Subjektivierungen und Selbstbeziehungen sich im Stimmklang abbilden. Musik leistet somit einen Beitrag zur gesellschaftlichen Herstellung von Geschlecht.

Die Performativität von Geschlecht

Wie Judith Butler schließlich gezeigt hat, ist das durch gesellschaftliche Realitäten zur Frau (oder zum Mann) Gemacht-Werden nicht nur auf die Psyche und die Identität (= gender) beschränkt, sondern erzeugt überhaupt jede Vorstellung von Geschlecht, einschließlich des geschlechtlichen Körpers (= sex). Denn mit der Sprache gehen die Kategorien, nach denen Menschen als männlich oder weiblich angesehen werden, der Wahrnehmung voraus und beeinflussen diese.

Nachdem wir im letzten Abschnitt die unterschiedliche Positionierung der Geschlechter durch das Othering betrachtet haben, möchte ich nun auf die Performanztheorie näher eingehen. Das darin entwickelte Verständnis von Geschlecht und insbesondere vergeschlechtlichten Körpern werde ich nun genauer darstellen. Die grundlegende Theorie, in der sich Materialität und Diskurs gegenseitig bedingen, wird dabei auch in meinem Musikverständnis im nächsten Kapitel wesentlich sein.

In der Performanztheorie meint Performativität die erfolgreiche Illusion von Natürlichkeit, die durch die ständige Anpassung von Körper und Subjekt an gesellschaftlich vermittelte Normen erreicht wird. Diese Normen sind im „Intelligibilitätsrahmen" enthalten, der als ein Set an zitierfähigen und gesellschaftlich als solche Zitate verständlichen (=intelligiblen) Verhaltensmustern verstanden werden kann. Das (vergeschlechtlichte, männliche oder weibliche) Subjekt entsteht dem-

---

[59] Beauvoir (2012), S.334.

nach nicht nur *einmal* in der Kindheit, sondern es muss sich in gesellschaftlichen Prozessen laufend in jeder Interaktion als solches re-/produzieren. Hierzu ist es notwendig, von außen als Subjekt erkennbar und anerkannt zu werden, was dadurch geschieht, dass auf die allgemein bekannten Muster des Intelligibilitätsrahmens Bezug genommen wird, die diesen Prozess somit sowohl ermöglichen, wie auch in bestimmte Bahnen lenken und damit einschränken.

Ein Subjekt ohne Geschlecht ist dabei nach den Regeln der Intelligibilität nicht verständlich und kann nicht gesellschaftlich anerkannt werden. Die körperliche Annahme eines Geschlechts ist daher die Voraussetzung für das Subjekt, das sich somit ohne Geschlecht auch selbst nicht finden kann:

> „Die «Aktivität» dieses Geschlechtlich-Werdens kann streng genommen kein menschliches Handeln oder menschlicher Ausdruck sein, keine willentliche Aneignung, und ganz sicher ist sie keine Frage einer Maskierung; sie ist eine Matrix, durch die alles Wollen erst möglich wird, sie ist die kulturelle Bedingung seiner Möglichkeit."[60]

Zur gesellschaftlichen Positionierung von außen, die auf dem Otherhing basiert, tritt hier eine (in der Regel unbewusste) Aktivität der Individuen, die sich selbst als männlich oder weiblich anerkennen und so ihre eigene Identität produzieren. Geschlecht lässt sich somit als das Resultat dieser beiden Prozesse verstehen.

Der Intelligibilitätsrahmen produziert dabei Geschlecht innerhalb der von Butler so genannten „heterosexuellen Matrix", die Männlichkeit und Weiblichkeit in eine durch Begehren strukturierte Beziehung setzt und anordnet. Dabei wird Geschlecht als Basis für das normativ heterosexuelle Begehren rückwirkend naturalisiert. Anders gesagt ist Geschlecht damit ein Resultat des vorweg als heterosexuell normierten Begehrens, das darauf basiert alle Menschen durch einen grundlegenden Dualismus in Begehrbare und Unbegehrbare einzuteilen.[61] Dabei ist nicht nur das Objekt des Begehrens (das jeweils andere Geschlecht), sondern auch die Art und Weise (Aktiv/Passiv) im Intelligibilitätsrahmen gespeichert. Geschlecht ist folglich keine statische Eigenschaft, sondern ein wiederholendes und wiederholtes Handeln (= dem eigenen Geschlecht entsprechend Begehren). Und dies beschränkt Butler aus-

---

[60] Butler (2014 [in engl. 1993]), S.29.
[61] Vgl. Butler (2016 [in engl. 1990]), S.120 ff.

drücklich nicht auf das soziale Geschlecht (d.h. *gender*) sondern besteht darauf, dass auch das, was wir unter einem biologischen Geschlecht (*sex*) verstehen, sich so erst materialisiert, da

> „es keine Bezugnahme auf einen reinen Körper gibt, die nicht zugleich eine weitere Formierung dieses Körpers wäre".[62]

Es gibt also nicht vorweg einen natürlichen Körper, auf dem kulturelle Prozesse aufbauen würden, sondern der Körper selbst ist immer schon kulturell geprägt, wobei es zu seiner ursprünglichen Natur keinen Zugang gibt. Wir können Geschlecht somit nicht wahrnehmen, ohne es sofort mit kulturellen Vorstellung (z.B. Heterosexualität, die dabei als männliches Begehren nach einer zum Objekt werdenden Frau zu verstehen ist) zu verbinden. Es existiert somit auch kein unveränderlicher Kern in oder eine unveränderliche Wahrheit über irgendein beliebiges Subjekt oder ein Geschlecht. Der Eindruck eines solchen ist ein Resultat der erfolgreichen Performanz.

Die Annahme eines körperlichen Geschlechts beschreibt Butler dabei als *„Einverleibung".*[63] Sie bezieht sich hierzu auf Sigmund Freuds Theorie der Melancholie, die einen emotionalen Verlust verleugnet, indem sie das verlorene Objekt als Introjektion in den Körper aufnimmt und dort als „radikal Unnennbares bewahrt".[64] Butler überträgt dies auf die heterosexuelle Matrix, in der ein homosexuelles Begehren so sehr verleugnet wird, dass es vom Subjekt selbst nicht zugelassen werden kann und noch vor jeder Verdrängung ausgelöscht oder verhindert wird. Dadurch wird insbesondere eine sprachliche Bearbeitung dieses Verlusts eines (un-)möglichen Begehrens verhindert, die ihm eine Bedeutung geben könnte. Es geht in ihr „nicht nur das Objekt verloren, sondern das Begehren wird vollständig verneint".[65]

Da der Verlust nicht versprachlicht werden kann, wird das Objekt des Verlusts, der gleichgeschlechtliche Körper und seine Geschlechtsorgane, in den eigenen Körper aufgenommen. Die Introjektion treibt damit die Annahme des „eigenen" Geschlechts an und ist die Basis für die vergeschlechtlichte Identifizierung mit dem eigenen Körper. Dies beinhaltet vor allem auch die somatische speziell erotische Selbstbeziehung der vergeschlechtlichten Subjekte:

---

[62] Butler (2014 [in engl. 1993]), S.33.
[63] Butler (2016 [in engl. 1990]), S.108.
[64] Ebd.
[65] Butler (2016 [in engl. 1990]), S.109.

"[B]estimmte Körperteile werden genau deshalb zu Vorstellungszentren der Lust, weil sie dem normativen Ideal eines solchen, für die Geschlechtsidentität spezifischen Körpers entsprechen. In bestimmtem Sinne werden die Lüste durch die melancholische Struktur der Geschlechteridentität determiniert, die manche Organe für die Lust abtötet, andere wiederum zum Leben erweckt."[66]

Nun sollte hieraus aber nicht eine vorgängige Bisexualität aller Menschen geschlossen werden. Unter Rückgriff auf den produktiven Machtbegriff von Foucault[67], legt Butler dar, wie auch dieses vollständig verdrängte homosexuelle Begehren erst durch das Verbot hervorgebracht wird. Gewissermaßen wird in diesem Prozess überhaupt erst die Spaltung der Menschheit in zwei Geschlechter vorgenommen, ja regelrecht „erzwungen",[68] indem das Verbot alle Menschen in Begehrenswerte und Unbegehrbare unterteilt. Die Annahme einer vorgängigen Bisexualität würde qua Begriff diese Zweiteilung vorwegnehmen.

Die Einverleibung darf außerdem nicht als ein einmaliger vergangener Prozess vorgestellt werden, so wie es die freudsche Psychoanalyse im Ausagieren von Kastrations- und Ödipuskomplex im frühkindlichen Alter[69] postuliert, sondern ist ebenso der fortwährenden Performativität unterworfen. Die melancholische Einverleibung muss folglich ständig wiederholt werden wodurch das eigene Geschlecht ebenso bestätigt und reproduziert wird, wie die diesen Prozess ermöglichende heterosexuelle Matrix.[70]

Der Intelligibilitätsrahmen wirkt jedoch nicht nur produktiv sondern auch repressiv. Er erhält seine Macht durch den verwerfenden Ausschluss, mit dem Körper bestraft werden, die nicht intelligibel – also nicht sinnvoll in die heterosexuelle Matrix einfügbar – sind. Hierdurch wird, wie Butler es formuliert, das „Menschsein selbst [...] fraglich".[71] Dabei ist dieses Außen konstitutiv für das Funktionieren des Intelligibilitätsrahmens und der heterosexuellen Matrix: Indem Menschen nicht nur nach Geschlecht sondern zusätzlich in legitime und illegitime Identitäten eingeteilt werden,[72] erklärt sich die Wirksamkeit

---

[66] Butler (2016 [in engl. 1990]), S.111.
[67] Vgl. Foucault (2014 [in fr. 1976]) S. 94. Auf Foucaults Machtbegriff werde ich im nächsten Abschnitt näher eingehen.
[68] Butler (2016 [in engl. 1990]), S.110.
[69] Vgl. Freud (1925).
[70] Vgl. Butler (2016 [in engl. 1990]), S.199.
[71] Butler (2014 [in engl. 1993]), S.30.
[72] Vgl. Butler (2014 [in engl. 1993]), S. 30.

des fortwährenden Zwanges zur reproduzierten und reproduzierenden Annahme eines Geschlechts. Butler zeigt hierbei eine noch weitergehende Diskriminierung von Menschen auf, die sich nicht (widerspruchsfrei) als Männer oder Frauen identifizieren können, bzw. den hegemonialen Vorstellungen von Männlichkeit oder Weiblichkeit nicht entsprechen.

Die Angst vor der eigenen Unlesbarkeit führt somit in der Regel zur zitierenden Wiederaufrufung des Intelligibilitätsrahmens und damit zur Kollaboration mit diesem umfassenden Zeichensystem und seiner verwerfenden Macht:[73]

> „Der Prozeß jener Sedimentierung oder das, was wir auch *Materialisierung* nennen können, wird eine Zitatförmigkeit sein, ein Erlangen des Daseins durch das Zitieren von Macht, ein Zitieren, das in der Formierung des «Ichs» ein ursprüngliches Komplizentum mit der Macht herstellt."[74] [Hervorhebung im Original].

Dennoch schafft es Butler, gerade aus dieser zwanghaften wiederholten Performanz des Geschlechts eine politische Handlungsoption abzuleiten: Da die Hervorbringung vergeschlechtlichter Körper und Identitäten niemals abgeschlossen und auch nie vollständig oder perfekt möglich ist, es sich also immer nur um imperfekte Abbildungen eines impliziten aber unmöglichen Ideals handelt, lässt sich durch gezielt abweichende Reproduktion einerseits der Rahmen verschieben oder erweitern und andererseits das implizite Ideal als Unmögliches angreifen. Die Natürlichkeit von Geschlecht wird somit als scheinbar entlarvt und dekonstruiert, während zuvor ausgeschlossene queere[75] Körper und Identitäten Handlungsfähigkeit erwerben, indem sie in die Intelligibilität und damit in das System symbolischer Repräsentation eintreten. Politisches Ziel ist es damit die geschlechtlichen Identitäten von Weiblichkeit und Männlichkeit insgesamt aufzulösen, indem die Materialisierung von Menschen und Körpern ermöglicht wird, die bisher außerhalb der Intelligibilität standen.

Insgesamt liegt dabei die These nahe, dass die performative Reproduktion von Geschlecht auch im Stimmklang stattfindet und dass der gesamte Bereich der populären Musik an der Aktualisierung von

---

[73] Vgl. Butler (2014 [in engl. 1993]), S. 39.
[74] Butler (2014 [in engl. 1993]), S. 39.
[75] Butler findet im Queeren schließlich einen nicht normativen Kollektivbegriff. Queer sind Körper und Identitäten, die die Intelligibilität durchkreuzen. Vgl. Butler (2014 [in engl. 1993]), S.307.

intelligiblen geschlechtlichen Verhaltensmustern beteiligt ist. Die Musikwissenschaftlerin Suzanne Cusick hat in ihrem 1999 erschienen Artikel „On Musical Performances of Gender and Sex" die Performanztheorie auf Geschlecht im Gesang übertragen. Hierbei geht es ihr insbesondere um die Frage, was für ein Körper im Stimmklang hergestellt wird. Der dabei entstehende Körper ist nicht nur äußerlich; vielmehr lässt sich die Stimme als ein Vermittlungsmoment zwischen Innen und Außen verstehen:

> Like Speech, too, it [=Song] is often taken to express or represent an interior truth: the truth from within the body's borders is moved by the breath (which originates outside the body) beyond those borders. One might well argue that Song, like Speech, is always a performance of the idea of subjectivity (in the sense of inner life). Both are certainly performances of the body's interior, performances situated in the interior.[76]

Dabei werden die Körpergrenzen und damit der Körper nicht nur als Oberfläche, sondern als dreidimensionaler Raum performativ erzeugt. Die Stimme produziert also nicht nur eine vermeintliche biologische Differenz als Äußerlichkeit (d.h. hohe weibliche und tiefe männliche Stimmen usw.), sondern außerdem Vorstellungen über das in diesem Körper verortete Subjekt.

In der Diskussion von zwei Beispielen (Pearl Jam und die Indigo Girls) formuliert Cusick schließlich die These, dass die Performanz von Geschlecht in der Stimme vor allem über eine hörbare Anpassung (weiblich) oder eben Nicht-Anpassung (männlich) des in der Stimme performten Körper-Subjekts an kulturelle Normen geschieht.[77] Kulturelle Normierung dringt dabei mehr (weiblich) oder weniger (männlich) tief in den Körper ein, was durch die geöffneten oder geschlossenen Resonanzräume hörbar wird, und die männlichen und weiblichen Subjekte demonstrieren so in ihrer Stimme ihre Bereitschaft sich kulturellen Normen mehr oder minder stark zu unterwerfen.

Cusicks These demonstriert so die Analyse von Stimmtimbre als performativem Moment für Körperlichkeit und Subjektivität und zeigt auf, wie hierdurch sexistische Gesellschaftsverhältnisse in den Blick geraten können. Ihr Gesangverständnis basiert allerdings auf einer eher traditionellen Vorstellung (stabile Tonhöhen, wenig Geräuschanteil

---

[76] Cusick (1999), S.30.
[77] Vgl. Cusick (1999), S. 38.

und größtmögliche Nutzung körperlicher Resonanzräume als Ideal),[78] das sich so nicht als normativ für die Popmusik voraussetzen lässt: So gibt es zahlreiche Sängerinnen, deren Gesangsstil deutlich von diesem traditionellen Ideal abweicht – wie beispielsweise die Knarrstimme von Britney Spears – die aber dennoch und vielleicht auch gerade aufgrund dieser Abweichungen deutlich als weiblich erkennbar sind. Zwar kann klassischer Gesang sicherlich auch in der populären Musik normative Wirkungen entfalten, dennoch denke ich, dass hier weitere Reflexionen nötig sind, die die stilistische Heterogenität verschiedener Sängerinnen abbilden.

Darüber hinaus erfasst Cusick Männlichkeit nur negativ, als Nicht-Anpassung. Dies erklärt allerdings nicht, die Existenz einer geradezu typischen männlichen Rockstimme, die auch Cusicks Analyse zu Grunde liegt (Eddie Vedder von Pearl Jam). Hier wirken offenbar auch Normen, denen sich dieser Klang unterwirft.

Zwar möchte ich Cusick zustimmen, dass das Demonstrieren von Nicht-/Anpassung bzw. Nicht-/Souveränität gegenüber der Kultur eine Rolle in der Performanz von Geschlecht spielt, doch ist hier offenbar eine weitere Ebene im Spiel, die vorgibt, auf welche Weise diese Nicht-/Anpassung performt werden kann/muss. Kultur begegnet damit einerseits als Objekt (traditionelles Gesangsideal), wirkt aber dennoch auf einer anderen versteckteren Ebene produktiv als ein Intelligibilitätsrahmen, der die Regeln für die erfolgreiche Performanz von Männlichkeit bzw. Weiblichkeit festlegt und hier der Analyse entgeht.

Cusicks Arbeit, insbesondere ihre Überlegungen zur Performanz von Innerlichkeit und Subjektivität in der Stimme, bilden dennoch im Folgenden eine wichtige Grundlage für die Musikanalysen. Dabei werde ich die einzelnen Songs als performative Akte betrachten, in denen ein singendes Subjekt, samt Geschlecht und Körper, performativ entsteht, wobei der Klang über die spezifische Konfiguration dieses Körper-Subjekts Auskunft gibt. Dieses Subjekt entsteht nur temporär im Rahmen des Songs, und lässt keine automatischen Rückschlüsse auf die tatsächlichen Charaktere der Sänger_innen zu. Ich betrachte die Songs dabei als kurze fixierte klangliche Performanzen, die auch zu zitierbaren Verhaltensmustern im Intelligibilitätsrahmen werden können, wobei sich allerdings ein Fokus auf die inneren emotionalen und somatischen Abläufe der_des Sänger_in legen lässt.

---

[78] Vgl. Cusick (1999), S. 32 ff. Cusick spricht insbesondere von „disciplines of song", S. 36.

Bei der Produktion intelligibler Verhaltensmuster von Geschlecht handelt es sich somit insgesamt um einen permanenten und impliziten gesellschaftlichen Aushandlungsprozess, an dem alltägliche Verhaltensweisen ebenso beteiligt sind, wie mediale Darstellungen. Daher müssen wir davon ausgehen, dass die im Klang populärer Musik präsentierten Performanzen von Geschlecht von anderen Vermittlungsformen nicht unabhängig sind und mit Präsentationen von Geschlecht in anderen Medien interagieren. Da der Intelligibilitätsrahmen grundsätzlich wandelbar ist, sind diese Muster außerdem nicht als unveränderlich, sondern als temporäre Normen für weibliche oder männliche Subjektivität zu verstehen. Eine historische Untersuchung der Veränderung in der klanglichen Darstellung von Männern und Frauen wäre vor diesem Hintergrund perspektivisch sinnvoll. Ich werde in dieser Arbeit jedoch die historische Perspektive ausklammern, da das Material, mit dem ich arbeite, keine Aussagen über eventuelle Entwicklungen zulässt.

Ebenso wäre es vor diesem Hintergrund wichtig, sich mit der medialen Produktion oder Auslöschung von Körpern und Identitäten zu befassen, die den hegemonialen Vorstellungen von Männlichkeit und Weiblichkeit nicht entsprechen. Auch dies werde ich in dieser Arbeit nicht leisten, sondern mich auf die hegemonialen Bilder beschränken. Ich denke, keine_r meiner Beispiel-Sänger_innen kann dabei als sonderlich queer gelten, sondern alle werden zumindest in Mainstreamdiskursen als eindeutig männlich bzw. weiblich gelesen.

Nach dieser Einführung zur Kategorie „Geschlecht", werde ich im Folgenden von Männern und Frauen als gegebenen Kategorien sprechen. Darunter sind materialisierte und positionierte Identitäten zu verstehen, die weder exklusiv noch stabil und nicht notwendigerweise an einen biologisch männlichen oder weiblichen Körper geknüpft sind. Dabei gilt es in dieser Arbeit auch die Frage zu beantworten, was „Männlichkeit" und „Weiblichkeit" in gegenwärtigen durch populäre Musik vermittelten medialen Diskursen ausmacht.

Popmusik als sozialer Zement

„"...wäre da nicht der begründete Verdacht, daß die populären Musikformen gerade deshalb so allgegenwärtig geworden sind, weil die von ihnen produzierten Werte, Bedeutungen und sozialen Erfahrungen einen ganz entscheidenden kulturellen Reproduktionsfaktor moderner Industriegesellschaften darstellen, der mit den subtilen Mechanismen kulturelle Machtausübung ebensoviel zu tun hat wie mit der Entwicklung von Subjektivität, von sozialer und persönlicher Identität."[79]

Im Rahmen dieser Arbeit verstehe ich, wie bereits beschrieben, unter Popmusik nicht nur eine bestimmte aktuelle Musikform, die sich auf ihre klangliche Erscheinung reduzieren ließe. Popmusikbezogene Diskurse und Praktiken des Musikkonsums sind der Musik bereits eingeschrieben und ein Verständnis von Musik ohne diesen Kontext ist daher nicht möglich. In der Konsequenz heißt dies, dass es die reine Musik ohne Kontext nicht gibt, bzw. nicht geben kann, da jedes Musikverständnis einen Kontext voraussetzt. Peter Wicke hat dieses Konzept von Popmusik in seinem Begriff des „Sonischen" beschrieben, auf den ich im zweiten Kapitel näher eingehen werde.[80]

Zunächst möchte ich jedoch näher untersuchen, welche Funktion Popmusik, als ein Gesamtkomplex, der auch Diskurse, Konzerte, mediale Vermittlungen (CDs, Radio, Musiksender, Youtube etc.), Images, usw. umfasst, in der gegenwärtigen Gesellschaft einnimmt. Kritische Stimmen haben ihr dabei schon früh die Rolle ideologischer Indoktrination zugeschrieben:

Vor allem auf Theodor W. Adorno geht dabei die These zurück, dass populäre Musik insbesondere die Naturalisierung von Kapitalismus als hegemonialer Gesellschaftsform vorantreibt und als alternativlos affirmiert.[81] Adorno kritisiert beispielsweise die Austauschbarkeit und Standardisierung von Popsongs und ihren Formteilen, die uns als miteinander in Konkurrenz stehende Waren begegnen. Dies erfordert ein angepasstes Hörverhalten, das der scheinbaren Freiheit einer Kaufentscheidung entspricht, die sich auf die Wahl zwischen nur in Details

---

[79] Wicke (1998), Absatz 10.
[80] Vgl. Wicke (2006).
[81] Vgl. Adorno (1941a-c). Eine ähnliche Argumentation liefert auch John Shepherd, indem er auf die Analogie eines klaren und im größten Teil der Popmusik nicht in Frage stehenden tonal-harmonischen Rahmen und der aus individueller Perspektive unhinterfragbaren Stabilität des globalisierten Kapitalismus hinweist. Vgl. Shepherd (1991), S. 133 ff.

verschiedenen Produkten beschränkt. Durch die Ausübung dieser scheinbaren „Freiheit" wird die zu Grunde liegende Unfreiheit des kapitalistischen Systems akzeptiert.

Dieses tendenziell nach Totalität strebende Verständnis von Adorno, wurde von den Mitgliedern des Birminghamer Center for Contemporary Cultural Studies [CCCS] aufgegriffen und kritisiert, wobei sie in ihrer Erforschung von Massenmedien und Subkulturen in populärer Musik auch das Potential sehen symbolischen Widerstand zu artikulieren.[82] Doch auch die Vertreter_innen des CCCS stimmen grundsätzlich mit Adorno darin überein, dass populäre Musik gesellschaftliche Werte privilegiert transportiert, die mit einer kapitalistischen Gesellschaftsordnung verbunden sind und selbige tendenziell legitimieren.[83] Dabei erweitern sie außerdem ihren Fokus auf weitere von populärer Musik und populären Medien vermittelte problematische Werte, wie insbesondere Sexismus und Rassismus.[84] Die subkulturellen Umdeutungen und Aneignungen von Musik und anderen kulturellen Artefakten (z.B. Modeartikel, Motorräder, aber auch die Stecknadeln der Punks) finden dabei immer in einem durch Herrschaft strukturiertem kulturellen Umfeld statt, das eine kapitalistische, sexistische und rassistische Weltordnung tendenziell legitimiert und aktualisiert.

Hierfür spricht einiges: Der Konsum, die Verbreitung und die Produktion von Popmusik sind offenkundig hochgradig kapitalistisch vermittelt und außerdem stark mit der Werbeindustrie verbunden.[85] In einem globalisierten Kapitalismus zirkulieren einzelne Popsongs mittlerweile weltweit, wobei die Form und die Intensität der Vermarktung von den lokalen Gegebenheiten abhängt, die sich so ebenfalls in der Musikvermittlung (z.B. Zugänglichkeit welcher Musik und Verknüpfung mit Images) abbilden. Das Medium Musik eignet sich dabei für den Aufbau internationaler kultureller Verbindungslinien besonders gut, da es nicht primär auf Sprache basiert und so nationale Grenzen leichter überschreiten kann. Popmusik produziert somit weltweite kulturelle Beziehungen, die über Marktmechanismen lokal angebunden

---

[82] Vgl. z.B. Willis (ca. 1973), S. 7ff.; Hebdige (1991 [1979]), S. 113 ff.
[83] Vgl. z.B. Hall (1977), S. 346; Willis (1981 [in engl. 1978]), S. 19 f.; Hebdige (1991 [1979]) S. 5ff; sowie generell der im CCCS verbreitete Rückgriff auf marxistische Theorie.
[84] Vgl. z.B. Butcher et al. (1974), Critcher et al. (1975), Green (1979), Hall (2014 [in engl. 1981]), Lawrence (1981), McRobbie (1978), Taylor (1976) und Winship (1978).
[85] Vgl. Wicke (1993).

sind (oder eben nicht, was auch eine Aussage enthält, da die Betroffenen für einen globalisierten Kapitalismus nicht als Zielgruppe relevant sind). Sie bildet so einen globalen Bezugsrahmen, in den sich verschiedenste lokale Musiken und popmusikbezogene Subkulturen oder Szenen (auch durch Abgrenzung) einordnen und so symbolische Beziehungen untereinander herstellen, die es den einzelnen durch diese Musik sozialisierten Subjekten ermöglicht ihre eigene Position in einer globalisierten Welt affektiv zu erfassen und zu naturalisieren. Popmusik kann so als ein globaler „sozialer Zement"[86] verstanden werden, wobei diese Sozialisierung und Platzierung von Subjekten außerdem die Aktualisierung nationaler, rassialisierter und geschlechtlicher Identitäten beinhaltet.[87] Zusätzlich zur kapitalistischen Vermittlung spielen dabei auch lokale und globale Machtverhältnisse eine Rolle, die die Zugänglichkeit von (welcher) Musik (als Produkt wie als Praxis) für verschiedene Gruppen organisieren.[88]

Um Popmusik als ein solches global agierendes Sozialisierungssystem theoretisch zu erfassen, greife ich auf Michel Foucaults Machtbegriff und auf sein Konzept des Dispositivs zurück.

Macht ist für Foucault kein repressiv-einschränkendes sondern ein produktives Konzept: Ähnlich wie die im letzten Abschnitt erklärte Performanz, für die sich Butler unter anderem auch auf den Machtbegriff von Foucault bezieht, bringt Macht Subjekte in ihrer konkreten historischen Form hervor. Dabei wirken gesellschaftliche Normen, Ideale und Ausschlüsse disziplinierend auf die Individuen ein, die ihre Subjektivität nur gemäß den jeweils historisch konkreten Regeln erlangen können. Macht bezeichnet dabei die Kraft, die diese Subjektivierungen motiviert und ermöglicht, aber auch in bestimmte Bahnen lenkt und damit einschränkt.[89]

Diese Macht geht nicht von einzelnen Menschen aus und kann auch von niemandem „besessen" werden. Sie basiert nicht auf einer

---

[86] Vgl. Adorno (2007 [1941]), S.311.
[87] Zur Aktualisierung postkolonialer Identität und weiß-westlicher Hegemonie in Diskursen zu populärer Musik siehe: Romanow (2005). Zu globalen Formen des Otherings auf vielfältigen Ebenen siehe: Krüger (2016).
[88] Die vielfältigen Ausschlüsse von Frauen habe ich bereits in der Einleitung angedeutet. In Bezug auf Rassismus und Nationalismus lässt sich vor allem auf die westliche Tendenz hinweisen musikalische Klänge mit Orten zu verknüpfen, die Johannes Ismaiel-Wendt kritisiert. Vgl. Ismaiel-Wendt (2011) S. 45 ff.
[89] Vgl. Foucault (2014 [in fr. 1976]) S. 93 ff.

bewussten menschlichen Intention, die ihre Wirkungen lenken, planen und kontrollieren könnte. Dennoch erzeugt die Macht ihre Effekte in einer Art und Weise, die als strategisch und intentional verstanden werden kann, denn sie tendiert dazu sich selbst zu stabilisieren und ihre Ergebnisse auch angesichts gesellschaftlicher Veränderungen zu schützen.[90]

Ein Dispositiv bezeichnet eine strategische Formation von Macht, die mit besonderer Hartnäckigkeit immer wieder ein bestimmtes Ergebnis (hier: in einer globalisierten Welt positionierte Subjekte) produziert. Es besteht dabei aus einer Vielzahl heterogener Elemente, die ineinandergreifen und sich gegenseitig stützen, um das vom Dispositiv angestrebte Ziel zu erreichen. Hierbei kann es sich sowohl um diskursive, wie um nicht-diskursive Elemente handeln. Foucault selbst benennt beispielsweise:[91]

> „Diskurse, Institutionen, architekturale Einrichtungen, reglementierende Entscheidungen, Gesetze, administrative Maßnahmen, wissenschaftliche Aussagen, philosophische, moralische oder philanthropische Lehrsätze, kurz: Gesagtes ebenso wohl wie Ungesagtes"[92]

Bezogen auf Popmusik lassen sich hierunter beispielsweise Musikindustrie, Radio, Charts, populäre und akademische Diskurse, Tanz, Fangemeinden, Stars, verschiedene Musikplattformen im Internet, musikzentrierte Subkulturen und ihre Wertesysteme, Diskotheken, Popsongs, Popmusik-Genres, die Strukturen des Musikmarktes und der sogenannte «Mainstream» fassen. All diese vielfältigen Elemente funktionieren innerhalb der machtvollen Strategie des von mir an dieser Stelle postulierten Popmusik-Dispositivs als taktische[93] Momente, die

---

[90] Vgl. Ebd. S. 95.
[91] Foucault (1978), S. 119 f.
[92] Ebd.
[93] Foucault differenziert zwischen Taktiken und Strategien: Die Strategie verfolgt ein globales Ziel mithilfe verschiedener temporärer und lokaler einzelner Taktiken. Die Strategie und ihr Ziel lassen sich dabei aus der Wirkung der Taktiken aus ihrem „Kalkül" (Vgl. Foucault (2014 [in fr. 1976]), S. 95) erschließen. In der „Regel des zweiseitigen Bedingungsverhältnisses" (Foucault (2014 [in fr. 1976]), S.99/100) führt Foucault weiter aus, wie sich Taktiken und Strategie gegenseitig bedingen, wobei eine Strategie aus einzelnen Taktiken besteht und einzelne Taktiken nur innerhalb der Strategie ihre Macht entfalten können. Einzelne Taktiken können dabei durchaus temporär oder scheinbar der Strategie zuwiderlaufen. Vgl.

auf eventuell auch auf den ersten Blick widersprüchliche Weise zusammenarbeiten, um das Gesamtergebnis des Dispositivs hervorzubringen.

Auch in der populären Musik lässt sich dabei erkennen, dass hier kein einzelnes Subjekt noch eine bestimmte Institution in der Lage ist diese und ihre Wirkungen intentional zu kontrollieren: Weder die Musikindustrie noch die Konsument_innen sind in der Lage die Ergebnisse des durch Popmusik angetriebenen Sozialisierungsprozesses vollständig zu bestimmen oder auch nur vorherzusehen (auch wenn entsprechende Versuche immer wieder unternommen werden und auch nicht vollkommen erfolglos bleiben[94]). Populäre Musik als einen strategischen Machtkomplex zu verstehen, ermöglicht es so die verschiedenen sehr heterogenen Aspekte als Teile eines Ganzen miteinander in Beziehung zu setzen, die sich gegenseitig in ihrer Funktion stützen. Einzelne Elemente sind dabei nur unter Berücksichtigung des Ganzen wirklich verständlich.

Dabei geht die Theorie des Dispositivs von einer wechselseitigen Beziehung aus, in der die Popmusik ein kontinuierlich von der Gesellschaft hervorgebrachtes Mittel zur eigenen Aktualisierung ist. So verändern sich fortlaufend sowohl die Gesellschaft als auch die Popmusik mit all ihren verschiedenen institutionellen, diskursiven, praktischen und musikalischen Teilaspekten.[95]

Diese Rückkopplung lässt sich beispielsweise an den ökonomischen Funktionsweisen von Popmusik für die Werbung darstellen: Im kommerziellen Radio, aber nicht nur dort,[96] wird durch Musikauswahl eine spezifizierte Zielgruppe adressiert – damit ist aber nicht primär die Zielgruppe der Musik, sondern v.a. die Zielgruppe der Werbung gemeint, die auf diesem Radioprogramm geschaltet wird. Musik filtert dabei gewissermaßen das Publikum und produziert so eine verhältnis-

---

Foucault (2014 [in fr. 1976]), S.101.

[94] Vgl. beispielsweise die von Lawrence Grossberg kritisierte strategische Vereinnahmung von Rockmusik durch konservative Politik. Grossberg (1997) S. 254 ff.

[95] Vgl. hierzu auch Willis (1973), S. 18 f.

[96] Es gibt bisher wenig Forschung zu diesem Prozess im Internet. Eine enge Verbindung von Musik und Werbung zeigt sich jedoch auch hier auf Plattformen wie Youtube und Spotify, auf denen Musik wichtigster Werbeträger ist. Vgl. Liikkanen und Salovaara (2015), sowie die offiziellen Informationen von Youtube und Spotify für Werbetreibende.

mäßig homogene und bestimmbare Gruppe von Hörer_innen (bezüglich Alter, Geschlecht, sozialem Hintergrund, Werten usw.). Dies ermöglicht es den werbenden Unternehmen ihre Produkte zielgerichteter zu präsentieren. Schließlich bekommt diese Zielgruppe auch durch den Konsum ähnlicher Produkte, ja, schon durch ein in der Werbung gewecktes vergleichbares Begehren Substanz.[97] In der Konsequenz wird dieses Konsumverhalten auch symbolisch, d.h. in der medialen Repräsentation, privilegiert, wodurch wiederum Normierungsprozesse in Gang gesetzt werden: Wer durch die Werbung angesprochen werden soll, wird in den kommerziellen Medien stärker repräsentiert, was bezogen auf Popmusik bedeutet, dass deren_dessen musik-ästhetische Interessen stärker berücksichtigt und öffentlich hörbar werden. Martin Richard (=Dick) Asher, ehemaliger Chef von CBS International und Präsident von PolyGram USA, fasst es folgendermaßen zusammen:

> "if the people who like certain sorts of music are not the people who want to buy soap then their music won't get played'."[98]

Dabei zeigt sich nicht nur die einordnende Wirkung der Popmusik, sondern vor allem eine privilegierte Rückkopplung für diejenigen, die von Werbung angesprochen werden sollen: Veränderungen in den von Unternehmen anvisierten Zielgruppen oder in den ökonomischen Möglichkeiten einzelner Schichten haben folglich Auswirkungen auf die produzierte und besonders stark beworbene Popmusik und deren mediale Präsenz.[99]

Diese Darstellung ist zwar durchaus vereinfacht – Ich blende beispielsweise die durchaus komplexen und komplexer werdenden Marktforschungsprozesse und weitere (z.B. politische) Interessen aus, die die rein ökonomischen beeinflussen können; zudem ist im Internet die frühere Gate-Keeper-Funktion der Mainstream-Medien auf eine Vielzahl einzelner Akteur_innen übergegangen[100] und wurde entsprechend dezentralisiert, was die Dynamik solcher Rückkopplungen entscheidend beeinflusst – dennoch lässt sich hieran beispielhaft erkennen, wie sich gesellschaftlich-ökonomische Realitäten musikalisch

---

[97] Vgl. z.B. Buxton (2007 [1983]) S. 436 f.
[98] zit.n. Malm/Wallis (1992), S. 206.
[99] Heute zeigt sich dieser Prozess beispielsweise im weit verbreiteten Product Placement in Musikvideos und Lyrics (insbesondere im HipHop), woran heute nicht selten die Finanzierung vor allem aufwändiger Film-Produktionen hängt. Vgl. z.B. Hampp (2012) und Kimpton (2015).
[100] Vgl. Werner und Johansson (2016).

ausdrücken und wie popmusikalische Gesellschaftsrepräsentation die ggf. veränderte gesellschaftliche Aktualisierung beeinflusst.

Das Dispositiv ermöglicht es auch scheinbare Widersprüche sinnvoll einzuordnen, so dass sich auch die paradoxen Positionen verschiedener musikalischer Subkulturen zwischen Affirmation und Ablehnung von Gesellschaft und Konsumverhalten theoretisch fassen lassen. Die mögliche Subversivität von musikalischen Subkulturen kann so auf einer Ebene anerkannt werden, ohne dass dies notwendigerweise einen Widerspruch zu anderen Ebenen darstellt, auf denen ihre Mitglieder dennoch gesellschaftliche Grundwerte bestätigen oder sinnvoll gesellschaftlich integriert werden. Ebenso lassen sich verschiedene ästhetische oder ideologische Werte, beispielsweise die regelmäßig praktizierte Abgrenzung vom sogenannten «Mainstream» oder das Verlangen nach Authentizität oder Echtheit der musikalischen Präsentation, das später noch wichtig wird, als Momente eines Dispositivs fassen.

Dabei sind solche ideologischen oder ästhetischen Kategorien nicht isolierbar, sondern können in vielfältiger Weise innerhalb des Dispositivs wirken. Auch die Darstellung von Geschlecht im Popmusikdispositiv wird sich daher nur in Verbindung mit der engen Beziehung mit anderen Aspekten des Dispositivs vollständig erschließen.

Allerdings kann eine vollständige Darstellung des Popmusikdispositivs – so sie denn überhaupt möglich ist – hier nicht geleistet werden. Stattdessen wird die klangliche Geschlechterperformanz als konkreter Referenzpunkt dienen, der aber mit verschiedenen anderen Teilen des Dispositivs (z.B. ästhetische Ideale ebenso wie ökonomische Voraussetzungen, Vermarktungsstrategien und soziale Aus- und Einschlüsse) in enger Beziehung steht und ohne diese seine Wirkung nicht entfalten könnte. Hierbei ist besonders der Bereich der Identitätsproduktion via Popmusik und Popkultur relevant, auf den ich nun abschließend etwas genauer eingehen möchte.

Für die Entwicklung einer Identität wird dabei die negative Abgrenzung als ebenso wichtig (oder sogar noch wichtiger) angesehen wie eine positive Identifikation. So schreibt beispielsweise Stuart Hall:

> „Above all, and directly contrary to the form in which they are constantly invoked, identities are constructed through, not outside, difference. This entails the radically disturbing recognition that it is only in relation to the Other, the relation to what it is not, to precisely what it lacks, that what has been called its constitutive

outside that the «positive» meaning of any term – and thus its identity – can be constructed."[101]

Ausschließlich positive Bezugnahmen auf Popmusik zu betrachten, reicht also zum Verständnis dieses Prozesses nicht aus. Die Abgrenzung nur als Negativbild mit einzubeziehen, erfasst jedoch auch noch nicht, dass sowohl die gewählte oder erzwungene Identität, als auch jede andere, sich in einem gemeinsamen Rahmen bewegen und sich unter anderem dadurch gegeneinander abgrenzen, dass sie sich innerhalb desselben verschieden platzieren bzw. platziert werden. Bezogen auf populäre Musik wird durch die Wahl eines Stars, einer Band oder eines Genres nicht nur anderes abgelehnt, sondern das Eigene und das Abgelehnte auch in Beziehung zueinander gesetzt und in einem gemeinsamen Kontext verortet.

Zwar blende ich in dieser Arbeit zur stärkeren Fokussierung meiner Fragestellung musikalische Kontexte (z.B. Diskurse, Institutionen, Videos, Images, Interviews) weitgehend aus, aber auch auf der klanglichen Ebene lässt sich die Popmusik als ein übergreifender Kontext verstehen, in dem die einzelnen Songs miteinander in Beziehung stehen. Damit meine ich nicht nur die Einordnung einzelner Songs in Genres oder (auch immer teilweise konstruierter) Traditionslinien, sondern, wie später klar werden wird, vor allem die musikalisch produzierten Bilder von Subjektivität und Körperlichkeit. Dabei können wir je nach unserer Positionierung (als Frau, Mann, Weiße_r, PoC, etc.) uns in den angebotenen klanglichen Subjekten oder Körpern wiedererkennen oder nicht. Dies beeinflusst unsere Möglichkeiten zu Hören und lehrt uns die eigene Rolle in Beziehung zu anderen gesellschaftlichen Positionen. Der Klang von Popmusik wird dabei ebenso durch normative Bilder von Geschlecht strukturiert, wie er andererseits normative Geschlechterbilder gesellschaftlich (mit-)reproduziert. So schreibt Simon Frith zu auf bestimmte Zielgruppen ausgerichtete Billboard-Charts:

„«Frauenmusik» zum Beispiel interessiert [...] nicht als Musik, die irgendwie «Frauen» ausdrückt, sondern als Musik, die versucht, diese zu definieren, genauso wie «schwarze Musik» dazu da zu sein scheint, eine bestimmte Vorstellung davon, was «schwarz» ist, hervorzubringen"[102]

---

[101] Hall (1996), S.4 f.
[102] Frith (1992), S.5.

Wie im Intelligibilitätsrahmen von Butler bilden sich hierbei zitierbare Muster sowohl für die musikalische Präsentation von Geschlecht als auch für die rezipierende Beziehung zum Song heraus, die eine normative Wirkung entfalten und dabei diskriminierende Gesellschaftsverhältnisse auf einer musikalisch-emotionalen Ebene mithervorbringen, legitimieren und verstärken, aber auch verändern können.

Diese musikalische Produktion von gesellschaftlichen Strukturen geschieht dabei vor allem auf einer nonverbalen Ebene und schreibt sich so weniger auf einer bewussten, sondern weit eher auf einer affektiven Ebene in die hörenden (und musizierenden) Körper und Subjekte ein. Um dies zu verstehen, muss Musik als eine somatische Erfahrung interpretiert werden, was ich im nächsten Abschnitt näher betrachten werde.

Popmusik als innere Selbstproduktion

„A more productiv approach to music – not just pop, but all music, including the ostensible cerebral classical canon – would be to focus on its correspondences with the body. [...] I want to propose, that music is foremost among cultural «technologies of the body», that it is a site where we learn how to experience socially mediated patterns of kinetic energy, being in time, emotions, desire, pleasure and much more."[103]

Die Tanzwissenschaftlerin Gabriele Klein hat den von Christoph Wulf und Gunter Gebauer entwickelten Mimesis-Begriff auf Popmusik anwendet und damit einen Ansatz zum Verständnis der somatischen Einschreibung kultureller Werte durch Musik entwickelt.[104]

Gebauer und Wulf beschreiben Mimesis als ein kreatives Nachformen der Welt im Innern des Individuums: „In mimetischen Akten erzeugt das Subjekt durch seine eigene Formgebung die vorgefundene Welt noch einmal."[105] Dieser Prozess nimmt zwar Bezug auf das Gegebene, wiederholt es aber nicht passiv, sondern erzeugt etwas Eigenes. Es entsteht so eine zweite mimetische Welt im Subjekt, die von der äußeren Welt durchaus abweichen kann, aber immer in Beziehung zu dieser steht.

---

[103] McClary (2007), S.205.
[104] Klein (2004): S.244-262.
[105] Gebauer/Wulf (2003), S.7.

„Das Weltverhältnis des Menschen kann beschrieben werden als eine Verschränkung wechselseitiger Aktivitäten: Ein Subjekt, das sich machen muss, nimmt Beziehungen zu einer Welt auf, die es als geformte und strukturierte schon gibt und die ihrerseits das Subjekt macht." [106]

Dabei sehen Gebauer und Wulf mimetische Prozesse als basale vorbewusste Weltzugänge des Menschen,[107] die sowohl das symbolische Weltverständnis als auch die Körper der Subjekte prägen und dabei schließlich auch die Basis für jede Erkenntnis darstellen.[108] Es handelt sich also nicht um ein kognitives Konzept sondern eher um eine Form des Bewohnens des eigenen Körpers und der eigenen Subjektivität, das letztlich ein Bewohnen der Welt herstellt. Es gibt also ein mimetisches Verhältnis zwischen einer vorgefundenen äußeren Welt, die bereits durch das Handeln anderer kodiert ist, und einer darauf im Innern des Subjekts nachgebildeten Welt, über die sich dieses die Welt und damit Handlungsfähigkeit in der derselben erschließt. Dabei lässt sich die Mimesis in Beziehung zur Performativität im Sinne Butlers setzen, da die Nachbildung als Aneignung und Wiederholung gesellschaftlicher Muster durch das Subjekt verstanden werden kann, welches sich und sein Verständnis der Welt eben dadurch herstellt.[109]

Dies kann als Modell verwendet werden, das die Vermittlung zwischen einer im Popmusik-Dispositiv präsentierten Welt-/an-/ordnung und dem individualisierten Weltverständnis einzelner Personen herstellt, die sich aus verschiedenen Perspektiven mit dieser Welt in Beziehung setzen, sie in ihrem Innern mit Abweichungen nachbilden und sich so darin verorten, sich angleichen und darin einpassen. Dabei lässt sich auch der Umgang mit einzelnen Popsongs als mimetisch auffassen: Vom empathischen Nachempfinden der Musik, über das Tanzen, bis hin zur imitierenden eigenen Musikpraxis, dem Mitsingen oder dem Spielen von Cover-Songs – all diese Praxen formen Musik im und durch den eigenen Körper nach.

Simon Frith beschreibt diesen Aneignungsprozess in seinem Aufsatz „Music and Identity" und führt dabei die beiden gerade von mir beschriebenen Ebenen zusammen:

---

[106] Gebauer/Wulf (2003), S.101.
[107] Gebauer/Wulf (2003), S.28.
[108] Vgl. Gebauer/Wulf (2003), S.75.
[109] Vgl. Gebauer/Wulf (2003), S. 8.

Music constructs our sense of identity through the direct experiences it offers of the body, time and sociability, experiences which enable us to place ourselves in imaginative cultural narratives. [110]

Ein durch Musik erzeugtes mimetisches Weltverständnis ist also nicht kognitiv, sondern verbindet Vorstellungen über verschiedene Identitäten (eigene und andere!) mit Körpererfahrungen. Verschiedene Positionierungen in der Welt korrespondieren so mit musikalisch vermittelten unterschiedlichen Körpergefühlen, die eben nicht „natürlich", sondern durch Musikerfahrung konstruiert sind. Hierdurch vermittelt sich ein Weltverständnis, in dem bewusste und verkörperte Elemente miteinander verbunden sind.

Der Körper ist dabei einerseits das Medium der musikalischen Erfahrung, andererseits ist er durch den Habitus, der sich als Folge der mimetischen Nachbildung im Körperinnern auf das soziale Handeln überträgt, auch ein Ergebnis, wie Klein schließlich mit Rückgriff auf Bourdieu deutlich macht.[111]

„Da der Habitus leiblich strukturiert ist wird es zudem möglich, den Vorgang zu verstehen, wie leibliche Erfahrung sich körperlich darstellt und nach «außen» getragen wird. Auch dieser nach «außen» gerichtete Prozeß ist ein mimetischer Akt, ein Angleichen der «inneren Erfahrung» an die «äußere Realität» in sozialen Handlungen, die sich körperlich vollziehen."[112]

Auch hier zeigt sich die Nähe dieser mimetischen Körperherstellung zur Performanztheorie Butlers ist: In beiden Theorien wird der Körper durch die Aneignung gesellschaftlich gegebener Muster hergestellt und laufend aktualisiert. Klein trennt dabei einen inneren Körper (Leib) von einem äußeren (Körper). Für sie erklärt die Mimesis die Einschreibung der symbolischen Welt in den Leib, also die innere Körperwahrnehmung, die sich im zweiten mimetischen Schritt erst an der Oberfläche äußert und so zum Habitus wird.[113] In der Performanztheorie gemäß Butler fallen diese beiden Schritte in eins: Mit der als mimetische Nachahmung auffassbaren Performanz wird der eigene Körper zugleich innerlich, wie äußerlich performativ erzeugt. Allerdings lässt sich durch die theoretische Trennung, die Klein durchführt, die innerliche bzw. leibliche oder somatische Musikerfahrung eher fassen,

---

[110] Frith (1996): S. 309.
[111] Vgl. Klein (2004), S.262.
[112] Ebd.
[113] Klein (2004), S.261.

als wenn diese immer nur in ihrem nach außen wirkendem performativem Ergebnis betrachtet würde. Sie lässt sich außerdem mit Cusicks Beobachtungen und Überlegungen zur Anwendung der Performanztheorie auf Musik verbinden, denn für Cusick wird in der Stimme vor allem das Innenbild des Subjekts performativ hergestellt.[114]

Es erscheint so insgesamt wahrscheinlich, dass in der Popmusikerfahrung weniger eine äußere Körperrepräsentation als eine innere, oder leibliche, Körperlichkeit performativ erzeugt wird.

Nun haben wir es jedoch in unseren theoretischen Vorüberlegungen bereits mit mehreren Körpern zu tun:
1. Ein sich in der Musik performativ erzeugender Körper, der auf den_die Sänger_in projiziert wird und sich vielleicht als „klingender" oder „vokalischer" Körper bezeichnen lässt.
2. Der rezipierende Körper der_des Hörer_in, der hören, fühlend oder auch tanzend zur Musik in einer mimetischen Beziehung steht, und
3. Sind diese beiden Körper in einen inneren Körper (=Leib) und einen äußeren Körper (=von außen sichtbare Körperoberfläche) unterteilt.

Die Möglichkeiten zur Analyse dieser verschiedenen Körper und der durch diese produzierten Vorstellungen von Geschlecht werden uns nun im nächsten Teil beschäftigen.

---

[114] Cusick (1999) S. 30.

Kapitel 2: Analysewerkzeuge

In diesem Kapitel wird es darum gehen, wie eine Musikanalyse aussehen kann, die sich der gerade thematisierten Produktion von Körpern und einer damit verbundenen unbewussten Reproduktion und Aktualisierung gesellschaftlicher Verhältnisse zuwendet. Dabei ist zuerst einmal das Verständnis von Musik zu klären: Wie ich bereits im Abschnitt über Popmusik als Dispositiv deutlich gemacht habe, ist Musik nur in und durch ihren kulturellen Kontext verständlich. Peter Wicke bieten mit seinem Begriff des Sonischen ein theoretisches Modell an, in dem er populäre Musik als „kulturalisierte[n] Schall" betrachtet.[115] Die Klanglichkeit von Musik selbst ist in diesem Konzept mit ihren Rezipient_innen verbunden: Jedes Musikverständnis lässt sich als eine Art Verknüpfung von Klang und hörendem Subjekt verstehen, in dem letzteres bereits kulturell so vorstrukturiert ist, dass es dem Klang auf angemessene Weise begegnen kann, ebenso wie der Klang an die Erwartungshaltungen des hörenden Subjekts angepasst ist.[116] Beide Anpassungen sind dabei dynamisch, d.h. es handelt sich nicht um einen einmal abgeschlossenen Prozess sondern um eine beständige parallele Weiterentwicklung.

Wicke arbeitet dies mit John Shepherd in ihrem gemeinsamen Buch „Music and Cultural Theory" näher aus. Sie entwickeln dabei ein theoretisches Konzept, in dem sie die in der auf de Saussures Zeichentheorie zurückgehende Trennung von Signifikant (=Wort/Zeichen) und Signifikat (=das, was das Wort/Zeichen bedeutet) für Musik aufgeben (bzw. nur noch analytisch beibehalten) und stattdessen „a performative semiological model"[117] vorschlagen. Bedeutung in populärer Musik entsteht für Shepherd und Wicke in und durch die Momente der Verkopplung von inneren Wahrnehmungszuständen („states of awareness") und Musik als Klangerfahrung, wobei die mögliche

---

[115] Wicke (2006), S.3.
[116] Vgl. Shepherd/Wicke (1997), S.108 f.
[117] Shepherd/Wicke (1997) S. 169 ff.

Klangerfahrung von den im Subjekt vorhandenen Wahrnehmungszuständen abhängt, die von der Musik aufgerufen und bestätigt werden. Dies ist insofern performativ, als dass durch diesen Prozess die Musikerfahrung überhaupt erst hergestellt und ermöglicht wird, wobei die schon im Subjekt vorhandenen Wahrnehmungszustände als zitierfähige Muster im Sinne des Intelligibilitätsrahmens verstanden werden können. Diese wirken dabei nicht (auf etwas Abwesendes) verweisend, sondern produzieren ihre eigene Präsenz. Musikerfahrung als Signifikant und „states of awarenss" als Signifikat lassen sich dabei nur noch theoretisch trennen oder anders gesagt: Das Signifikat wird durch den Signifikanten automatisch ins Bewusstsein gerufen und so präsent, anstatt eines Verweisens, wie es in sprachlicher Kommunikation geschieht.[118]

Doch was bedeutet diese Theorie für die Musikanalyse? Offensichtlich lässt sich Musik hierbei nicht als abstrakte Entität begreifen; eine solche „reine" Musik wäre nach dieser Logik vollkommen unverständlich. In jede Analyse muss hingen das hörende Subjekt gewissermaßen mitanalysiert werden, was ja auch erklärtes Ziel dieser Untersuchung ist. In diesem Kapitel soll es um Möglichkeiten gehen, eine solche Musikanalyse durchzuführen.

Shepherd und Wicke arbeiten in ihrem Buch nur theoretisch und demonstrieren nicht, wie ihr Modell auf konkrete Songs angewendet werden kann. Sie versuchen dabei, jede denkbare musikalische Bedeutungsproduktion auf allen Ebenen zu erfassen, wobei am Ende ein recht komplexes Schema entsteht.

In dieser Arbeit wird es allerdings „nur" darum gehen die Wirkungsweisen von Musik zu analysieren, die mit Geschlecht verknüpft sind. Ich habe daher in diesem Kapitel nicht den Anspruch eine generelle Theorie zur allgemeinen Bedeutungskonstruktion in Musik zu entwickeln, sondern lege ihm eher die Vorstellung eines methodischen Werkzeugkastens zu Grunde: Ich werde in den folgenden Abschnitten verschiedene Theorien darstellen, die ich für die Musikanalyse in Bezug auf Geschlecht für produktiv halte. Damit erhebe ich keinen Anspruch auf Vollständigkeit, noch werde ich die im Folgenden erklärten Ansätze in eine systematische Beziehung zueinander setzen. Stattdessen wird der Schwerpunkt auf der Anwendung, d.h. dem möglichen und sinnvollen Einsatz meiner Werkzeuge liegen. Mich interessieren dabei vor allem Ansätze, die die unwillkürlichen, emotionalen, körperlichen und unbewussten Reaktionen auf Musik erhellen können.

---

[118] Allerdings ist auf dieser materiellen Basis wiederum ein zeichenhaftes Verweisen möglich. Vgl. Shepherd/Wicke (1997), S. 205 ff.

In den folgenden sechs Abschnitten werde ich also verschiedene Möglichkeiten darstellen, durch populäre Musik ausgelöste innere Wahrnehmungszustände, im Sinne Shepherds und Wickes, zu interpretieren. Ich beginne hierbei mit zwei in der Popmusikanalyse relativ weit verbreiteten Methoden: Zuerst möchte ich beschreiben wie Musik kulturell kodierte Konnotationen oder Assoziationen transportiert und wie diese analysiert werden können. Dann werde ich den Begriff der Homologie näher beleuchten, der eine Interpretation von Musik mittels struktureller Gemeinsamkeiten von musikalischem oder klanglichem Geschehen und außermusikalischen Erfahrungen oder kognitiven Konzepten ermöglicht.

Anschließend möchte ich mir Julia Kristevas Ansatz des Genotextes näher ansehen, der eine materiell-affektive Verbindung von Subjekt und Sprache als Medium beschreibt. Dies kann als mögliches Modell für die körperliche Kommunikation von Musik verwendet werden. Da der Genotext als materiell-affektive Ebene von Sprache im Songtext selbst gegeben ist, stellt sich allerdings außerdem die Frage, inwiefern hierdurch eine produktive Möglichkeit zur Analyse der Lyrics gegeben ist, in dem die Verkopplung von Subjekt und Klang im Text berücksichtigt wird.

Eine diese Verkopplung ernst nehmende Musikanalyse muss aber auch eine Theorie über das hörende Subjekt miteinbeziehen. Die Psychoanalyse bietet hierzu ein ausgearbeitetes und weit entwickeltes Modell, das zudem in der feministischen Medienkritik bereits oft Verwendung fand. Ich möchte daher in diesem Kapitel auch die Psychoanalyse näher betrachten und einen möglichen Einsatz in der Musikanalyse reflektieren. Hierbei werde ich zudem auf die Filmkritik Laura Mulveys eingehen, die die Psychoanalyse zur Entwicklung des männlichen Blicks auf Film als Medium anwendet.

Zuletzt werde ich auf die beiden am Ende des letzten Abschnitts herausgearbeiteten Körper, den im Prozess des Hörens geformten (inneren) Körper der Hörer_innen und den vor allem im Gesang vermittelten performativen Körper der_des Sänger_in eingehen. Für beide müssen relevante klangliche und musikalische Ebenen herausgearbeitet und näher beleuchtet werden, sowie die genaue Art der Verkopplung von Klang und Körper reflektiert werden.

Musik als Zeichen: Assoziationen

Die erste Ausformung eines „inneren Wahrnehmungszustandes", der durch Musik aufgerufen werden kann und den ich hier untersuchen will, ist die Assoziation:

Die meisten Menschen kennen das Phänomen, dass sie zu Musik Bilder oder Kontexte assoziieren. Beispielsweise kann eine Fanfare als Zeichen für höfisches Zeremoniell oder für militärische Manöver gedeutet und weiter als Signal verstanden werden, das so Aufmerksamkeit erzeugt. Solche musikalischen Zeichen sind in der populären Musik weit verbreitet und ebenso wie sprachliche Zeichen kulturell vermittelt. D.h. die Signalbedeutung der Fanfare wurde in vielen Situationen erlernt, in denen ein Fanfarenklang mit entsprechenden Bildern und Situationen verbunden wurde:

> "Music signifies precisely by using well-worn connections between musical materials and processes and non-musical ideas, just as language does. The connection between a sound and an idea is established through use over time, becoming a convention and ultimately a meaning."[119]

Popmusik ist von solchen Konnotationen regelrecht durchdrungen; sie verweist permanent. Ganze Popsongs, Stars bzw. Bands oder sogar Genres können einen solchen Zeichencharakter erhalten und auf Generationen, bestimmte Zeiträume, Orte, Ereignisse, Städte oder Subkulturen hinweisen, die den (vielleicht auch nur eingebildeten) historischen oder gesellschaftlichen Kontext für die mit ihr assoziativ verbundene Musik bilde(te)n.[120] Viele dieser Assoziationen sind dabei durchaus problematisch, da sie Musik beispielsweise mit (projizierten) nationalen und rassialisierten Identitäten verbinden. So kritisiert Johannes Ismaiel-Wendt in seinem Buch „Tracks 'n' Treks" ein westliches Begehren eine musikalische Raumordnung zu schaffen, die versucht verschiedene Klänge und Musiken an (fernen) Orten zu fixieren und dabei Vorstellung des „Anderen" reproduziert und aktualisiert.[121]

Allerdings wird Bedeutung in Musik auch oft durch Analogien hergestellt: So können hohe Töne mit räumlicher Höhe in Verbindung gebracht werden und beispielsweise Sterne oder einen Flug symboli-

---

[119] Kassabian (2009), S. 55.
[120] Dies ist allerdings kein einseitiger Prozess. Indem bestimmte Popsongs gewählt werden, um eine Zeit oder ein Ereignis zu repräsentieren, wird das Repräsentierte auch interpretiert. Über Popmusik funktioniert auf diese Weise auch eine gesellschaftliche Ausdeutung des Geschehens, ja schon das Gegenwärtige wird mit der jeweils aktuell präsenten Popmusik verbunden und kann entsprechend interpretiert werden.
[121] Vgl. Ismaiel-Wendt (2011), S. 40 ff.

sieren oder eine leichte Instrumentation und Spielweise kann „Leichtigkeit" als Gefühl vermitteln. Diese Interpretationen basieren hier darauf, dass die musikalischen Klänge bereits symbolisch vorkodiert sind, d.h. wir hören Klänge räumlich und nach Gewicht angeordnet und können diese musikalisch-klanglichen Anordnungen mit Ordnungen anderer mentaler Konzepte in Beziehung setzen.[122]

Im Gegensatz zu Worten sind musikalische Verweise jedoch insgesamt nicht denotativ, d.h. direkt verweisend auf einen klar bestimmbaren Inhalt, sondern lassen sich eher mit der konnotativen Ebene von Sprache vergleichen: Jeder musikalische Moment kann eine unendliche Kette von Assoziationen auslösen, hat aber keine eindeutige denotative Bedeutung.[123] Wie in Sprache sind diese Assoziationen teilweise sehr verbreitet, teilweise sehr persönlich und zum großen Teil vom Vorwissen (über eine_n Künstler_in, ein Genre, eine Subkultur) bzw. von Vorurteilen und Vorannahmen, sowie vom jeweiligem Kontext abhängig.

Viele Klänge sind somit kulturell kodiert, wobei das vermeintliche Wissen über die Bedeutung von Musik für diejenigen, die einen bestimmten kulturellen Raum teilen, meist offensichtlich erscheint – da die Assoziationen unwillkürlich ausgelöst werden. Allerdings ergeben sich in der Musikanalyse einige Probleme, denn leider gibt es keine umfassenden Nachschlagewerke, o.ä. für solche Bedeutungen. Ebenso wenig können die Bedeutungen musikalischer „Zeichen" irgendwie direkt aus der Musik abgelesen werden. Außerdem sind sie sehr wandelbar, da beispielsweise Musikbeschreibungen und andere Diskurse über Musik sehr leicht neue Bedeutungsräume eröffnen können[124] und von einem bestimmten kulturellen Kontext, der unter Umständen nur eine sehr kleine Subkultur umfasst, abhängig. Und schließlich muss Musik auch in einem konkreten Kontext nicht automatisch von allen Menschen in der gleichen Weise verstanden werden.

Wie Susan McClary und Robert Walser darstellen, ist das Fehlen einer ausgearbeiteten popmusikalischen Semiotik eines der zentralen Probleme der Popmusikanalyse: Es gibt keinen wissenschaftlichen Rahmen, in dem die assoziativen Bedeutungen von Musik Raum hätten und an dem eine entsprechende Argumentation halt fände.

---

[122] Vgl. Middleton (1990), S. 225.
[123] Zu Denotation und Konnotation vgl. Eco (2015 [in ital. 1973]), S. 181 f.
[124] Viele Popmusikbeschreibungen in Musikzeitschriften lassen sich als ein kontinuierliches Weiterschreiben und Umkodieren von solchen musikalischen Zeichen verstehen.

> „[T]o try to make the case that a particular configuration sounds mournful [...] is to have to invent a philosophical argument for meaning in music and to try to reconstruct forgotten codes out of centuries of music."[125]

Um die Bedeutung eines Klangs, einer Melodie oder eines Rhythmus wissenschaftliche zu belegen, könnte demnach eine Genealogie ihrer Kodierung gemacht werden, d.h. ihr Auftreten in Filmen oder Opern dargestellt und die historische oder mediale Verbindung des musikalischen Materials mit einer bestimmten Thematik demonstriert werden - ein äußerst aufwendiges Verfahren, das den Rahmen einer einzelnen Musikanalyse in der Regel sprengen wird.[126]

Außerdem sind die spontan recht klar erscheinenden Assoziationen in der Regel recht komplex und lassen sich nur selten, bzw. mit großem Informationsverlust in einem Wort zusammenfassen. Philip Tagg, der popmusikalische Semiotik intensiv erforscht hat, beschreibt beispielsweise den konnotativen Inhalt der Titelmelodie der Kojak-Serie folgender Maßen:

> "a call to action and attention, strong, individual movement, up and outwards: virile, energetic and heroic, leading to undulating swaying calm and confidence – something individual, male, martial and heroic"[127]

Hinzu kommen noch nähere Beschreibungen der Begleitung, der Beziehung der Melodie zur Begleitung und des Basses. Außerdem bezeichnet Tagg genau und ausführlich die musikalischen Parameter und Details, die für diese Assoziationen verantwortlich sind.[128] Er demonstriert damit sehr eindrucksvoll die Möglichkeit musikalische Bedeutungen zu fixieren, zeigt aber zugleich auf, wie aufwändig und umfangreich es ist, dies auch nur für ein kurzes Stück Musik möglichst vollständig zu erfassen und zu dokumentieren.

Es zeigt sich dabei eine weitere Schwierigkeit, die in der Abgrenzung der musikalischen Bedeutungsträger besteht. Denn was ist eigent-

---

[125] McClary/Walser (2007 [1996]), S.283.
[126] Vgl. Michael Rappes Analyse von Missy Elliots Song „Work it", die einen Umfang von über 300 Seiten plus einem Anhang von 200 Seiten umfasst. Rappe (2010).
[127] Tagg (2000), S. 14.
[128] Vgl. Tagg (2000), S. 15.

lich relevant für eine bestimmte Bedeutung: Das Tempo? Das Intervall? Die melodische Richtung? Der Rhythmus? Die Tonart?[129] Tagg schlägt zur Beantwortung dieser Frage ein Verfahren vor, in dem einzelne musikalische Parameter oder Details geändert werden und die so entstandene Vergleichsmusik Testpersonen vorgespielt wird, um herauszufinden, welchen Eigenschaften der Musik welche Bedeutung zugeschrieben wird. Das Verfahren, das er Permutation nennt, ist tatsächlich sehr hilfreich zum genauen Erfassen von Bedeutungen und den dafür relevanten Parametern, sprengt aber erneut den Rahmen einer Musikanalyse.

Die feministische Musikwissenschaftlerin Susan McClary schlägt in Anbetracht dieses Problems vor, pragmatisch auf das eigene internalisierte musikkulturelle Wissen zuzugreifen. Dies versteht sie dabei als sozial konstruiert:

> „I take my reactions to be in large part socially constituted – the product of lifelong contact with music and other cultural media."[130]

Sie wird damit gewissermaßen zu ihrer eigenen Testperson und besteht auf der Relevanz ihrer eigenen Assoziationen. Dies ist für die einzelne Musikanalyse deutlich praktikabler, enthält aber einige Fehlerquellen: Sie lässt sich grundsätzlich nur wählen, wenn der_die Forschende selbst zur untersuchten Gruppe gehört oder deren internalisiertes Wissen in Bezug zu Musik teilt (was u.U. ein aufwendiger Lernprozess ist). Da meine Untersuchung auf in meiner eigenen Gesellschaft weit verbreitete gegenwärtige Vorstellungen von Geschlecht zielt, kann ich, denke ich, davon ausgehen zu der von mir untersuchten Gruppe zu gehören. Dabei können allerdings verschiedene Faktoren (z.B. Alter, Geschlecht, Schichtzugehörigkeit, Bildung, biographische Details) einen großen verzerrenden Einfluss haben, so dass meine eigenen Assoziationen damit auch Ausdruck meiner eigenen Positionierung sind. Es ist somit dennoch notwendig meine eigenen Assoziationen kritisch auf ihre Verbreitung zu hinterfragen. Hierbei kann es hel-

---

[129] Tagg schlägt hierfür den Begriff „Musem" für musikalische Bedeutungsträger vor, wobei uns in jedem Moment Musik immer ein ganzer Stapel von Musemen (= musem stack) begegnet, die gemeinsam die komplexen Bedeutungen formen, die Tagg analysiert. Vgl. Eintrag zu Musemen und Musem-stacks im Glossar von Tagg/Clarida (2003), S. 808.

[130] McClary, Susan (2002 [1991]), S. 22.

fen, auch wenn eine Genealogie der kulturellen Verknüpfung von musikalischem Material und Bedeutung zu weit führt, sich zu vergegenwärtigen, wo vergleichbare Musik Verwendung findet (z.B. als Filmmusik), um die eigene Assoziation zu überprüfen.

Dies dürfte die Fehlerquelle verringern, selbige ist allerdings nicht vollständig ausschließbar, so dass sich eher die Frage stellt, wie mit dieser Problematik methodisch sinnvoll umgegangen werden kann. Dabei muss m. E. der Schwerpunkt auf der Überprüfbarkeit liegen.

Das schlichte Aufzählen von Assoziationen („die traurige Melodie", „der aggressive Klang", „die erotische Stimme" ...),[131] die einem zur Musik in den Sinn kommen, mag das internalisierte kulturelle Wissen zwar korrekt abbilden, ist aber in keiner Weise überprüfbar, nicht übertrag- und nicht diskutierbar. Die spontane Assoziation kann somit nur ein Ausgangspunkt sein. Durch genaues und wiederholtes Hören ist es aber in der Regel möglich in der Musik einen (oder mehrere) Auslöser für die Assoziation zu bestimmen. Hierbei können Permutationen (ich stelle mir die Musik schneller/langsamer/mit anderen Instrumenten/mit einem anderen Gesangsstil vor) hilfreich sein. Die musikalischen Bedeutungsträger mögen dabei auch auf unerwarteten Ebenen der Musik liegen und nur durch sehr aufmerksames und wiederholtes Hinhören erkennbar werden. Das Suchen und Entdecken solcher musikalischen Details führt dabei jedoch oft zu weiteren Fragen, die sich zurück an die eigene Wahrnehmung richten, beispielsweise: In welchen Moment genau hat sich die Assoziation eingestellt? Wie genau hat sie sich manifestiert? Als Bild? Als Gefühl? Hierdurch wird auch die durch die Musik vermittelte Bedeutung immer exakter aber auch komplexer und gerät schließlich an die Grenze der vermeintlich zeichenhaften Bedeutungen, da hierdurch meist affektive und körperlich involvierende Ebenen aufgedeckt werden, die in den Prozess des Bedeutens miteinbezogen sind. (Hierauf werde ich in den folgenden Abschnitten näher eingehen.)

Das Verfolgen solcher Fragen macht aus der Suche nach musikalischen Bedeutungen ein dem Close Reading vergleichbares Verfahren, das wechselseitig das musikalische Material und die eigene Wahrnehmung befragt. Dies ermöglicht es tief in die musikalische Bedeu-

---

[131] Solche Musikbeschreibungen sind leider relativ verbreitet, wobei sich mir bisweilen der Verdacht aufdrängt, dass der_die Autor_in selbst nur die rudimentärste Vorstellung vom klanglichen Auslöser dieser Vorstellungen hat und dies dahinter verbergen will, etwas scheinbar Offensichtliches zu bezeichnen.

tungsproduktion vorzudringen. Sie erfordert allerdings eine sehr genaue Beschreibung von Musik und Wahrnehmung, da hierauf die Möglichkeit der kritischen Überprüfung der Aussagen und ggf. die Übertragbarkeit der Beobachtungen basiert.

Um die Notwendigkeit dieser genauen Dokumentation aus feministischer Sicht abschließend zu verdeutlichen, möchte ich auf ein Beispiel aus Simon Frith und Angela McRobbies Aufsatz „Rock and Sexuality" eingehen, in dem die Autor_innen die These formulieren, dass die Hörer_innen von Kate Bushs Song „Feel It" in eine voyeuristische Position versetzt werden.[132] Sie rechtfertigen dies, indem sie auf die mädchenhafte Stimme („voice of a little girl"), die intime Instrumentation (nur Stimme und Klavier), die Unregelmäßigkeit von Rhythmus und Melodie in beiden Instrumenten und eine beunruhigende Betonung (unsettling stress) hinweisen.

Sie erklären allerdings nicht, was die Stimme so kindlich oder mädchenhaft macht oder wodurch die Betonung so beunruhigend wird (beides sind Assoziationen). Wie genau musikalisch die voyeuristische Position entsteht, wird ebenfalls nicht deutlich. Bei genauer Lektüre wird außerdem klar, dass sie die sexuelle Konnotation in dieser kurzen Beschreibung ausschließlich aus dem Text ableiten. Es bleibt unklar (wenn es nicht sogar implizit verneint wird), ob es auf der musikalischen Ebene überhaupt eine sexuelle Konnotation vorliegt, oder ob der Song genauso gesungen und gespielt mit einem anderen Text komplett frei von sexuellen Konnotationen wäre.

Damit sind die Ergebnisse weder übertrag- noch sinnvoll inhaltlich überprüfbar und jede neue Musikanalyse entwickelt ein neues Vokabular für „musikalischen Voyeurismus", ohne dass Beziehungen zwischen diesen Ergebnissen hergestellt werden können.[133] Dabei gehe ich davon aus, dass die Assoziationen von Frith und McRobbie nicht unbegründet sind und eine genauere Suche nach ihrer Quelle interessante Einblicke in die klangliche Produktion von Geschlecht und Sexismus gewährt. Ich habe mich daher für den Song „Feel it!" von Kate

---

[132] Frith/McRobbie (2007 [1978]), S. 386.
[133] Beispielsweise verweist auch Nikola Dibben auf einen Voyeurismus in dem Song „Ohh, Ahh... Just a little bit" von Gina G, ohne dies jedoch im Klang zu belegen, sie schreibt nur: „Gina G forms the visual and musical focus in a voyeuristic display" [Dibben (1999), S.336]. Dabei sind beide Songs extrem unterschiedlich. Ob es überhaupt Parallelen zwischen beiden gibt, wie das Wort suggeriert, bleibt unklar, da in beiden Fällen jede musikalische Erklärung des Phänomens fehlt.

Bush als ein genauer zu untersuchendes Musikbeispiel im vierten Kapitel entschieden.

Homologie

Als nächstes möchte ich Interpretationsmöglichkeit von Musik betrachten, die musikalische Bedeutung in strukturellen Ähnlichkeiten zwischen inner- und außermusikalischen Phänomenen thematisiert: die Homologie.

Paul Willis, der diesen Begriff in den 70er Jahren prägt, beschreibt sein Konzept folgendermaßen:

> „Essentially it[=Homologie] is concerned with how far, in its structure and content, the music parallels and reflects significant values and feelings of the particular social group involved with it. Such analysis is homological because it investigates what are the correspondences, the similarities of internal relation, between a style of life and an artefact or object. Basic homologies are best understood in terms of structure and style, though it may be possible at times to identify homologies of content. [...] One can understand this partly as communication, but much more profoundly it should be understood as a process of cultural resonation, and concretization of identity."[134]

Hierbei entsteht Bedeutung also durch die Verkopplung von bestimmten Strukturen der Musik und der sozialen Realität der Hörer_innen. Dies steht im Gegensatz zur Vorstellung von Musik als Bedeutungsträgerin, wie sie in der Assoziation erscheint. Wicke formuliert dies folgendermaßen:

> Als kultureller Gegenstand bezieht Musik die Werte, die sie verkörpert, und die Bedeutung, die sie transportiert, aus den sozialen Zusammenhängen, in die sie durch den Gebrauch hineingestellt ist, aber innerhalb objektiver Grenzen, die durch interne musikalische Parameter gesetzt sind[.] [...] Damit ist eine prinzipielle Abkehr von den nach dem Modell der Literatur konzipierten künstlerischen Textverständnis formuliert. Musik hat keine Bedeutungen mehr, die ihrer Struktur eingeschrieben sind, sie erhält Bedeutungen, nimmt dieselben auf, sofern ihre internen Parameter

---

[134] Willis (ca. 1973), S. 11.

sich in einer strukturell homologischen Beziehung zu den von einer Kultur produzierten Wertungs- und Bedeutungsmustern befinden.[135]

Der Unterschied zwischen einer auf strukturellen Ähnlichkeiten basierenden Assoziation und einer Homologie liegt damit auf der Ebene der Erfahrung: Eine Homologie ist keine vorab gegebene Bedeutung der Musik, sondern ein Zusammenpassen, das im Musikkonsum entsteht; die Musik „passt" zum Lebensgefühl, zu wiederholten Abläufen im Alltag oder zu zentralen Wertvorstellungen der Hörer_innen. Durch Wiederholung mag sich dieses „Passen" zu einer Assoziation weiterentwickeln (z.B. wenn sich mit derselben Musik an eine frühere Situation erinnert wird, statt dass sich das Gefühl direkt einstellt), so dass der Unterschied nicht per se im Klang liegt, sondern sich eher als eine andere Ebene der Involviertheit beschreiben lässt. Eine Homologie ist gewissermaßen körperlicher.[136]

Dies möchte ich anhand einiger Beispiele näher erklären:

Zuerst möchte ich hierzu auf Adorno eingehen, der in seinem Aufsatz „On Popular Music" eine homologe Beziehung zwischen der Austauschbarkeit von standardisierten Popsongs und ihren Formteilen mit der Austauschbarkeit von Waren im Kapitalismus sieht. Besonders problematisch ist für ihn dabei die Objektivierung von Musik, die als Ware zum Gegenstand und zum Besitz wird.[137] Dabei wird ein vergleichbares Verhalten oder Verhältnis des Subjekts gegenüber der Musik wie gegenüber der gesamten Umwelt eingeübt. Die Wirkungsweise der Homologie versteht Adorno dabei wie eine Konditionierung, in der wiederholte Erfahrungen zu einer automatischen und vollkommen unbewussten Reaktion führen:

> [I]t leads to the institutionalization and standardization of listening habits themselves. Listeners become so accustomed to the recurrence of the same things that they react automatically.[138]

Allerdings ist die Metapher der Konditionierung insofern irreführend, als dass sie die Passivität der Rezipient_innen nahelegt. Willis ging es im Gegensatz dazu jedoch gerade darum mit diesem Konzept die Handlungsfähigkeit subkultureller Akteur_innen zu analysieren. Die von ihm beobachteten Bikeboys und Hippies stellen ihm zu folge

---

[135] Wicke (1992), S. 14 f.
[136] Vgl. Willis (1981 [in engl. 1978]), S. 63.
[137] Vgl. Adorno (1941c).
[138] Adorno (1941b).

ein eigenes Werteuniversum her, in dem sie durch homologe Verknüpfungen eigene Vorstellungen ihrer gesellschaftlichen Position und ihrer Umwelt in ihre kulturellen Artefakte einschreiben.[139] Diese wiederholen sich dabei auf verschiedenen Ebenen (Musik, Verhalten, Kleidung, etc.). Die Analyse von Homologien ermöglicht es Willis so durch die Relevanz bestimmter struktureller Muster für eine soziale Gruppe wesentliche Werte und ideologische Vorstellungen zu erkennen – und zwar auch dann, wenn diese der Gruppe selbst nicht unbedingt bewusst sind.

Susanne Binas-Preisendörfer hat dieses Konzept auf männliche ostdeutsche Heavy Metal-Fans in den 80ern übertragen. Sie zeigt die homologe Resonanz zwischen der alltäglichen Lebensrealität der Hörer[sic], die durch körperlich anstrengende Berufstätigkeit geprägt ist, und der musikalischen Darstellung körperlicher Bewährung auf.[140]

„Die Befragungen des Zentralinstitutes für Jugendforschung zeigten, daß ein Großteil derer, die von sich sagten, Heavy-Metal Anhänger zu sein, Lehrlinge oder junge Arbeiter in der Industrie waren und vor allem körperliche bis schwerst körperliche Arbeit täglich zu verrichten hatten. Zum sozialen Bild der Herkunftsfamilien gab es leider keine Angaben. Es ist trotzdem anzunehmen, daß die kulturellen Verhaltensweisen dieser jungen Leute darauf zielten, diese tägliche Anforderung bewältigen zu lernen. Gewissermaßen «mühelos» diesen schweren Arbeitsalltag zu bewältigen."[141]

Durch die homologe Verknüpfung der exzessiven und zur Schau gestellten Virtuosität und körperlichen Anstrengung des Musikstils mit subkulturellen Gesten und Kleidungsstilen, die Kraft und Potenz inszenieren, wird eine auf Stärke und Macht ausgerichtete männliche Körperlichkeit als positiver Wert internalisiert. Die Metal-Fans können sich so mit einem kämpferisch-körperlichen Verständnis von Männlichkeit identifizieren, was auf ihren Arbeitsalltag zurückstrahlt, in dem sie sich selbst körperlich als kraftvoll und mächtig imaginieren können.

In all diesen Beispielen werden dabei musikalische und außermusikalische Erfahrungen miteinander in Beziehung gesetzt. Die Homologie kann dabei als tendenziell unbewusste Strukturierung des Sub-

---

[139] Vgl. Willis (1981 [in engl. 1978]).
[140] Vgl. Binas (1992), S.7 ff.
[141] Binas (1992), S.7.

jekts angesehen werden, das diese durch die Wiederholungen bestimmte Abläufe als natürlich und vertraut empfindet. Diese Vertrautheit kann dabei als ein „Passen" in Erscheinung treten, in dem sich das Subjekt selbst in der Musik wiedererkennt. Hierdurch erklärt sich auch die starke affektive Macht homologer Strukturen, die so zur Identifizierung einlädt.[142]

Populäre Musik kann dabei als eine Ressource angesehen werden, die verschiedene solcher Verkopplungen ermöglicht und damit die Wahrnehmung von entsprechenden Alltagserfahrungen, Werten und Identitätsbildern, die verkoppelt werden, verändert. Sie werden gewissermaßen betont und werden positiv konnotiert. Die Musik kann so von Hörer_innen genutzt werden, um eigene Erfahrungen und die eigene Identität als sinnvoll und legitim zu erfahren.

Wenn wir Musik in dieser Form als Ressource betrachten, so muss im Kontext von Sexismus und anderen gesellschaftlich relevanten Diskriminierungsstrukturen gefragt werden, wer in welcher Form Zugriff auf diese Ressource hat. Dabei ist die Vermutung naheliegend, dass insbesondere im Mainstream bestimmte Erfahrungen und bestimmte Lebensentwürfe privilegiert werden, während andere marginalisiert sind. Mehr noch stellt sich die Frage, inwiefern einzelne Homologien mit privilegierten Positionen (weiß/männlich) verbunden sind und so diese Position naturalisieren. Homologien wären somit an der Reproduktion gesellschaftlicher Ungerechtigkeiten beteiligt.

Dies lässt sich anhand von Susan McClarys Interpretation klassischer Musik, in der sie Spannungsaufbau und Entladungsmomente mit männlicher Sexualität verbindet, erkennen. McClary arbeitet eine Korrespondenz heraus zwischen der durch Tonalität erzeugten harmonischen Spannung (durch Entfernung von Grundton oder von der Grundtonart) und einem sexuellen Begehren, das ständig nach Befriedigung, d.h. klanglich nach einer Kadenz in der Grundtonart, strebt:

> „Music itself often relies heavily upon the metaphorical simulation of sexual activity for its effects. I will argue [...] that tonality itself – with its process of instilling expectations and subsequently withholding promised fulfillment until climax – is the principal musical means during the period from 1600 to 1900 for arousing and chanelling desire."[143]

Dabei lässt sich erkennen, dass Musik in dieser Homologie nicht einfach nur neutral etwas abbildet, sondern dass sie mit bestimmten

---

[142] Vgl. Willis (1981 [in engl. 1978]), S. 96 ff.
[143] Vgl. McClary (2002 [1991]), S.12.

Formen von Sexualität korreliert, die hierdurch normalisiert und normiert werden. Sexualität ist somit nicht als naturgegeben zu verstehen, sondern wird in ihrer konkreten nach Befriedigung strebenden und männlich konnotierten Form durch diese musikalischen Erfahrungen hervorgebracht, bestätigt und legitimiert.[144] Die Musik nimmt also nicht einfach Bezug auf etwas vorher Gegebenes, sondern produziert es durch die homologe Verknüpfung überhaupt erst in seiner konkreten Ausformung.

Die Homologie von musikalischen und sexuellen Strukturen ist dabei für die nähere Betrachtung von Geschlecht in populärer Musik besonders vielversprechend: Auch wenn populäre Musik nicht primär harmonisch strukturiert ist, so lässt sich McClarys Ansatz, die musikalische und die außermusikalische Erzeugung von Erwartung und Erfüllung miteinander in Beziehung zu setzen, auf populäre Musik anwenden, indem sie auf weitere musikalische Bereiche ausgeweitet wird. Begehren ließe sich somit auch auf rhythmischer, melodischer, dynamischer, formaler oder klanglicher Ebene analysieren und mit Sexualität verbinden. Dieses Begehren erzeugt dabei musikalische Erfahrungen in den Hörer_innen, die mit homologen Gefühlen von sexueller Anziehung in Beziehung gesetzt werden können.

Solche Homologien arbeiten dabei grundsätzlich auf einem unbewussten Level, da ihre Wirkung in der Normalisierung bestimmter Abläufe besteht, die sich in den Körper als kulturalisierte Erwartung gegenüber der Musik einschreiben. Homologe Strukturen können somit als eine Möglichkeit angesehen werden, zu erklären wie sich durch Musik gesellschaftliche Werte vermitteln und durch die Resonanz ähnlicher Strukturen in verschiedenen Zusammenhängen unbewusst naturalisiert werden.

Auch Homologien sind dabei kulturell geprägt und keinesfalls interkulturell unmittelbar verständlich oder „natürlich". Eher im Gegenteil: Folgt man Willis, so entfalten sie ihren Sinn ausschließlich vor dem Hintergrund der sie hervorbringenden (Sub-)Kultur:

> „They [=Homologien] only come alive and become capable of holding meaning when they are rubbed against the real life experience of a particular group."[145]

---

[144] Zur homologen Verbindung von Musik und Sexualität vgl. auch Cusick (1994a), S. 71: "If music isn't sexuality, for most of us it is psychically right next door." Und Taylor (2008) S. 5 ff.
[145] Vgl. Willis (ca. 1973), S. 16.

Daraus wird allerdings ersichtlich, dass Homologien nicht in einer beliebigen abstrakten Ähnlichkeit zwischen zwei Phänomenen begründet werden können. Das außermusikalische Phänomen, auf das sich die musikalische Homologie bezieht, muss eine große Relevanz in der gesellschaftlichen Gruppe besitzen, in der sie verwendet wird. Darüber hinaus entsteht die Bedeutung der Homologie durch gelebte Erfahrung. Es braucht eine körperliche Empfänglichkeit für die homologe Verknüpfung. Um von homologen Verknüpfungen auszugehen, muss also zumindest die weite Verbreitung vergleichbarer Muster in den zu untersuchenden kulturellen Zusammenhängen gegeben sein.

Abschließend lässt sich sagen, dass der Vorteil der Homologie insgesamt darin besteht, einen analytischen Zugang zu unbewussten Vermittlungsebenen von Musik zu finden. Hierbei zeichnet sich außerdem eine erste musikalische Strukturierung der Körper ab.

Der Songtext als Genotext

Nachdem ich in den letzten beiden Abschnitten zwei für die Musikanalyse bereits verbreitet Verwendung findende Werkzeuge beschrieben habe, wird es nun um eine Erweiterung des Werkzeugkastens mit eher ungewöhnlichen Mitteln gehen. Hierbei möchte ich zuerst eine musikalische Analyse des Songtextes vorschlagen:

In welcher Form Songtexte bei der Popmusikanalyse berücksichtigt werden sollte, ist keine einfach zu beantwortende Frage. Einigkeit besteht einzig darin, dass es nicht unbedingt sinnvoll ist die Lyrics wie einen geschriebenen Text zu interpretieren, denn oft ist den Hörer_innen der Text gar nicht oder nur in Fragmenten bekannt und selbst wenn der Text tatsächlich bekannt und offensichtlich auch für die Rezeption relevant ist (z.B. bei vielen Liedermacher_innen), so fügt die Intonation auf den Musikaufnahmen der semantischen Bedeutung weitere Dimensionen hinzu.

Wie Simon Frith in seinem Aufsatz „Why Songs have Words" deutlich macht, geht es oft eher um die Anwesenheit einer Stimme, als um den Inhalt des Textes:

> "In songs, words are the sign of a voice. A song is always a performance and song words are always spoken out, heard in someone's accent. Songs are more like plays than poems; song words work as speech and speech acts, bearing meaning not just

semantically, but also as structures of sound that are direct signs of emotion and marks of character"[146]

Dennoch lässt sich der sprachliche Charakter des Gesangs nicht ignorieren, denn er hat eine eigene involvierende Dynamik: Zwar haben Sprache und Musik einige Gemeinsamkeiten – sie funktionieren beide akustisch und entwickeln sich in der Zeit – dennoch handelt es sich beim Text um ein von der Musik verschiedenes Medium, für das andere „Gesetze" gelten: Worte haben Bedeutungen und Sprache wird durch Grammatik organisiert, d.h. die Worte stehen in einer bedeutungsvollen Beziehung zueinander. Durch Grammatik bildet Sprache Sinneinheiten, wie zum Beispiel Sätze, für die relativ feste Regeln gelten.

Sprache ist ein Medium der Verständigung, in dem die Klanglichkeit der Worte nicht primär durch ästhetische Kriterien sondern durch Bedeutung strukturiert ist. Der sehr spezifische aus Konsonanten und Vokalen bestehende Klang der Sprache ist für die Verständigung relevant und bedeutet ein ständiges Abgrenzen dieser Laute innerhalb des sprachlichen Raums. D.h., für das akustische Verstehen eines Wortes ist es notwendig, es von anderen Worten zu unterscheiden, es mit diesen in Beziehung zu setzen und in einem sprachlichen Gesamtkontext zu verorten.[147] Sprache produziert so eine involvierende Aktivität des Verstehens, Kategorisierens und Dekodierens, die für Musik nicht in der Form angenommen werden kann.[148] Dieses verstehend-rezipierende Verhältnis zur Sprache und damit auch zur Stimme ist dabei nicht unbedingt auf ein wirkliches und erfolgreiches Verstehen angewiesen, sondern setzt unwillkürlich ein, auch wenn beispielsweise, die gehörte Sprache unbekannt ist.[149]

Die sprachliche Organisation in Sinneinheiten, d.h. in Worten, Nebensätzen und Sätzen, verlangt dabei sinngemäße eine Vervollständigung. Beginnt also der Gesang mit einer langgezogenen Silbe, wie z.B. „*Sü-*", so mag der Rest des Wortes bereits erahnt werden, d.h. es wird bereits eine Deutung versucht. Zugleich produziert die Silbe eine Erwartung, die sich erst in der Vervollständigung „*-ßer*" löst. Dieses

---

[146] Frith (1986), S. 97.
[147] Vgl. Barthes (1988 [in fr. 1964]), S. 36 ff., Eco (2015 [in ital. 1973]), S. 176 ff. und Shepherd/Wicke (1997), S.25.
[148] Vgl. Patel (2008), S. 72f. und Wendt (2007), S.20 ff.
[149] Vgl. hierzu auch Giorgio Agamben, der argumentiert, dass durch die bloße Wahrnehmung der Bedeutungsabsicht nicht mehr die Stimme gehört wird, sondern selbige in der Sprache gewissermaßen aufgehoben wird. Agamben (2007 [in ital. 1982], S. 63 ff.

Wort verlangt wiederum grammatisch eine Fortführung; es kann nicht alleine für sich stehen bleiben, da es keinen Satz bildet. So produziert Sprache auf einer eigenen Ebene Erwartung und Erfüllung; es ließe sich so auch auf der sprachlichen Ebene das Aufrufen und Auflösen von Begehren im Sinne McClarys analysieren.

Dabei hat der Text durch den heterogenen Lautvorrat der Sprache auch die Möglichkeit ganz besondere eigene Rhythmen, z.B. durch Wortwiederholungen, Reime oder Alliterationen, zu produzieren, die in Songtexten als künstlerische Mittel eingesetzt werden. Diese können wiederum in Beziehung zu den sprachlichen Sinneinheiten und zu den verschiedenen Ebenen der musikalischen Organisation eines Songs stehen.

Semantisch wird das Publikum zusätzlich durch die Art und Weise, in der es angesprochen wird, in eine bestimmte Beziehung zum Song (hier verstanden als bestehend aus sprachlichem Text und Musik) gesetzt[150] – bzw. es setzt sich selbst in Beziehung, indem es beispielsweise gespannt auf das Ende eines Satzes wartet, der für einen halben Takt unterbrochen wurde. Schließlich ruft der semantische Inhalt des Textes oft eigene Assoziationen und Phantasien auf, wie Wicke mit dem Verweis auf die Verwendung „signalartige[r] Reizworte" deutlich macht.[151] Diese können dabei durchaus von einzelnen vielleicht metaphorisch verwendeten Worten motiviert sein und müssen nicht den semantischen Inhalt des Textes abbilden.

Sprache kann also als ein zweites sich innerhalb der Zeit eines Songs entwickelndes System betrachtet werden, das jenseits der semantischen Bedeutung involvierende und emotionale Effekte hervorruft. Diese Ebene der Sprache wird von Julia Kristeva als Genotext bezeichnet und gegen die bedeutungstragenden Schichten der Sprache, die sie Phänotext nennt, abgrenzt:[152]

> „Wollte man in einem Text den Genotext bloßlegen, so müßte man die Energieschübe der Triebe freilegen, wie sie sich beobachten lassen im phonematischen Apparat (Phonemhäufung und -wiederholung, Reim ect.) und im melodischen Apparat (Intonation,

---

[150] Bradby hat beispielsweise die Verwendung verschiedener Pronomen (Ich, Du, Er, Sie) sowie ihre Satzfunktion (Subjekt/Objekt) analysiert und dabei geschlechtsspezifische Differenzen nachgewiesen. Vgl. Bradby (2007 [1988]).
[151] Vgl. Wicke (1992), S.20.
[152] Vgl. Kristeva (2010 [in fr. 1974]), S.95.

Rhythmus ect.), aber auch in der Anlage der semantischen und kategoriellen Felder, wie sie sich in syntaktischen und logischen Feldern oder in der Ökonomie der Mimesis (Phantasma, Aufschub der Denotation, Erzählung ect.) zu erkennen gibt." [153]

Kristeva bezieht sich hierbei auf das psychoanalytische Sprachverständnis Lacans. Der Eintritt in die Sprache bedeutet hierbei als Eintritt in die phallozentrische Symbolische Ordnung den Verlust des unmittelbaren Zugangs zum Körper. Diese männlich konnotierte semantische Ebene nennt Kristeva Phänotext. Der Genotext ist für sie hingegen mit Weiblichkeit und einer vorsprachlichen Körperlichkeit verbunden, in der sich das Kind noch in ungetrennter Verbindung zum mütterlichen Körper wähnt. Diesen von der Mutter nicht getrennten Körper des Kindes nennt Kristeva Chora. Die Chora wird dabei in der Interaktion mit der Mutter geformt und auf die Sprache vorbereitet. Sie bildet die Basis für den Genotext, der später (in der von Kristeva analysierten Dichtung) immer wieder transformierend und bestätigend auf die Chora einwirken kann.[154] Der Phänotext wird dabei als auf dem Genotext, der körperlichen Anbindung des sprachlichen Rohmaterials, aufbauend verstanden, wodurch Kristeva den Machtanspruch der männlichen Sprache durch ihre eigene mütterlich-weibliche Materialität in Frage stellt.

In Kristevas Theorie wird der vorsprachliche Körper durch seine „Muttersprache" formatiert. Hierbei handelt es sich um eine Ebene unterhalb (aber nicht außerhalb) der verständlichen Sprache, auf die nicht bewusst zugegriffen werden kann. Der Vorteil der Analyse des Genotextes liegt im Zugang auf diese unbewusste sprachliche Prägung des Körpers. Allerdings wird in ihrer Verwendung auf psychoanalytische Theoreme über geschlechtlich kodierte Rollen in der Familie zurückgegriffen. Diese werden damit naturalisiert und teilweise idealisiert.

Butler kritisiert Kristevas Körperkonzept recht ausführlich in „Das Unbehagen der Geschlechter".[155] Sie kommt dabei zu dem Schluss, dass Kristevas Kritik gewissermaßen auf dem Kopf steht:

> "Der weibliche Körper, den Kristeva darstellen möchte, ist selbst ein Konstrukt jenes Gesetzes, das er angeblich unterminiseren soll." [156]

---

[153] Kristeva (2010 [in fr. 1974]), S.94 f.
[154] Vgl. Kristeva (1985 [1974]), S. 315 ff.
[155] Vgl. Butler (2016 [in engl. 1990]), S. 123 ff.
[156] Butler (2016 [in engl. 1990]), S. 141.

Die Vorstellung einer idealisierten Einheit mit der Mutter, ist damit eher als ein Effekt von Diskursen und kulturellen Praktiken zu verstehen, denn als eine naturgegebene Realität. Hieraus ist aber nicht zu schließen, dass Kristevas theoretische Arbeit damit vollständig zu verwerfen ist. Die Trennung von Phäno- und Genotext und die Untersuchung des zweiten als mit dem Körper verkoppelter Sprachebene erweist sich als durchaus produktiv für die Analyse von Songtexten, wie sich in der Arbeit Barabra Bradbys erkennen lässt, die Kristevas Theorie wiederholt in ihren Musikanalysen eingesetzt hat. Bradby analysiert beispielsweise die Verwendung von Rhythmen und nonverbalen Texten, sowie unterschiedliche Formen der Adressierung im Text.[157] Ihre Interpretationen stehen oft in Beziehung zu vorsprachlichen und kindlichen Kommunikationsmustern, die in Popsongs wiederaufgerufen werden und zu deren unbewusster Wirkung beitragen:

> „Kristeva's «semiotic» is a material aspect of language, bound up with musical features that continually recall the rhythms and melodies of pre-verbal communication with the mother."[158]

> „«Aah», for instance, is a «word» that passes between mother and baby (in my experience as young as three months) as a kind of verbal transformation of the smile that is the earliest reciprocal communication."[159]

Eine Verknüpfung des Genotexts oder klanglicher Materialität von Sprache mit Weiblichkeit darf dabei allerdings nicht vorausgesetzt werden. Im Gegenteil: in der Analyse wäre zu zeigen, ob und wie eine solche Verknüpfung entsteht. Ein stärkeres zu-Tage-Treten des Genotextes bedeutet also nicht automatisch Weiblichkeit, sondern die Verbindung desselben mit Weiblichkeit muss ebenso untersucht werden, wie die Frage nach den (geschlechtsspezifischen) Wirkungsweisen desselben. Es fragt sich also ob und ggf. wie eine Betonung des Genotexts im Gesang von Popsängerinnen eher anzutreffen ist als bei Popsängern und welche Wirkung und Bedeutung dies in diesem Fall hat. Gemäß der Performanztheorie müssen so entstehende Verknüpfungen dann außerdem als performativ erzeugt verstanden werden, und nicht als automatisch in den biologisch-anatomisch begründeten Reproduktionsrollen der Geschlechter angelegt.

Die Betrachtung des Genotextes ist damit ein vielversprechendes Werkzeug für die Songtextanalyse. Es stellt sich aber auch die Frage,

---

[157] Vgl. Bradby (2007[1988]), (1993), (2002), (2005) und (2017).
[158] Bardby (2002), S.70.
[159] Bradby (2002), S.72.

ob die Annahme einer körperlich-materiellen Basis für Sprache, wie sie im Genotext angedeutet ist, auch allgemeiner auf Musik übertragen werden kann. Ich werde diesen Gedanken in den folgenden Abschnitten näher reflektieren.

Auditive Lüste

In diesem Abschnitt möchte ich auf die Psychoanalyse als mögliches Werkzeug der Musikanalyse betrachten. Dabei möchte ich einige in anderen medialen Zusammenhängen bereits analysierte Lüste herausarbeiten, die an der medialen Produktion von Geschlecht beteiligt sind und möglicherweise auch in populärer Musik eine Rolle spielen.

Der Vorschlag, hierzu Psychoanalyse als ein Werkzeug der Musikanalyse zu verwenden, erscheint auf den ersten Blick vielleicht eher ungewöhnlich. Nach den vorangegangenen Überlegungen von musikalischer Bedeutungskonstruktion als einer Verkopplung von inneren (körperlichen, emotionalen oder psychischen) Zuständen des Subjekts und Aspekten des Klangs ist es andererseits allerdings geradezu notwendig das Verständnis von musikalischen Prozessen mit einer Theorie über die inneren Abläufe in der Psyche der Hörer_innen zu ergänzen. Trotz legitimer Kritik bietet die Psychoanalyse dafür die wohl derzeit am weitesten entwickelte Theorie an, die in der Lage ist insbesondere auch unbewusste Aspekte zu beleuchten. Für die Psychoanalyse spricht außerdem, dass sie bereits von vielen kritischen Wissenschaftler_innen zur Analyse von Diskriminierung insbesondere Sexismus und Rassismus verwendet wurde.[160] Es existiert daher auch ein etabliertes Instrumentarium zur kritischen Betrachtung von Geschlecht mittels psychoanalytischer Theorie und sie bietet einen Einblick in unbewusste gesellschaftliche Wünsche und Phantasien, der durch andere Zugänge kaum möglich ist. Daher kann, wie Laura Mulvey es formuliert:

---

[160] Die Produktivität der Psychoanalyse zum Verständnis von Rassismus wurde beispielsweise von Homi Bhabha (1983), Frantz Fanon (2008 [1952]), Stuart Hall (2016[1997]) und Kobena Mercer (2013 [1994]) demonstriert. Zur Betrachtung von Sexismus wurde sie unter anderem von Judith Butler (2016 [1990], 2014[1993]), Angela McRobbie (2009), Laura Mulvey (1999 [1975]) und Kaja Silverman (1988) eingesetzt.

„die psychoanalytische Theorie in ihrer gegenwärtigen Version wenigstens dazu beitragen, den Status quo, die patriarchalische Ordnung, in der wir gefangen sind, zu erhellen."[161]

Die Anwendung der Psychoanalyse lässt sich auch mit der Argumentation von Judith Butler in „Das Unbehagen der Geschlechter" begründen, denn Butler bezieht sich auf psychoanalytische Theorien um das Funktionieren und die Selbstreproduktion der heterosexuellen Matrix zu erklären. Dabei wird deutlich, dass Begehren und Hetero-Sexualität performative Effekte von postulierten Verboten (insbesondere dem Inzestverbot) sind und keinesfalls biologisch determiniert. Ein solches Verständnis ist in der Psychoanalyse, insbesondere in den Arbeiten von Jacques Lacan und teilweise bereits bei Sigmund Freud angelegt. Gerade das psychoanalytische Verständnis von Sexualität und Geschlecht ist grundsätzlich instabil und macht die andauernde kulturelle und identifikatorische Arbeit notwendig, die permanent Begehren in männliche und Begehrt-Werden in weibliche Körper einschreibt. Ein performatives Verständnis der durch die Psychoanalyse freigelegten Effekte ermöglicht es dabei, selbige als historisch und kulturell spezifisch und damit veränderbar zu verstehen, gleichzeitig aber auch die Beharrungskräfte der heterosexuellen Matrix ernst zu nehmen.

Vor dem Hintergrund dieser Reflexion möchte ich im Folgenden vor allem auf feministische Anwendungen der Psychoanalyse zur Interpretation von Filmen eingehen und dabei die psychoanalytischen Hintergründe näher beleuchten. Mein Ziel ist es durch dieses Verständnis psychoanalytischer Dynamiken in anderen Medien eine Übertragbarkeit auf populäre Musik erarbeiten zu können. Hierzu werde ich mit Laura Mulveys Argumentation zum männlichen Blick beginnen und anschließend auf die Arbeit von Kaja Silverman eingehen, die in ihrem Buch „The Acoustic Mirror" mittels Psychoanalyse den geschlechtlich kodierten Einsatz von Stimmen im Film analysiert.

Mulvey argumentiert, dass im Kino eine Identifizierung des Publikums mit dem männlichen Helden unterstützt wird, während Frauen als betrachtbares Spektakel von außen angesehen und objektiviert werden.[162] Dies bezeichnet sie als „male gaze". Hierbei geht es weniger um die tatsächlichen Rollen der männlichen oder weiblichen Schauspieler_innen im Film, als um den Aufbau und die Ästhetik der Filme, die männlichen und weiblichen Figuren bereits deutlich voneinander

---

[161] Mulvey (1994 [in engl. 1975]), S.50.
[162] Vgl. Mulvey (1994 [in engl. 1975]), insbesondere S.55.

unterschiedene Positionen im Bezug zur Erzählung, zur Kameraperspektive und zu dem den Film betrachtenden Publikum zuweisen.

Diese Positionierungen funktionieren dabei über Lüste („visual pleasures"), die ihre Begründung in verschiedenen psychischen Dynamiken finden. Diese möchte ich nun näher betrachten.

Die Identifikation mit dem männlichen Helden produziert dabei als Lust einen Spaß, der auf dem Spiegelstadium von Lacan basiert. Das Spiegelstadium ist für Lacan Teil der Subjektbildung: Ein Baby befindet sich für ihn in einer Mangelsituation, die durch die „vorzeitige" Geburt menschlicher Kinder entsteht, die im Vergleich zu anderen Tieren bei Geburt extrem und auch sehr lange hilflos sind.[163] Das Kind erkennt sich bereits ab einem Alter von sechs Monaten im Spiegel und zwar als ganzen und selbstständigen Menschen, bzw. es sieht im Spiegel einen Menschen, der über eine größere Selbständigkeit zu verfügen scheint (wie die Eltern). In der Identifikation mit dem Spiegelbild antizipiert das Kleinkind spätere Fähigkeiten, worüber es sich mit einer jubelnden Geste freut. Es verkennt sich aber damit, denn seine reale Situation ist immer noch durch Unselbständigkeit und Abhängigkeit von Versorgung geprägt. Im Spiegelbild antizipiert es hingegen ein zukünftiges Selbst, als ein Ideal, das jedoch nie schon erreicht ist.[164]

Dieses (V)Erkennen ist nicht symbolisch zu verstehen, d.h. das Spiegelbild steht nicht symbolisch für das sehende Subjekt und ist keine Repräsentation oder ein Zeichen, sondern *ist* imaginär das (noch im Entstehen begriffene) Subjekt, das bis dahin sich selbst noch nicht als ganzen Körper und als von der Umwelt geschiedene Einheit begriffen hat.[165] Für das Kind ist zuerst kein Unterschied zwischen sich und seinem Spiegelbild auszumachen. Dies zeigt sich in einer emotionalen Involviertheit des Kindes mit dem Spiegelbild; es jubelt, was als Freude über die Identifikation mit dem Ideal-Ich im Spiegel aufgefasst werden kann.[166]

Schließlich erlernt das Kind letztlich durch die symbolische Ordnung, sich von diesem anderen im Spiegel wieder zu trennen.[167] Die

---

[163] Lacan (2006 [1949]) S. 78.
[164] Vgl. Adam (2006), S.45-51, Ort (2014), S. 39ff, Pagel (2012 [1989]), S. 21ff und Widmer (2012 [1997]), S. 27 ff.
[165] Vgl. Gerome Taillandier in Adam (2006), S. 46, sowie Braun (2010), S. 38.
[166] Vgl. Lacan (2006 [1949]), S. 76 und Adam (2006), S. 52.
[167] Vgl. Braun (2010 [2007]), S.39.

imaginäre Verkennung des eigenen und anderen endet damit aber nicht wirklich. Sie wird vielmehr durch das symbolische gerahmt und eingeschränkt, so dass sie sich nur noch temporär wiederholt – beispielsweise in der Verliebtheit, in der die Grenzen zwischen selbst und idealisierter_m Anderer_m ebenfalls verschwimmen.[168].

Im Film wird diese idealisierte Identifikation verwendet, um das Publikum in eine Identifikation mit dem meist männlichen Protagonisten der Filmhandlung zu ziehen, der in der Lage zu sein scheint, die Filmhandlung zu beeinflussen oder sogar zu kontrollieren. Ein filmisches Mittel hierfür ist beispielsweise, wenn die Kamera aus der Perspektive des Protagonisten[sic] zu blicken scheint, so dass sich das Publikum an seiner Stelle wähnen kann.

Es gibt einige Autor_innen, die eine Übertragung dieses Konzepts auf die Stimme angedeutet haben. Schon bei Lacan selbst, für den Blick und Stimme zwei verschiedene Instanzen des „object a" und damit miteinander austauschbare Phänomene darstellen, ist dies angelegt. Mladen Dolar erklärt in „His Master's Voice", einer Abhandlung über die psychoanalytischen Implikationen der Stimme, dass ein vergleichbarer Effekt eintritt, wenn der eigenen Stimme beim Sprechen gelauscht wird ("S'entendre parler" = sich selbst sprechen hören).[169] Freya Jarman-Ivens schlägt die Übertragung dieser Funktionsweise auf eine sich identifizierende Hörweise von Popmusikstimmen vor:

> „at one level, the voice [= die eigene Stimme] – being both spoken and heard at the same time – forces an oscillation between subject and object that crosses crucial thresholds. Identification [mit der gehörten Stimme], though, takes this into another realm, as we place ourselves in the space behind the voice with which we identify – wanting, in a sense, to make that voice – at the same time as also hearing that voice"[170]

Es ist damit denkbar, dass die Spiegelidentifikation auch im Klang populärer Musik als „auditive Lust" eine Rolle spielt.

Sie wird von Mulvey mit der Betrachtung von Frauen als Spektakel kontrastiert. Unter Bezugnahme auf Freud wiederholt sie sein Konzept der Schaulust bzw. Skopophilie, die Lust bereitet, indem „andere

---

[168] Vgl. Braun (2010 [2007]), S.38 und Lacan (1990 [1954]), S. 182 f.
[169] Vgl. Dolar (2014 [in slow. 2003]): 54 ff., sowie: Kaja Silverman deutet mit dem Titel ihres Buches „the acoustic mirror" an, dass die Stimme als ein solcher Spiegel funktionieren kann.
[170] Jarman-Ivens (2011), S.32.

Leute zu Objekten gemacht werden, dem kontrollierenden und neugierigen Blick ausgesetzt werden".[171] Freud setzt diese Lust Mulvey zu Folge des Weiteren in Beziehung zu den „voyeuristischen Aktivitäten von Kindern, ihr Bedürfnis, das Private und Verbotene zu entdecken".[172] Diese Lust lässt sich damit als ein voyeuristisches Interesse am Betrachteten interpretieren und korrespondiert in den von Mulvey analysierten Filmen mit der Inszenierung von Frauen. Hierfür werden Frauen beispielsweise erst nach und nach fragmentiert „enthüllt", so dass sich ein Begehren nach dem durch diese Technik aufgeschobenen Blick auf den ganzen Körper einstellen kann.

Die Präsentation von Frauen als Schauobjekt ist damit aber noch nicht abschließend geklärt, denn in der Psychoanalyse löst der Anblick einer Frau ein Unbehagen aus, da sie an die Kastration(-sangst) erinnert. Je nach Theorie wird unter Kastration etwas Anderes verstanden. Ich möchte hier die Darstellung Jacques Lacans übernehmen, der zur Folge die Kastration auf einen Mangel im Zentrum eines jeden Subjekts verweist. Diesem fehlt sowohl im Spiegelstadium, in dem es sich auf eine Zukunft hin entwirft, als auch in seiner Beteiligung an der Sprache, in der es sich selbst immer nur als Effekt der Sprache begegnet, seine eigene unmittelbare Präsenz.[173]

Obwohl die Kastration damit alle Menschen betrifft, wird dieser Mangel in der gegenwärtigen Gesellschaftsordnung durch verschiedene kulturelle Produkte und gesellschaftliche Praxis einseitig auf Frauen projiziert, wobei der anatomische Unterschied als Kastration, d.h. als fehlender „Phallus" gedeutet wird, der symbolisch für die unmögliche Selbstpräsenz einsteht.[174] Männer sind grundsätzlich ebenso

---

[171] Mulvey (1994 [in engl. 1975]), S.51.
[172] Mulvey (1994 [in engl. 1975]), S.52.
[173] Dieser Mangel ist je nach Theorie tatsächlich anatomisch und betrifft nur Frauen (Freud) oder hat seine Basis in der Subjektbildung, die durch die Antizipation des Selbst niemals zu einer Selbstgegenwart kommen kann (Lacan), so dass das Subjekt von einer permanenten Angst getrieben wird, weil es sich nicht selbst vergegenwärtigen kann, und daher ständig Bestätigung von außen benötigt. Bei Lacan ist zudem eine symbolische Kastration (= Mangel an Kontrolle über die Sprache) von einer imaginären (= Mangel an Selbstpräsenz) zu unterscheiden, die jedoch beide letztlich durch den Spracherwerb und die Subjektkonstituierung entstehen und so miteinander verbunden sind. Vgl. Widmer (2012 [1997]) S. 65 ff.
[174] Lacan beschreibt dies als einen Unterschied zwischen Haben und Sein: Männer tun so, als hätten sie einen Phallus, was übertragen bedeutet, als hätten sie Selbstpräsenz usw.. Frauen tuen so als seien sie der Phallus, d.h.

von diesem Mangel betroffen, können dies jedoch durch ihre kulturelle Privilegierung (besser) verdrängen. Wird Weiblichkeit daher dargestellt, erzeugt sie ein Unbehagen, da ihre Anwesenheit immer auf die Kastration hinweist, die eigentlich verdrängt werden soll.

Im Film gibt es laut Mulvey zwei Mittel damit umzugehen: Einerseits ist es möglich den weiblichen Körper als oberflächliche Schönheit zu fetischisieren. Dabei wird das weibliche Subjekt, d.h. seine Innerlichkeit verleugnet und der weibliche Körper zu einer zur Schau gestellten Oberfläche. Diese Oberfläche verbirgt dabei den Mangel (an Präsenz oder Phallus) und bietet sich als erotisch aufgeladenes Ersatzobjekt der Betrachtung an.

Alternativ kann die Einschreibung bzw. die Entdeckung des Mangels, d.h. die Kastration wiederholt werden. Im Film führt dies zu den alles andere als seltenen Narrativen, in denen Frauen verbal oder körperlich verletzt, entführt, gefoltert und getötet werden. Durch den Kastrationskomplex entsteht eine sadistische Lust an solchen Erzählmustern, die Verletzung wiederholt in den weiblichen Körper einschreiben.[175]

Um hier über Möglichkeiten einer Übertragung auf Musik nachzudenken, ist ein tieferes Verständnis der Verbindung von Kastration, Begehren und Fetisch in der lacanschen Psychoanalyse notwendig. Hierbei ist zuerst wichtig, dass Lacans psychoanalytische Theorie wesentlich von Verschiebungen ausgeht.[176] Damit ist gemeint, dass jeder Gegenstand oder jedes Wort im Unbewussten einfach symbolisch mit einem anderen ersetzt werden kann, sofern auf irgendeiner Ebene Ähnlichkeiten oder andere Zusammenhänge bestehen. All diese Zeichen oder Signifikanten verweisen dabei aufeinander und am Ende auf das Bedeuten selbst, das jedoch niemals wirklich greifbar wird, sondern sich in den ständigen Verschiebungen unaufhörlich entzieht und rätselhaft bleibt.

Diese Verschiebungen werden dabei durch ein Begehren motiviert, dass hinter oder in den Signifikanten einen verborgenen Sinn

---

als könnten sie das bereitstellen was Männern für die unmögliche Selbstpräsenz fehlt. Dabei sind die beiden Positionen, wie Lacan selbst deutlich macht auch grundsätzlich wandelbar, d.h. Männer können insbesondere in erotischen Beziehung auch kurz mal so tun, als seien sie der Phallus und umgekehrt, dennoch benennt Lacan dies klar als normatives Modell. Vgl. Lacan (1991 [1958]), S. 7.

[175] Vgl. Mulvey (1994 [in engl. 1975]), S.58.
[176] Vgl. Pagel (2012 [1989]), S.40-47 und Ort [2014] S. 24 ff.

sucht, der alles erklären würde, aber strukturell unerreichbar ist.[177] Wie Jochen Adam schreibt, ist „[d]as Begehren, als «Metonymie des Seinsverfehlens», [...] nicht Beziehung zu einem Objekt, sondern Beziehung zu einem Mangel".[178] Dieser Mangel wird dabei von einem eigenen Signifikanten bezeichnet, der auf diese Begehren erzeugende Leerstelle verweist; diesen nennt Lacan „Phallus". In der sexistischen Logik sind Frauen ganz allgemein eine solche Vertretung des Phallus und Frau-Sein ist für Lacan gleichbedeutend mit dem Versuch Phallus zu sein.[179] Frauen erscheinen so als zu entdeckendes Geheimnis oder als zu überwindenden Widerstand. Dieses Geheimnis ist dabei letztlich leer, d.h. es gibt nichts zu entdecken, so dass das Erreichen dieses Ziels zu einer Enttäuschung führt.

Dass der Phallus eigentlich nicht existiert, bzw. ein Signifikant ohne Signifikat ist, erzeugt daher nicht nur Begehren sondern auch Angst: Die eigentliche Nicht-Existenz des Phallus (= eine mögliche Beschreibung von Kastration) muss verleugnet werden, um das Begehren am Laufen zu halten. Der Phallus wird dabei in der Regel von verschiedenen anderen Zeichen vertreten, die seine Funktion erfüllen.[180] Diese „ködern" dabei gewissermaßen das Begehren.[181] Das Entdecken der Abwesenheit des Phallus hinter einem Vertretungsobjekt, d.h. dass es das Begehren nicht stillen kann, führt dazu, dass die Phallusfunktion auf ein anderes Objekt weiterwandert.

Um ein bestimmtes Objekt vor diesem Verfall zu schützen, ist es möglich die Entdeckung des Mangels zu vermeiden bzw. zu verleugnen. Hierdurch wird das Objekt zu einem Fetisch; es steht dann immer noch für den Phallus und bleibt damit ein Objekt des Begehrens, der Versuch den Phallus zu entdecken oder zu erreichen wird aufgegeben

---

[177] Widmer (2012 [1997]), S. 47.
[178] Adam (2006), S.61.
[179] Lacan (2006 [1958]), S. 582.
[180] Vgl. Pagel (2012 [1989]), S.77 f.
[181] Vgl. Krips (1999), S.25ff.; Krips erklärt, dass dieser Köder dabei eine doppelte Täuschung verfolgt. Am Beispiel der Maske oder visuellen Täuschung (Trompe l'oeil) macht er deutlich, dass die eigentliche Faszination oder die Lust (Pleasure) darauf basiert, dass die Täuschung der Maske durchschaut wird, d.h. die Maske wird als unecht erkannt. Dennoch symbolisiert sie gewissermaßen einen Blick oder ein Gesicht, das hinter der Maske steckt, auch wenn die Maske an der Wand hängt und offenkundig leer ist, so dass eine zweite Täuschung entsteht. Ebenso erklärt Krips den von Parrhasios gemalten Schleier im Mythos, der ein Bild hinter dem Schleier als Täuschung verspricht, das jedoch überhaupt nicht existiert.

zugunsten einer Idealisierung des Objekts. Übertragen auf Geschlechter in der sexistischen Logik wird damit eine bestimmte Frau (z.B. ein unerreichbarer Star) idealisiert. Hierbei werden oberflächliche Eigenschaften (Haare, Beine etc.) oft partikular überbetont, so bleibt das Interesse auf Äußerlichkeiten fixiert, ohne sich mit einer Entdeckung oder Erforschung ihrer Geheimnisse zu befassen. In beiden Positionen (Phallus und Fetisch) ist jedoch problematisch, dass die begehrte Person faktisch objektiviert wird, d.h. es ist nicht relevant, was sie tut, oder wer sie eigentlich ist, sondern sie erhält ihre Funktion in Bezug zu Begehren und Fetischisierung. Sie wird dabei verzerrt wahrgenommen und ihr Verhalten oft extrem positiv (da die Funktion bestätigend) oder negativ (ihr widersprechend und damit enttäuschend) bewertet.

Eine Übertragung dieser Lüste auf Klang und vor allem den Stimmklang erscheint dabei zuerst weniger naheliegend, denn die Stimme scheint im Gegensatz zum Bild geradezu ein Garant von Präsenz und Subjektivität zu sein: Jede Stimme verweist notwendig auf ein sprechendes oder singendes bzw. in jedem Fall ein sich intentional mitteilendes Subjekt. Dieses kann damit eigentlich nicht verborgen sein oder als eindimensionale Oberfläche dienen. Allerdings führt in der Psychoanalyse Lacans gerade die sprachlich vermittelte Symbolische Ordnung zum Mangel an Selbstpräsenz und so zur Kastration. Um von dieser Kastration abzulenken verweist Dolar darauf, dass auch die Stimme zum Fetischobjekt werden kann. Er beschreibt dies am Beispiel des Gesangs, der als eine Art Exzess verstanden werden kann, in dem der Klang die Sprache überlagert.[182] Das Begehren nach (sprachlicher) Bedeutung wird dabei aufgegeben zugunsten einer klanglichen Präsenz der Stimme, die dabei verobjektiviert wird. Somit ist es möglich auch in der Stimme die Produktion von Begehren und Fetischisierung zu betrachten.

Ebenfalls von der Psychoanalyse ausgehend entwickelt Kaja Silverman ihre auf den geschlechtsspezifischen Einsatz von Stimmen eingehende Filmkritik, auf die ich nun eingehen möchte. Weite Teile ihres Buches „The Acoustic Mirror" befassen sich dabei mit der Stimme der Mutter. Diese betrachtet sie mit Bezugnahme unter anderem auf Kristevas Chora als akustischen Ausdruck einer kulturellen Phantasie, die auf einer ursprünglichen Einheit von Mutter und Kind basiert. Diese Einheit hat dabei sowohl idealisierte, als auch alptraumhafte Aspekte: Sie bezeichnet eine Phantasie von ursprünglicher Ganzheit, die vor dem kastrierenden Mangel der Sprache liegt; zugleich steht sie aber auch für die Hilflosigkeit und Orientierungslosigkeit des Säuglings,

---

[182] Vgl. Dolar (2014 [in slow. 2003]): S. 45 ff.

bevor sich irgendein „Ich" konstituiert und von der Umwelt getrennt hat.[183] Diese doppelte Phantasie tritt in Filmen als eine weibliche Stimme in Erscheinung, die auf ihre außersprachliche Klanglichkeit reduziert ist. Sie erscheint einerseits als umgebende Klanghülle (sonorous envelope), die einen Zustand von Geborgenheit durch beruhigendes aber sprachlich sinnloses Murmeln herstellt, oder als Schrei, der den Alptraum der Hilflosigkeit wieder wachruft.[184]

Silverman arbeitet heraus, dass beide Phantasien Projektionen sind, die auf dem durch die Kastration erfahrenen Mangel basieren, d.h. dass es sich nicht um Realitäten handelt, sondern gewissermaßen um Schutzmechanismen, die insbesondere Männer davor schützen ihre eigene Kastration wahrzunehmen.[185] Der (eigene?) Mangel wird auf die Mutter und dann in den untersuchten Filmen allgemeiner auf Frauen übertragen und dort fixiert, wodurch sich erneut Männlichkeit als von der Kastration nicht beeinträchtigt imaginieren kann. Der Schrei erscheint damit als vokaler Ausdruck der Kastration, während der idealisierte „sonorous envelope" den Mangel der Kastration scheinbar wieder gut macht, also die Lücke füllt, die der Mangel hinterlässt. Damit lässt sich die weibliche Stimme als Klanghülle ebenfalls als Phallus oder als Fetisch interpretieren.

Allerdings sollte damit nicht die Spezifik der Klanghülle reduziert werden. Wie Silverman ausführt, handelt es sich dabei um die Vorstellung einer Extension des Subjekts, als würde die umgebende Stimme zum eigenen Selbst gehören. Es geht um den Verlust der Vorstellung einer Grenze zwischen Selbst und klanglicher Umgebung und damit in der Phantasie um die Beziehung zu einem verlorenem (amputiertem) Teil des eigenen Selbst. In der Lacanschen Psychoanalyse heißt dieser verlorene Körperteil „object a".[186] Für die durch diese Klangerfahrung ausgelöste Lust heißt dies, dass hier die Grenze zwischen Selbst und gehörter Stimme aufgelöst wird. Im Gegensatz zur Identifikation des Spiegelstadiums handelt es sich aber hier nicht um eine Identifikation mit einer machtvollen Stimme, die aus dem eigenen Mund zu kommen scheint und damit Ausdruck eigener Aktivität ist, als um eine den gesamten Körper einhüllende Klangerfahrung, in der das hörende Sub-

---

[183] Silverman (1988), S. 72 ff.
[184] Ebd. Silverman (1988), S. 72 ff.
[185] Silverman (1988), S. 84 ff.
[186] Vgl. Widmer (2012 [1997]), S. 183 f. Das „object a" wird dabei beispielsweise von der mütterlichen Brust oder den Fäkalien vertreten, kann aber auch etwas vollkommen immaterielles wie der Blick oder die Stimme sein.

jekt passiv bleibt und vervollständigt wird bzw. sich in seiner Umgebung auflöst. Dabei darf auch hier nicht der Fehler gemacht werden, die Klanghülle automatisch mit Weiblichkeit oder Mütterlichkeit zu verknüpfen, vielmehr wird diese Phantasie in Filmen und Diskursen kontinuierlich erzeugt und wie Silverman zeigt dort immer wieder mit Weiblichkeit verbunden.

Es lassen sich damit abschließend einige psychische Lüste festhalten, die jeweils eine Rolle in der kulturellen Produktion von Geschlecht spielen und die möglicherweise auch in Musik und Klang wirksam werden. Dabei ist zuerst die mit Männlichkeit verbundene imaginäre Identifikation mit der gehörten Stimme zu erwähnen, dann der Ausdruck von Schmerz, Verletzung und Leid im Schrei als klangliche Verkörperung der Kastration, des Weiteren die Fetischisierung des Gesangs oder des Stimmklangs auf Kosten des sprachlichen Ausdrucks und schließlich die Klangumarmung des „sonorous envelope", der eine vorübergehende scheinbare Aufhebung der Kastration für das hörende Subjekt ermöglicht. Welche Rolle all diese Lüste in der populären Musik spielen und wie sie dort als auditive Lüste mit der klanglichen Produktion von Geschlecht verbunden sind, muss allerdings in Musikbeispielen näher untersucht werden.

Der sonische Körper[187]

Das Musik Einfluss auf den Körper hat, d.h. Bewegungsabläufe und Wohlbefinden, aber auch unwillkürliche Abläufe, wie Atmung und Puls beeinflusst, lässt sich kaum abstreiten. In diesem Abschnitt wird es darum gehen ein theoretisches Modell zum Verständnis solcher Effekte zu entwickeln und eine mögliche Anwendung desselben auf Musik zu besprechen.

Grundsätzlich kann dabei auch hier nicht von einem biologisch determinierten Automatismus ausgegangen werden, in dem bestimmte

---

[187] Ich entwickle diesen Begriff aus dem „Sonischen" als kulturalisierten Schall (Wicke 2006), sowie in Anlehnung an den Cyborg-Körper von Donna Haraway. „Sonic Body" wird als Begriff allerdings auch von Jasen (2016), Henriques (2011) und Goodman (2010) in Rückgriff auf Spinoza und Deleuze verwendet und bezeichnet dort eine nicht genau erfassbare und vorhersehbare Möglichkeit des Körpers durch Schallphänomene beeinflusst zu werden. Mir geht es hingegen um die körperliche Komponente eines kulturalisierten Hörens. Die Reproduktion einer vereinfachten Körper-Geist-Dichotomie durch Goodman wird hingegen von Brian Kane [Kane (2015), S.6 ff.] kritisiert.

Klänge oder Rhythmen zuverlässig bestimmte Reaktionen hervorrufen würden. Vielmehr kann Musik als „a prosthetic technology of the body"[188] verstanden werden. Dieser Gedanke wird von der Musiksoziologin Tia deNora in ihrem Buch "Music in Everyday Life" entwickelt:

> Music is an accomplice of body configuration. It is a technology of body building, a device that affords capacity, motivation, co-ordination, energy and endurance.[189]

Ähnlich, wie im Abschnitt über die Homologie lässt sich Musik dabei nicht als Abbild eines außermusikalischen Phänomens verstehen, sondern ist an der Konfiguration von Körpern und körperlicher Selbstwahrnehmung beteiligt. Musik wird, wie DeNora zeigt, von Hörer_innen (bewusst oder unbewusst) verwendet, um beispielsweise Bewegungsabläufe zu ermöglichen oder Emotionen zu managen. Die Idee Musik hierbei als eine Art Prothese zu verstehen, weist darauf hin, dass Musik den Körper in solchen Momenten regelrecht ergänzt und die Grenze zwischen Körper und Musik auch hier unklar wird. Musik lässt sich aber auch sehr wörtlich als Prothese fassen, denn beispielsweise das Phänomen des „Entrainment", d.h. des Angleichens von Bewegungsabläufen an gehörte Rhythmen, wird in der Medizin zu therapeutischen Zwecken z.B. bei Schlaganfall- oder Parkinson-Patient_innen verwendet.[190] DeNora weist zudem auf die Verwendung in der Behandlung von Frühchen hin, deren Anpassungsschwierigkeiten durch Musik, bzw. durch rhythmisch strukturierte Geräusche gemindert werden können. Musik ist in all diesen Beispielen keine Naturmacht, die körperliche Abläufe determinieren könnte, sondern kann eher als eine Ressource verstanden werden, auf die bereits Säuglinge zugreifen können, um ihr körperliches In-der-Welt-Sein zu regulieren.[191]

> Music accomplishes none of these things in its own right – it is not a 'force' like gravity or wave power. It is rather a potential 'source' of bodily powers, a resource for the generation of bodily agency. Music is, or rather can serve as, a constitutive property of bodily being.[192]

Musik stellt somit klangliche Ressourcen bereit, die es dem Kind ermöglichen sich in der Welt zu orientieren, Erwartungen (über die

---

[188] DeNora (2003), S. 102.
[189] DeNora (2003), S. 102.
[190] Vgl. Thaut et al. (2015).
[191] Vgl. DeNora (2003), S. 77 ff.
[192] DeNora (2003), S. 99.

nächsten Momente) zu entwickeln und sich körperlich in die Welt einzufühlen. Eine Verbindung dieser Vorstellung mit Julia Kristevas Chora drängt sich hier geradezu auf. Die Chora lässt sich als eine klanglich und durch Gesten und Berührungen geformte körperliche Selbstwahrnehmung verstehen, die dem Genotext zu Grunde liegt.

Für Kristeva entsteht die Chora dabei in der frühkindlichen Interaktion mit der (von Kristeva, wie bereits kritisiert, fast ausschließlich weiblich gedachten) primären Bezugsperson. Diese strukturiert die Umgebung des Kindes durch Worte, Stimmgeräusche (z.B. beruhigendes Summen oder Zischen) und Gesang, aber auch durch Bewegungen, wie Streicheln, Tragen und Schaukeln. Hierdurch werden die Körperprozesse und körperlichen Energien nach und nach strukturiert und in der Selbstwahrnehmung stabilisiert.[193] Dies ermöglicht es dem Kind sich in der Welt zurechtzufinden und eine eigene Körperwahrnehmung zu entwickeln.[194] Die Chora ist für Kristeva dabei, wie bereits beschrieben, nicht nur auf den eigenen Körper begrenzt, sondern bezeichnet auch die „ursprüngliche" Verbindung des Kindes mit der „mütterlichen" Umgebung, in der keine Grenze ausgemacht werden kann.[195]

Am von Kristeva entwickelten Konzept der Chora ist allerdings ideologisch sehr problematisch, dass die „Mutter" mit körperlicher Materialität und vorsprachlicher ursprünglicher Ganzheit verbunden wird und tendenziell als passive Umgebung erscheint.[196] Mit DeNoras Vorstellung von Musik als Prothese lässt sich die Chora hingegen auch als eine Ausformung eines Cyborg-Selbst im Sinne Haraways verstehen: Die das Kind strukturierenden „mütterlichen" Versorgungsmaßnahmen (Singen, Schaukeln, ...) werden damit als kulturelle Technologien interpretiert, die sich mit der Selbstbildung so eng verknüpfen, dass nicht mehr von einer irgendwie natürlichen Identität ausgegangen werden kann.[197] Die Körpergrenzen werden hierbei permanent (und nicht nur für eine ursprüngliche Frühphase) als fließend und veränderlich gedacht und die biologische oder physische Materialität des Körpers erscheint als immer schon durch kulturelle Prozesse geformt und bearbeitet. Die (idealisierte oder beängstigende) Phantasie einer ur-

---

[193] Vgl. Kristeva (2010 [1974]), S.35 ff.
[194] Kristevas Position scheint sich durch neuere Ergebnissen zu frühkindlicher Musikalität zu bestätigen: Vgl. Malloch (1999), Kim (2017), S. 154 ff.
[195] Vgl. Kristeva (2010 [1974]), S.39.
[196] Vgl. Silverman (1988), S. 106 ff.
[197] Vgl. Haraway (1995 [in engl. 1985]), S. 35.

sprünglichen Einheit mit der Mutter und die damit verbundenen Dynamiken von Begehren (nach ursprünglicher Ganzheit) oder Angst (vor Selbstauflösung und Vereinnahmung) werden dabei aufgegeben. Stattdessen rückt das „Wie" spezifischer Vermittlungen in den Fokus, die die verschiedenen intimen Verbindungen eines verkörperten „Ichs" mit der Umwelt ermöglichen.[198] Musik kann so als eine kulturelle Technologie verstanden werden, die unter anderem zur Formung des physisch-biologischen Körpers (z.B. Wahrnehmung desselben, aber auch Rhythmisierung und Strukturierung von Körperprozessen) beiträgt.[199]

In diesem Modell lässt sich Musik nun weder als außerhalb, noch vollständig als Teil des Körpers denken. Die von Wicke argumentierte Idee von Musik als sonisch, d.h. als vorab kulturell kodiert, erhält so eine körperliche Basis: Die Wahrnehmung von Musik ist nicht nur von einem Subjekt abhängig (das die Musik als Musik zu verstehen gelernt hat), sondern außerdem vom Körper dieses Subjekts, der in angemessener Weise auf den Klang reagiert. Dieser Körper ist dabei, ebenso wie das Subjekt, nicht einfach gegeben sondern Resultat eines permanenten Lernprozesses – ein Cyborg-Körper, der sich in Anlehnung an Wicke als „sonischer Körper" bezeichnen lässt. Die einzelnen körperlichen Musikerfahrungen sind damit nicht in ihrer Einmaligkeit verständlich, sondern in ihrer kulturellen Iterativität, also ihrer regelmäßigen Wiederholung, produktiv: Der sonische Körper lässt sich so als eine Art „dynamisches Interface" verstehen, das sich durch die wiederholte Begegnung mit bestimmten Klängen sedimentiert und damit auch immer die zukünftige Klangerfahrung verändert.

Es stellt sich allerdings die Frage, wie dieses Interface, der sonische Körper, genau entsteht und sich verändert und wie es_er genau mit der Musik interagiert, um dieses Modell für die Musikanalyse produktiv zu machen.

---

[198] Für Haraway stellt sich hierbei insbesondere auch die Frage nach der in diesen verschiedenen Vermittlungen enthaltenen Herrschaft, die nicht (mehr) nur von außen auf eine vermeintlich unabhängige Identität zugreift, sondern diese selbst mit produziert. Vgl. Haraway (1995 [in engl. 1985]), S. 48 ff. und 59 ff.

[199] Jens Papenburgs Beschreibung von Musiktechnologien als Hörgeräte weist in eine ähnliche Richtung: Hörgeräte verknüpfen sich mit dem hörenden Subjekt vergleichbar einer Prothese und ermöglichen und beeinflussen das Hören von populärer Musik. Vgl. Papenburg (2011), S. 17 und S. 91 ff.

DeNora beschreibt in ihrem Buch dabei einen aktiven (aber möglicherweise unbewussten) Moment der Verkopplung („to latch on") als notwendige Voraussetzung für die körperlichen Wirkungen von Musik. Anhand von Interviews arbeitet sie heraus, dass diese Verkopplung durch Lernprozesse schneller und zuverlässiger funktionieren (können) und Musik oft bewusst eingesetzt wird, um sich in die für einen bestimmten Anlass passende Stimmung zu bringen oder beim Sport zu motivieren.[200] Die Verkopplung erstellt dabei eine Verbindung zwischen Musik und Körper. Am Beispiel einer Aerobikstunde zeigt deNora, dass es hierbei nicht nur (aber natürlich auch) um rhythmische Übereinstimmungen von Musik und Bewegung geht, sondern auch um ein ausgewogenes Verhältnis von Varianz und Wiederholung, die es ermöglicht einen klaren Rhythmus zu finden, während die Musik zugleich auf anderen Ebenen von der körperlichen Anstrengung ablenkt und verschiedene Arten von Lust erzeugt, indem sie beispielsweise eine Richtung und ein Fortkommen suggeriert.[201] Ebenso wird ein größerer Kraftaufwand motiviert, indem die Impulse der Musik eine bestimmte an den Klang angepasste Ausführung der Bewegungen anregen. Dabei werden offenbar Vorstellungen erzeugt, in denen der Körper bzw. die Köperwahrnehmung durch den Klang verändert und erweitert wird. Dies lässt sich vielleicht als eine Form der Identifikation verstehen, in der der eigene Körper in der Vorstellung zur Quelle des Klangs wird (wie in der Identifikation mit einer Stimme), oder als eine imaginäre Umgebung, durch die sich der Körper an andere Orte begibt, d.h. die Musik als imaginäre zweite Umgebung anerkennt und mit der „realen" Raumwahrnehmung, die immer auch akustisch ist, verbindet.

Hierfür ist offenbar ein erlerntes Wissen über Schallphänomene wichtig, das es ermöglicht dem Klang intuitiv eine bestimmte Bewegung (Kraft, Richtung, Ablauf) oder eine Räumlichkeit zuzuordnen. Dieses Wissen lässt sich nicht auf eine Assoziation reduzieren; es ist vielmehr mit dem Hören integral verbunden.[202] Denn ein Geräusch lässt sich ebenso wenig „abstrakt" hören, wie Musik. Ebenso wie in Sprache wird dem Klang mit einem angemessenen Interesse begegnet, das versucht bestimmte Informationen zu erhalten. So ist bereits die Wahrnehmung mit Vorstellungen von möglichen Klangquellen verbunden. Selbst (und gerade) das geschulte Gehör, das im Klang auf

---

[200] DeNora (2003), S. 54, S. 50 und S. 103.
[201] DeNora (2003), S. 99.
[202] Vgl. auch Merleau-Ponty (2010 [in fr. 1945]), S. 264 ff. und insbesondre S. 268 f.

akustische Eigenschaften (z.B. Frequenzspektrum, Hüllkurve, Bearbeitungseffekte etc.) lauscht, tut dies auf Basis eines Lernprozesses, der vermeintlich objektives Wissen über Schall voraussetzt, dieses aber damit überhaupt erst hörbar macht.[203] Dieses vorausgesetzte Wissen ist damit Teil der Wahrnehmung, die sich auf bestimmte Eigenschaften fokussiert. Das internalisierte Wissen über Klangquellen und akustische Räume lässt sich somit als Teil eines verkörperten Wissens interpretieren, das es ermöglicht angemessen auf Musik zu reagieren, d.h. beispielsweise Geräusche in Bewegungen zu übersetzen.

Der Popmusikforscher Luis-Manuel Garcia arbeitet diese Verbindung von Klang und Körper in EDM (= Electronic Dance Music, eine aktuelle tanzbezogene populäre Musikform) näher aus und ermöglicht die Reflexion weiterer Aspekte. In der EDM wird auf vielfältige Weise der Körper angerufen, indem der Klang taktile Dimensionen annimmt.[204] Garcia differenziert insbesondere drei Aspekte: (1) die Perkussivität, die als „Impact" spürbar wird, (2) die Produktion von Klängen, die auf Körperklängen (Klatschen, Herzschläge, Stampfen, Ohrenrauschen etc.) beruhen oder diese aufrufen, und (3) die Haptik der klanglichen Textur, die laut Garcia in ihrer Mikrostruktur Ähnlichkeiten mit der Rauheit von Oberflächen und verschiedenen Materialien aufweist (z.B. Un-/Regelmäßigkeit, Abstände von Störungen usw.), so dass die Gemeinsamkeit über das Teilen eines gemeinsamen sprachlichen Referenzrahmens hinausgeht. Dabei wird auch hier jeweils (im Gegensatz zu Assoziationen u.ä.) der Körper nicht abstrakt aufgerufen, sondern in seiner konkreten körperlich-anwesenden Form angesprochen und einbezogen.

Noch weitergehender argumentiert Nina Sun Eidsheim in ihrer Dissertation „Voice as a Technology of Selfhood: Towards an Analysis of Racialized Timbre and Vocal Performance", in der sie sich mit der Wahrnehmung von Gesang befasst. Sie erklärt, dass die Wahrnehmung einer Stimme entscheidend vom verkörperten Wissen über die zum Stimmklang erforderlichen körperlichen Prozesse abhängt.[205] Das so hörbare körperliche Timbre (timbre corporeal) grenzt sie gegen das physikalisch messbare Schallphänomen (timbre sonic) ab:

---

[203] Vgl. Eidsheim (2008), S. 162 ff.
[204] Vgl. Garcia (2015), S. 60.
[205] Vgl. Eidsheim (2008), S. 243 ff. "I suggest that the primary level on which we respond to and recognize the inner textures of human vocal timbres and the emotions expressed through those timbres takes place through that initial corporeal recognition." (S. 251)

"When we hear vocal sounds arising out of, and being part of, a specific context, those sounds we perceive are testament to a common function of all bodies, and thus testament to a connection between all bodies. [...]

That is to say that if I hear the sound of an orgasm, I can through cognitive association with that sound physically feel some level of the approximate physical tension in my body produced from similar personal experience and familiarity with the event from which that vocal sound is produced."[206]

Auch visuelle Informationen, z.B. das Sehen von Anstrengung oder Leichtigkeit in der Performance eine_r Sänger_in, beeinflussen dabei das Hören bzw. das Erlernen dieses Wissens.[207]

Es lässt sich so insgesamt erkennen, dass sich Hören nicht nur auf den Hörsinn beschränkt, sondern andere Aspekte der Wahrnehmung (Sehen, Fühlen) miteinbezieht und sich auf vergangene Erfahrungen stützt. Der sonische Körper entsteht damit nicht nur in der Interaktion mit Klang, als einer Art exklusiver Ebene, sondern verbindet sich mit einem internalisierten Wissen über Prozesse und Objekte, die Klänge erzeugen. Der eigene Körper erscheint damit als imaginärer Klanggenerator, als im Kontakt mit Objekten oder Umgebungen, die entsprechende Klänge erzeugen, oder er scheint sich in einer mit den Klängen vergleichbaren Art und Weise (Richtung, Geschwindigkeit, Wiederholung usw.) zu verhalten.[208]

Um das Modell des sonischen Körpers in der Musikanalyse einzusetzen, bietet sich zum einen erneut der Rückgriff auf mein eigenes internalisiertes Körper-Wissen an. Zusätzlich lässt sich aber erkennen, dass der sonische Körper durch Wiederholungen ähnlicher Erfahrungen geformt wird. Es zeigt sich dabei eine Gemeinsamkeit mit der Homologie, die ebenfalls durch solche Wiederholungen ihr bedeutsames Potential erhält. Allerdings steht jetzt die Betrachtung der Strukturierung des Körpers (als Wahrnehmungsapparat) im Vordergrund. Dabei werden nicht nur vergleichbare Erfahrungen miteinander in Beziehung

---

[206] Eidsheim (2008), S. 250.
[207] Eidsheim (2008), S. 246 f.
[208] Zur Interpretation von Gesten in Musik siehe auch Middleton (1993). Dabei lassen sich generell verschiedene Ebenen von Musik (Lautstärkeveränderungen, Timbreveränderungen, Rhythmen, Melodien, etc.) mit Gesten verknüpfen.

gesetzt, sondern das Entstehen der Erfahrung selbst erscheint hier als Resultat von Wiederholungen.

Der sonische Körper lässt sich dabei metaphorisch als eine Art wandelbarer Resonanzkörper[209] verstehen, in dem bestimmte Erfahrungen verstärkt, während andere mögliche Reaktionen auf den Klang gedämpft (und damit unhörbar) werden. Zugleich ist der sonische Körper selbst aber auch als Resultat solcher Resonanzen verstehbar, die die Musik- und Klangerfahrung kontinuierlich verändert. Dennoch entsteht der sonische Körper aber nicht als automatische Reaktion auf Klang; die möglichen Resonanzen sind beeinflussbar, wie sich an DeNoras Argument ablesen lässt, dass diese auf einem aktiven Moment der Verkopplung („to latch on") basieren. Allerdings werden viele dieser Verkopplungen unbewusst geschehen, so dass sie wie automatisch wirken, wie beispielsweise auch Anahid Kassabian in Bezug auf Patricia Clough und Filmmusik beschreibt:

> „Conscious experiences are banked in the body, accreting autonomic responses to them, so that in future the response precedes conscious recognition of the stimulus. This is why my heart starts beating faster before I notice the rising rate and volume of the ostinato that warns me something is about to happen."[210]

Auch nicht-klangliche Erfahrungen (z.B. die Berührung einer bestimmten Oberflächenstruktur, das Körpergefühl und die Impulse eines bestimmten Bewegungsablaufs oder visuelle Eindrücke von der körperlichen Involviertheit anderer Menschen) können dabei in solche Resonanzverhältnisse miteinbezogen werden, wie die Beispiele von Garcia und Eidsheim deutlich machen.

Auch wenn diese körperlichen Reaktionen dabei zuerst unwillkürlich und sehr ursprünglich wirken, stehen sie mit weiteren gesellschaftlichen Realitäten und Ideologien in Beziehung. Im Rahmen dieser Arbeit stellt sich damit insbesondere die Frage, inwieweit auch der sonische Körper geschlechtlich kodiert wird und in wieweit damit die Möglichkeiten sich mit Klang in Beziehung zu setzen und ihn als mögliche Ressource für die körperliche Selbstproduktion zu nutzen sowie ein als

---

[209] Ich lehne mich hierin an die „kulturellen Resonanzen" von Willis an, der damit das Funktionieren von Homologien beschreibt. Vgl. Willis (ca. 1973), S. 11.
[210] Kassabian (2009), S. 56. Vgl. außerdem Merleau-Ponty, der die Gewohnheit als Voraussetzung der Wahrnehmung argumentiert. Merleau-Ponty (2010 [in fr. 1945]), S. 182 ff.

körperliche Interaktion auffassbares Hören von Musik mit dem Geschlecht verbunden ist.

Der vokalische Körper

Nachdem ich im letzten Abschnitt den hörenden Körper näher analysiert habe, ist es nun angebracht den gehörten Körper näher zu betrachten. Bereits im ersten Kapitel habe ich beschrieben, dass ich Popsongs als performative Akte untersuchen möchte, die einen geschlechtlichen Körper klanglich hervorbringen. In Anlehnung an Suzanne Cusick habe ich argumentiert, dass es gilt im Popsong die stimmliche Produktion von Körper-Subjekten zu analysieren. Die Stimme produziert also einen klingenden Körper bzw. das Bild eines Körpers oder eines „vocalic body", wie Steven Connor dieses Phänomen bezeichnet:

> "The principle of the vocalic body is simple. Voices are produced by bodies: but can also themselves produce bodies. The vocalic body is the idea – which can take the form of dream, fantasy, ideal, theological doctrine, or hallucination – of a surrogate or secondary body, a projection of a new way of having or being a body, formed and sustained out of the autonomous operations of the voice."[211]

Im Bezug zur Stimme ist dieser Körper dabei keine simple Assoziation; er bezeichnet vielmehr das Bild, das sich im Hören von der Schallquelle gemacht wird. Dieses ist aber wiederum nicht mit der realen Schallquelle bzw. dem wirklichen Körper identisch, sondern bezeichnet, wie Connor erklärt, einen zweiten Körper, der durch den Klang erzeugt wird. Dieser zweite Körper kann durchaus einige Unterschiede zum wirklichen Körper aufweisen und kann gerade in der Popmusik durch akustische Bearbeitung soweit vom akustischen Eindruck eines wirklichen Körpers entfernen, dass ein eindeutig phantastischer Körper – z.B. ein Körper, der an mehreren Orten zugleich ist, oder ein von einem Vocoder erzeugter mechanischer Roboterklang – entsteht.

Der Stimmklang liefert dabei eine Vielzahl an Informationen über die vermeintliche Schallquelle, die im Hören rezipiert und dekodiert werden, so dass vom Stimmklang u.a. auf Haltung, Gesichtsausruck, Alter, Geschlecht, Umgebung und Emotionen geschlossen werden kann – wobei diese Eigenschaften in dieser Analyse nicht dem realen Körper, sondern dem im Popsong gehörten zugeschrieben werden

---

[211] Connor, Steven (2000), S. 35.

müssen. Der Stimmklang ist dabei allgemein niemals (und im Popsong am allerwenigsten) als ein rein natürliches Phänomen anzusehen. Im Gegenteil: Die Stimme ist als Medium der Sprache Gegenstand weitreichender und früh einsetzender kultureller Disziplinierung.[212] Sie transportiert zwar immer mehr als nur Sprache, doch auch dieser Zusatz liegt nicht einfach außerhalb des Kulturellen.[213] Vielmehr lässt sich davon ausgehen, dass wir über unseren Stimmklang ebenso, wie über unsere Kleidung und Haltung ein Bild von uns selbst vermitteln und dieses, soweit es uns möglich ist, steuern.

Insbesondere in der Popmusik darf dabei nicht von unabsichtlichen Klängen ausgegangen werden, denn der Gesang kann erneut eingesungen oder bearbeitet werden. Auch wenn ein Klang dabei nicht intentional erzeugt wurde, so darf die Tatsache, dass er in der endgültigen Aufnahme Verwendung findet und Erfolg hat, nicht als Zufall angesehen werden und muss in ihren Konsequenzen überdacht werden.

Allerdings ist es in der Musikanalyse bisher eher unüblich diese Ebene des Gesangs zu analysieren. Wenn Gesang in der Literatur besprochen wird, so oft nur vor dem Hintergrund technischer Fähigkeiten oder typischer Besonderheiten der_s Sänger_in. Der dabei entstehende Eindruck einer bestimmten Körperlichkeit und Persönlichkeit wird, wenn er beschrieben wird, nicht auf seine klanglichen Ursprünge und seine Wirkungen hin untersucht. So bleibt es oft bei assoziativen Beschreibungen, die meist zudem vom visuellen und medialen Image der Sänger_innen beeinflusst sind. (Vgl. die nicht näher beschriebene „voice of a little girl")

Dies führt auch zu dem Problem, dass ein Vokabular zur exakten Beschreibung des Stimmklangs ebenso fehlt, wie Methoden diesen zu interpretieren. Es gilt also ein entsprechendes Vorgehen zu entwickeln.

---

[212] Vgl. Cusick (1999), S. 30 ff.
[213] Vgl. Jarman-Ivens (2011), S.7. Hier ließe sich außerdem auf Roland Barthes vieldiskutierten Text „Die Rauheit der Stimme" eingehen. Barthes unterscheidet bekanntlich angelehnt an Kristeva zwischen Genogesang und Phänogesang, wobei Phänogesang intendierte Bedeutungen vermittelt, während im Genogesang eine als Rauheit bezeichnete Körperlichkeit transportiert wird. Dabei legt die Bezeichnung „Genogesang", sowie einige Formulierungen Barthes' (z.B. Rauheit als Reibung zwischen Musik und Sprache, Vgl. S. 275) legen nahe, dass es sich bei der Rauheit der Stimme bzw. dem Genogesang um etwas kulturell Beeinflusstes außerhalb der symbolischen Kommunikation handelt. Vgl. Barthes (2013 [in fr. 1972]).

Ich gehe davon aus, dass wir unser Wissen über den in der Stimme performativ entstehenden Körper v.a. aus zwei Quellen haben: zum einen aus unseren Erfahrungen mit anderen Menschen, die wir in unserem Leben gehört haben (dies betrifft vor allem Eigenschaften wie Alter und Geschlecht), und zum anderen aus unserem eigenen Körper, der in der Lage ist sich mimetisch in den Stimmklang einzufühlen (die betrifft Eigenschaften, wie Anspannung und Gefühle). Hierbei spielt natürlich das von Nina Sun Eidsheim thematisierte „timbre corporeal" eine große Rolle.[214] Es erscheint daher sinnvoll, sich mit dem Prozess der körperlichen Stimmproduktion auseinanderzusetzen, da im Hören, wie Eidsheim argumentiert, unwillkürlich auf dieses Wissen zurückgegriffen wird. Ein Wissen über die beim Singen ablaufenden körperlichen Prozesse ermöglicht es diese Hörerfahrung besser zu verstehen und den gehörten Körper genauer zu beschreiben, indem die körperlichen Prozesse, die an der Klangerzeugung beteiligt sind, benannt werden. Aus diesem Grund werde ich im Folgenden einen kurzen Überblick über die anatomische und physikalische Funktionsweise der menschlichen Stimme geben:

Wie jeder Klang ist auch die Stimme bewegte Luft. Diese wird von der Atmung in den Lungen bereitgestellt und vom Körper auf ihrem Weg nach draußen so beeinflusst, dass nicht einfach irgendein Klang, sondern u.a. das äußerst differenzierte Lautsystem dabei entsteht, das wir Sprache nennen.

Schall wird hierzu nicht nur von den Stimmlippen [= Glottis] produziert, sondern kann auch an anderen Orten im Rachen, im Mund oder an den Lippen erzeugt werden. Die Sprach- und Kommunikationswissenschaft hat diesen Prozess intensiv erforscht und differenziert für verschiedene Laute Artikulationsorte (Glottis, Rachen, Lippen, Gaumen, Zunge, Zähnen...) und Artikulationsarten (plosiv, frikativ ...). Nach ihrer primären Erzeugung werden außerdem viele Laute noch durch Resonanzen klanglich verändert, indem im sogenannten „*Ansatzrohr*" (= von den Stimmlippen bis zu den Lippen, d.h. Rachen und Mundhöhle) bestimmte Frequenzbereiche verstärkt bzw. gedämpft werden.[215]

Diese Resonanzen sind insbesondere verantwortlich für die klanglichen Unterschiede zwischen den verschiedenen Vokalen, wobei die verstärkten Frequenzbereiche *Formanten* heißen. Sie werden durch ein Verengen und Weiten der Rachen-Mundhöhle, die Form und Spannung der Lippenöffnung, sowie durch die Lage der Zunge beeinflusst.

---

[214] Vgl. Eidsheim (2008): S. 243 ff.
[215] Vgl. Neppert (1999), S. 91 ff.

Da diese den Klang beeinflusst, lässt sich andersherum auch vom Klang auf die Form und Spannung in der Mundhöhle schließen.

Außer den Vokalen und Nasalen, die rein harmonisch sind und ausschließlich von der Glottis und der prägenden Resonanz des Ansatzrohres bzw. der Nasennebenhöhle erzeugt werden, sind die meisten menschlichen Laute durch ein charakteristisches Geräusch[216] und ggf. einen charakteristischen Lautstärken- und Obertonverlauf geprägt, die an einem der verschiedenen anderen Artikulationsorte im Vokaltrakt erzeugt werden. In der Phonetik wird dabei außerdem auch zwischen stimmhaften (*d, b, g, w, s*) und stimmlosen (*t, p, k, f, ss*) Konsonanten unterschieden. Stimmlose Konsonanten, sind dabei durch die Abwesenheit einer Stimmlippenschwingung gekennzeichnet; sie sind demnach ausschließlich geräuschhaft und nicht harmonisch-klanglich.

Auch viele dieser Konsonanten werden von den Resonanzen des Ansatzrohres beeinflusst und zwar umso stärker umso weiter hinten sie erzeugt werden. Ein im Rachen produziertes *G* wird also noch stark von der Form der Mundhöhle und den Lippen beeinflusst, während ein an den Lippen erzeugtes *P* nicht mehr in seinem Frequenzspektrum verändert werden kann.

Nun sind für die Musikanalyse jedoch nicht nur die Differenzen zwischen verschiedenen Lauten, also z.B. einem T-Laut und einem D-Laut, relevant, sondern auch der klangliche Unterschied zwischen zwei gleichen Lauten, einem T-Laut und einem anderen T-Laut also zum Beispiel: Bei einem T handelt es sich dabei um einen dental (= an den Zähnen) erzeugten Plosiv. Dieser kann z.B. durch die eingesetzte Luftmenge und durch die Stellung der Lippen klanglich beeinflusst werden. Vorgestülpte Lippen und eine sanfte Artikulation mit wenig Luft erzeugen so einen anderen Klang als eine harte Artikulation mit viel Luft und gespannten Lippen. Die für die Artikulation verantwortliche Luft hängt dabei in beiden Fällen von den Lungen und insbesondere von der Spannung des Zwerchfelles ab, so dass der spezifische Klang eines T-Lautes es ermöglicht Aussagen über die Tiefe und Kraft der Atmung einer_s Sänger_in und damit über ihre_seine Haltung und Körperspannung zu treffen. Die Stellung der Lippen hingegen ist Teil

---

[216] Ein Geräusch ist physikalisch durch ein unharmonisches Obertonspektrum gekennzeichnet. D.h. es lässt sich bei einem Geräusch keine Tonhöhe bestimmen. Es lässt sich als der Unterschied zwischen Lauten wie *sch, f* oder *z* zu Vokalen und Nasalen (*a, e, i, m, n*..) verstehen. Viele Laute, z.B. stimmhafte Konsonanten (*d, b, g,* ...) lassen sich außerdem als eine Kombination von Geräusch- und Harmonie-Anteilen verstehen.

der Mimik, so dass aus dem Klang beispielsweise auf ein Lächeln oder vorgestülpte Lippen geschlossen werden kann.

Zusätzlich zum Ansatzrohr gibt es außerdem weitere Resonanzräume, die den Klang beeinflussen können. Hier ist insbesondere die Nasenhöhle zu nennen. Der Einsatz der Nase als zusätzlichem Resonanzraum wird durch ein Senken des Gaumensegels ermöglicht. Dies beeinflusst das Frequenzsspektrum und erzeugt so den *nasalierten* Klang, der beispielsweise aus dem Französischen bekannt ist. Während Nasalierung in einigen Sprachen relevant für die Vokaldifferenzierung ist, wird sie im Popgesang auch als Stilmittel eingesetzt.[217]

Für den Gesang ist außerdem der Einsatz der Glottis besonders relevant. Vereinfacht wird oft davon gesprochen, dass die Stimmlippen eine Sägezahnwelle erzeugen. Diese Schwingung ist durch ein vollständiges Obertonspektrum mit einer Abschwächung der Obertöne nach oben hin geprägt. Allerdings gilt dies nur näherungsweise und ignoriert die Tatsache, dass auch der Klang der Glottis beeinflusst werden kann.

Der Klang der Stimmlippen entsteht physikalisch durch ein periodisches Öffnen und Schließen, das durch Luftdruck und den Bernoulli-Effekt erzeugt wird:[218] Der von den Lungen bereitgestellte Luftstrom wird in der durch die Glottis gebildeten Verengung der Luftröhre beschleunigt und produziert so einen Unterdruck, der die Seiten der Glottis, also die Stimmlippen wieder zusammenzieht. Hierdurch wird der Luftstrom unterbrochen, der sich unterhalb der Stimmlippen staut und so als Überdruck zur erneuten Öffnung der Stimmlippen führt. Dieser Prozess geschieht dabei extrem schnell und lässt sich, da es sich nicht um eine muskuläre Aktivität handelt, nicht kontrollieren. Er hängt allerdings von einigen Faktoren ab, die sehr wohl beeinflussbar sind. Einerseits wir der Klang vom Luftdruck, der von den Lungen bereitgestellt wird, beeinflusst. Andererseits handelt es sich bei den Stimmlippen um ein Muskelgewebe, das in verschiedene Richtungen mehr oder minder stark angespannt werden kann. Hierdurch wird der Widerstand beeinflusst der dem Luftstrom entgegengestellt wird, die Masse, die zum Schwingen gebracht werden muss, sowie der Abstand der Stimmlippen zueinander. So wird nicht nur die Tonhöhe bestimmt, sondern auch die Zusammensetzung des Obertonspektrums beeinflusst.

Daher können die meisten Tönhöhen auf verschiedene Arten und somit mit verschiedenem Obertonspektrum von der Glottis erzeugt

---

[217] Vgl. beispielsweise die Stimme von Jan Delay.
[218] Vgl. Neppert (1999), S.119 ff.

werden, denn die Zusammensetzung der Schwingung ist von all diesen Faktoren abhängig.[219] Die unterschiedlichen dadurch entstehenden Klänge werden als ein Hauptgrund für die verschiedenen *Register* des Gesangs angesehen. Die missverständlichen Begriffe Brust- und Kopfstimme sind dabei auf solche Unterschiede in der Stimmgebung zurückzuführen: Eine Bruststimme zeichnet sich durch ein sehr volles Obertonspektrum aus und entsteht durch eine hohe Schwingmasse, während die Kopfstimme deutlich weniger und schwächere Obertöne hat und von einer sehr kleine Schwingmasse – dem Schwingen der oberen Hautschicht – erzeugt wird. Sehr hohe bzw. sehr tiefe Töne können dabei nur in der Kopf- bzw. Bruststimme gesungen werden, während im mittleren Bereich beide Möglichkeiten zur Stimmgebung gegeben sind. Dies ist für den Gesang wichtig, zum Sprechen wird hingegen normalerweise nur der Bereich nahe der Eigenfrequenz der Glottis verwendet. Hier schwingen die Stimmlippen mit der geringsten Energie (Atemdruck) und größten Masse und damit der größten Lautstärke.

Die Forschung zu Stimmregistern ist nicht abgeschlossen und es werden auch weitere Faktoren, insbesondere bestimmte Resonanzen, als relevante Aspekte für die unterschiedlichen Klangfarben von Kopf- und Bruststimme diskutiert. Ebenso gibt es in der Literatur verschiedene Positionen dazu, wo sich die Registerbrüche befinden und wieviele Register (Mittelstimme, Falsett,...) insgesamt existieren.[220] Dabei wird die Lage der Register je nach Quelle für die Geschlechter als gleich (was bedeutet, dass Frauen kaum eine Bruststimme haben) oder aber auch extrem verschoben angegeben (was bedeutet, dass die weibliche Bruststimme höher ist als die männliche). Teilweise werden außerdem die Register selbst geschlechtlich kodiert beschrieben.[221] Darüber hinaus herrscht Uneinigkeit darüber, ob die weibliche Kopfstimme dem männlichen Falsett entspricht oder durch andere Stimm-Mechanismen erzeugt wird.[222] Insgesamt kann dabei davon ausgegangen werden, dass die Ausbildung verschiedener Register auch in der

---

[219] Vgl. Neppert (1999), S. 121.
[220] Vgl. Echternach (2016), S. 505.
[221] Vgl. Reid (1983), S. 298: „the chest register sounds masculine and rough textured, and is produced by strengths".
[222] Dabei gibt es insbesondere verschiedene Meinungen dazu, ob das Falsett etwas anderes oder dasselbe, wie eine männliche Kopfstimme ist. Der Begriff hat zudem oft eine abwertende Konnotation und wird mit (bei Männern falscher) Weiblichkeit assoziiert. Vgl. Echternach/Seedorf (2016), S. 206 ff., Göpfert (1988), S. 86 f. und Reid (1983) S. 113 ff.

Stimmbildung geschieht, so dass die Lage, der Klang und die genaue Klangerzeugung weniger biologisch-physisch determiniert sind, sondern maßgeblich von der jeweiligen Gesangsschulung abhängen. Da ein Großteil der Registerbrüche diskutierenden Literatur im Kontext westlicher klassischer Gesangsausbildung steht, stellt sich zusätzlich die Frage, ob und inwiefern solche Unterschiede und Begriffe für die Popmusik relevant sind, in der oft gerade der charakteristische Klang einer_s einzelnen Sänger_in für den Erfolg verantwortlich sein kann, der sich unter Umständen gerade den klassischen Einteilungen widersetzt.[223] Insgesamt lässt sich allerdings dennoch festhalten, dass es mindestens zwei sehr verschiedene harmonische Stimmgebungen gibt, die allen Sänger_innen zur Verfügung stehen und die vor allem durch den oben beschriebenen Effekt einer unterschiedlichen Schwingmasse (Vollschwingung oder Randschwingung) in der Glottis erzeugt werden. Diese sind für die opmusikrelevant und werden vielfach als Stilmittel eingesetzt, sodass ich trotz der missverständlichen Begriffsgeschichte im Folgenden von Brust- und Kopfstimme sprechen werde.

Jenseits der rein harmonischen Klänge gibt es außerdem weitere Möglichkeiten Geräusche mithilfe der Stimmlippen zu erzeugen. Beispielsweise wird auch die Flüsterstimme in der Glottis erzeugt. Diese entsteht indem die Stimmlippen nicht in Schwingung versetzt werden und stattdessen die Luft aus der Lunge in der Glottis eine Enge passiert. Statt einer harmonischen Schwingung entstehen dadurch Verwirbelungen, die für den rauschhaften Klang der Flüsterstimme verantwortlich sind. Schließlich ist es möglich einen Mischklang aus der Flüsterstimme und harmonischer Schwingung zu erzeugen. Dabei schwingen die Stimmlippen zwar, schließen sich aber nicht vollständig. Diese Stimmgebung wird als „*behaucht*" bezeichnet und erinnert klanglich an einen H-Laut. Sie wird in der Popmusik oft eingesetzt. Die Wirkung ist dabei kontextabhängig, als Flüsterklang kann sie aber oft mit Nähe und Zärtlichkeit in Beziehung gesetzt werden.

Ein weiterer Klang der von der Glottis erzeugt wird, ist die *Knarrstimme*. Klanglich ist diese tatsächlich mit dem Knarren einer Tür vergleichbar und wird insbesondere beim Gähnen als typisches Geräusch erzeugt. Sie wird daher oft mit Entspanntheit oder Müdigkeit assoziiert. Es handelt sich hierbei um eine tiefe bzw. langsame Schwingung der Glottis, die oft unterhalb des Bereichs liegt, in dem sie harmonisch Schwingen kann. Diese entsteht durch eine verschließende Anspannung der Stimmlippen und einen geringen Luftdruck. Die Stimmlippen

---

[223] Vgl. Warwick (2009), S. 350.

schwingen dann nicht wellenförmig, sondern schlagen periodisch aufeinander. Auch dieser Klang kann nicht nur rein, sondern auch als Beimischung verwendet werden und taucht so oft als Stilmittel in der Popmusik auf (besonders gut zu hören bei Britney Spears).

Außerdem ist die Stimmgebung von emotionalen Einflüssen abhängig. Dies wird für die Sprechstimme ebenfalls in der Kommunikationswissenschaft untersucht, wobei eine Übertragung auf die Singstimme einerseits naheliegend erscheint, andererseits aber durch die stärkere Kontrolle des Stimmklangs im Gesang und dem intendierten Einsatz von stimmlichen Stilmitteln auch mit Vorsicht zu betrachten ist. Dabei sind für die Sprechstimme Aspekte von Tonhöhenverlauf und -stabilität, Sprechgeschwindigkeit, Lautstärke, Lautstärkeverlauf, Grundfrequenz, Formatenlage, Artikulationsstärke und -genauigkeit, Silbendauer, Ausprägung von Nasalierung, sowie der Einsatz von Knarrstimme und Behauchung als relevante Indikatoren für emotionale Zustände belegt,[224] wobei auch hier von nicht von einer einfachen biologischen Determination ausgegangen werden kann. Die Anwendbarkeit dieser Forschung zur Vermittlung emotionaler Zustände in der Sprechstimme auf Gesang ist bisher nicht untersucht, somit sollten Übertragungen nur vorsichtig vorgenommen werden.

Neben den mehr oder minder bewusst steuerbaren Aspekten des Stimmklangs gibt es Eigenschaften, die nicht beeinflusst werden können. Dies betrifft beispielsweise die Durchblutung und Oberflächenspannung des gesamten Mund-, Rachen- und Glottisgewebes, die sich im Alter verändert und damit als Indikator für das Alter der_s Sänger_in interpretiert werden kann. Ebenso können Informationen über den Gesundheitszustand aus den Resonanzen und der Atmung abgeleitet werden.

Auch die Länge des Ansatzrohres, die sich zwar ein wenig durch Absenken des Kehlkopfes und Vorstülpen der Lippen beeinflussen lässt, kann im Grunde nicht verändert werden. Auch hierüber lässt sich das Alter abschätzen, da Kinder je nach Alter ein deutlich kürzeres Ansatzrohr haben.

Schließlich ist die Größe des Kehlkopfes verantwortlich für die tiefsten Töne, die gesungen werden können. Bekanntlich wird dabei die Stimmlage als geschlechtsspezifischer Indikator verstanden, da Testosteron das Wachstum des Kehlkopfes fördert, so dass viele Männer und andere Menschen, deren Glottiswachstum durch Testosteron angeregt wurde, eine deutlich tiefere Stimme haben als die meisten

---

[224] Kienast (2002), S. 123 ff., Paeschke (2003), S. 219 ff. und Wendt (2007), S. 239 f.

Frauen und Menschen ohne eine entsprechende Testosteronausschüttung. Allerdings werden auch weitere Faktoren mit Geschlecht in Verbindung gebracht: So wird die statistische Abweichung in der Länge des Ansatzrohres, die von der Kopf- und Körpergröße abhängt, von Neppert mit 17% der bei ihm implizit als Norm gesetzten männlichen Stimme angegeben.[225] Dies beeinflusst die Lage der Formanten. Schließlich werden weitere hormonelle Auswirkungen auf die Stimme diskutiert, die die Einlagerung von Flüssigkeit, den Muskelaufbau und die Flexibilität beeinflussen.[226] Eine eindeutige Aussage über das (biologische? körperliche?) Geschlecht einer_s Sänger_in ist auf Basis all dieser Faktoren jedoch nicht unbedingt möglich, da es auch große Schnittmengen gibt und Geschlecht grundsätzlich nicht auf biologische Faktoren reduziert werden kann. Zudem scheinen in der Popmusik oft Sänger_innen populär zu werden, deren Stimmklang sich auf Basis dieser Faktoren nicht unbedingt eindeutig zuordnen lässt, wie beispielsweise Prince oder Pink.

Zur Vorstellung des gehörten Körpers gehören außerdem klangliche Eigenschaften, die nicht innerhalb des Körpers entstehen, sondern im Popsong in der Aufnahme und Bearbeitung hinzugefügt werden. Hierbei geht es einerseits um die Positionierung des Körpers, der im Stereoraum einen Ort mit einem bestimmten Abstand zur_m Hörer_in erhält. Außerdem wird durch Hall und Echo-Effekte der Eindruck eines bestimmten Raumes erzeugt, in dem sich der_die Sängerin befindet. Hierbei entstehen mitunter phantastische Räume, mit akustischen Eigenschaften, die in der Realität nicht möglich sind. Außerdem kann durch zusätzliche Filter der Eindruck entstehen, als sänge der_die Sänger_in durch ein akustisches Hindernis, das den Klang verzerrt.

Schließlich werden in der Popmusik Stimmen oft so bearbeitet, dass ihre eigenen Eigenschaften verändert werden. Es ist dabei sowohl möglich das Obertonspektrum der Stimme zu verändern, als auch einem anderen Klanggenerator mit aus einer Stimme entnommenen Hüllkurven zu bearbeiten. Hierbei können bestimmte Eigenschaften extrem verstärkt werden oder es kann der Eindruck eines phantastischen Körpers mit anderen akustischen Eigenschaften entstehen, der z.B. wie eine Art Roboter oder ein Cyborg klingt (z.B. Cher in „Believe"). Für meine Analysen wird es dabei nicht nötig sein die genauen Produktionsmittel solcher Stimmklänge zu benennen (die u. U

---

[225] Die Abweichung ist dabei größer als die statistische Abweichung der Körpergröße zwischen den Geschlechtern. Wahrscheinlich ist hierfür die Größe des Rachens verantwortlich. Fuchs (2016), S. 263.
[226] Fuchs (2016), S. 263 f.

auch gar nicht eindeutig zu bestimmen sind) als vielmehr ihren Effekt, d.h. den durch sie erzeugten akustischen Eindruck.

Zusammenfassend lässt sich sagen, dass sich aus dem Stimmklang ein recht umfangreiches Bild des singenden oder sprechenden Körpers dekodieren lässt, das unter anderem vermeintliche Informationen über Geschlecht, Alter, Gesundheit, Emotionen, Haltung und Mimik enthält. All diese Informationen aus dem Stimmklang abzuleiten ist dabei kein Geheimwissen, sondern alltägliche Praxis. Wir interpretieren laufend den Stimmklang unserer Gesprächspartner_innen und machen uns so ständig Bilder von vokalischen Körpern. Um dies in der Musikanalyse einzusetzen, ist es dabei sinnvoll zu erklären, auf welchen akustischen Phänomenen ein bestimmter Eindruck basiert, um eine Nachprüfbarkeit zu gewährleisten.

Insgesamt ist dabei zusätzlich zu fragen, wie ein solcher vokalischer Körper sich im Verhältnis zur_m Hörer_in verhält. Dabei wird ein stärkeres Verständnis des vokalischen Körpers auch eine genauere Analyse von beispielsweise einer Identifikation, aber auch die Imagination einer betrachtenden Distanz, ermöglichen. Außerdem kann angenommen werden, dass das Körperwissen des sonischen Körpers die Wahrnehmung des vokalischen Körpers beeinflusst, indem gehörte körperliche Prozesse (z.B. Anspannungen, Atmung etc.) im eigenen Körper resonieren. All die verschiedenen in diesem Kapitel dargestellten Werkzeuge werden dabei im Folgenden ihre Wirksamkeit vor allem in ihrem Ineinandergreifen erweisen.

Kapitel 3: „Echtheit" als implizit männliche Norm

Nach den theoretischen Vorüberlegungen der ersten beiden Kapitel wird es nun um die genaue Betrachtung der Produktion von Geschlecht und Sexismus im Klang populärer Musik gehen. Hierbei werde ich zuerst die Literatur in diesem Bereich betrachten, wobei ich besonders auf die Analyse von geschlechtsspezifischem Gesang eingehen werde. Dabei zeigt sich auch in vielen Arbeiten, die über Gesang schreiben ohne sich explizit mit Geschlecht auseinanderzusetzen, dass Gesang in der populären Musik kaum geschlechtsneutral gedacht werden kann. Während allerdings der Geschlechterunterschied im Klang der Stimme in der Regel auf Biologie oder auf Technik reduziert und damit nicht weiter hinterfragt wird, möchte ich im Folgenden argumentieren, dass die gesanglichen Unterschiede auf unterschiedliche ästhetisch-psychische Wahrnehmungsmuster verweisen, die in ihrer Gesamtheit in der populären Musik dazu führen Männlichkeit zu normieren und zu privilegieren und Weiblichkeit als davon abweichendes Anderes auszustellen.

Die männliche Rockstimme als Norm

Die Untersuchungen zu Sexismus, die ich im ersten Kapitel zusammengefasst habe, legen nahe, dass sich die Dichotomie von Norm und Anderer auch im Klang von populärer Musik wiederfinden könnte. Auch die bisherige Forschung zu Geschlecht in populärer Musik hat eine männliche Normativität bereits kritisch konstatiert, wobei insbesondere die Zentralität des Rock-Sängers mit seiner rauen Stimme vielfach kritisiert wird.[227] Ich möchte mich nun mit dieser Stimme näher befassen und ihre ästhetische Funktionsweise und ihre Beziehung zum männlichen Geschlecht näher betrachten.

---

[227] Vgl. z.B. Frith/McRobbie (2007 [1978]), S. 373f., Shepherd (1991), Middleton (2000b), S. 33f. und Bloss (2006), S. 314.

Angela McRobbie und Simon Frith arbeiten in ihrem Text „Rock and Sexuality" heraus, wie populäre Musik an der Konstruktion von geschlechtsspezifischer Sexualität (männlich = wild und hedonistisch, auf schnelle Befriedigung ausgerichtet; weiblich = zärtlich und romantisch, eine feste Beziehung anstrebend) beteiligt ist. Die Stimme des männlichen Rocksängers wird dabei mit einer „sexual expression", einem selbstbewussten und lustvollen Ausdruck von Sexualität, verbunden, die ein männliches Privileg darstellt, während weibliche Pop-Performances sich an patriarchalen Weiblichkeitsidealen (emotionale Unterstützung oder Sexobjekt)[228] orientieren. Frith und McRobbie weisen dabei darauf hin, dass diese Dominanzen auch auf der klanglichen Ebene verhandelt werden und keinesfalls nur in den Texten und Kontexten zu suchen sind.[229] Ausführungen zu klanglichen Aspekten und ihren Wirkungen bleiben allerdings in ihrem Text bestenfalls skizzenhaft – was allerdings bei einem der ersten Texte überhaupt zu Populärer Musik und Geschlecht, durchaus verständlich ist.

Eine nähere Analyse des Gesangs als Ausdruck männlicher Privilegierung führt John Shepherd durch, der in Anlehnung an Frith und McRobbie eine Differenzierung der Gesangstile in vier Kategorien (zwei männliche und zwei weibliche) vorschlägt:[230]

> „The typical «cock» rock vocal sound is hard and rasping [...] produced overwhelmingly in the throat and mouth, with a minimum of recourse to the resonating chambers of the chest and head.[...] The sound relies on a highly constricted use of the vocal chords, presumably reproducing physiologically the tension and experiencial repression encountered as males engage with the public world."[231]

> „The typical sound of the woman-as-nurturer [...] is soft and warm, based on much more relaxed use of the vocal chords and using the resonating chambers of the chest in particular in producing a rich resonating sound. The physiology of sound production in this case seems to speak to a person more fully aware of her inner experiential being in offering herself as a source of emotional nourishment."[232]

---

[228] Vgl. Shepherd (1991), S. 163ff. und Frith/McRobbie (2007 [1978]), S.376 ff..
[229] Vgl. Frith/McRobbie (2007 [1978]), S. 372.
[230] Vgl. Shepherd (1991) S. 167 f..
[231] Shepherd (1991), S.167.
[232] Ebd.

„The typical sound of «the boy next door» [=softrock][...] is also soft and warm by comparison with the hard and rasping «cock» rock sound, but the softness and warmth here depends [...] on the use of head tones. The sound is consequently much more open than the typical «macho» voice. However, the physiology of the sound production still reflects an experiential emptiness in avoiding the resonating chambers of the chest cavity[...]. The music of the vulnerable male is thus essentially «head» music, an appeal for emotional nurturance that does not, however, abdicate the supposed supremacy of traditional rationality."[233]

„The typical sound of the woman-as-sex-object involves a similar comparison. The softer, warmer hollower tones of the woman singer as emotional nurturer becomes closed off with a certain edge, a certain vocal sheen[...]. Tones such as those produced by Shirley Bassey in 'Big Spender', for example, are essentially head tones, and it could in this sense be argued that the transition from woman the nurturer to woman the sex object represents a shift, physiologically coded, from the 'feminine heart' to the 'masculine head', with its stress on a cerebral, intellectual, controlled view of the world."[234]

Schon bei der Bezeichnung der Kategorien fällt die einseitige Orientierung auf eine männliche privilegierte Position auf: Woman-as-nurturer und woman-as-sex-object als auf eine implizit männliche Position hin orientierte Positionen im Gegensatz zu den eher für sich stehenden Bezeichnungen der männlichen Gesangsstile. In seiner Beschreibung des Timbres stellt Shepherd eine Beziehung zwischen Stimmklang und geschlechtlich kodierten Verhaltensweisen her. Er verwendet dabei Analogien zwischen Resonanzräumen (Brust und Kopf) und damit verbundenen kulturellen Konzepten (Emotionalität und Rationalität), sowie eine Verweigerung von Resonanz als Zeichen für ein nach Außen gerichtetes Agieren in der Öffentlichkeit. Dies wirkt zuerst wie eine Homologie, erweist sich jedoch bei näherer Betrachtung als eine assoziative Verknüpfung, bei der Weiblichkeit und Männlichkeit nur über mehrere Vermittlungsstufen konnotiert sind:

- Anspannung und wenig Resonanz → Nach außen gerichtete Anstrengung → Öffentlichkeit → Männlichkeit
- Bruststimme → Herz → Emotionalität und Innerlichkeit → Weiblichkeit
- Kopfstimme → Kopf → Rationalität → Männlichkeit

---

[233] Ebd.
[234] Shepherd (1991) S.167 f..

Der Stimmklang wird somit unterschiedslos als Allegorie außermusikalischer Beziehungen interpretiert, wobei die Plausibiliät daran hängt, inwieweit die assoziativen Verknüpfungen geteilt werden. Dabei fällt es mir schwer vor allem die Verbindung von Kopfstimme und Rationalität nachzuvollziehen. Diese funktioniert nur, wenn die Kopfstimme als Zeichen für den Kopf verstanden wird, was ausschließlich auf sprachlichen Bedeutungsfeldern basiert. Das körperliche Gefühl von Kopfstimm-Gesang lässt sich jedenfalls kaum mit Rationalität verbinden.[235]

Zwar erscheinen mir Shepherds Beobachtung von geschlechtsspezifischem Timbre-Einsatz und tendenziellen Bedeutungen durchaus berechtigt, ich halte seine Begründungen jedoch für wenig überzeugend. Und selbst, wenn wir den hier vorgestellten Verbindungen folgen, so stellt sich die sexistische Ungleichbehandlung nur als Resultat dieser Assoziationen dar, d.h. die Verobjektivierung von Frauen, wie sie die Bezeichnung „woman-as-sex-object" nahelegt, erscheint in dieser Beschreibung als eine selbstgewählte Hinwendung zu männlicher Rationalität. Eine mögliche Sexualisierung im Klang selbst kann so nicht thematisiert werden. In Shepherds Beschreibung funktionieren die Beziehungen zwischen Hörer_innen und Sänger_innen dabei unterschiedslos als Vermittlung assoziativer Subtexte, die (unbewusst) dechiffriert werden; der Stimmklang ist hier somit nur ein symbolischer Bedeutungsträger.

Frith und McRobbie argumentieren hingegen, dass Männer und Frauen in der Rockmusik in unterschiedlichen Positionen angesprochen werden: Während sich Männern ein homosozialer Identifikationsraum anbietet (cock rock), werden Frauen von Musik mit weiblicher Zielgruppe (teenybop) als potentielle Partnerinnen individuell andressiert.[236] Die Musik erzeugt somit unterschiedliche Positionen der Hörer_innen: Entweder in Identifikation mit der Musik oder als Adressat_in. Demnach müsste gefragt werden, wie diese unterschiedlichen Positionen klanglich hergestellt werden, zumal die von Frith und McRobbie vorgenommene Unterteilung stark an Mulveys Kritik der unterschiedlichen Positionierung von Männern (Identifikation) und Frauen (Looked-at-ness) im Film und an de Beauvoirs Formulierung von Frauen als Anderen erinnert. Leider wird diese Differenzierung von Frith und McRobbie jedoch nur konstatiert und nicht am Klang exemplifiziert.

---

[235] Im Gegenteil: Kopfgesang fühlt sich eher wie an, als wäre der Kopf leer.
[236] Vgl. Frith/McRbbie (2007 [1978]) S. 375.

Die Wirkungen von Gesang in der Rock- und Popmusik beschreibt Richard Middleton hingegen näher, der im „Cambridge Compagnion to Singing" einen Beitrag zu „Rock Singing" veröffentlicht hat. Dieser Text widmet sich Geschlecht dabei eigentlich nicht als zentralem Thema, sondern stellt eine allgemeine differenzierte Einführung zu Gesangsstilen in der Rock- und Popmusik dar, wobei Middleton vor allem strukturell nach der hinter den Gesangstilen stehenden ästhetischen Logiken und ihrer historischen Entwicklung fragt. Allerdings kommt Middleton offenbar, obwohl dies nicht sein primäres Thema ist, nicht umhin mehrfach auf Geschlecht und die normative Position des männlichen Rocksängers[sic] und seines Gesangsstiles hinzuweisen – was die Relevanz der Geschlechterkategorie im Rock- und Popgesang eindrucksvoll belegt.

Middleton verhandelt dabei kritisch die ästhetische Allgegenwart der „natural expression"[237] des (weißen) Rocksängers[sic], die sich auch in den ästhetischen Diskursen und Bewertungen um Rock- und Popmusik wiederfindet, und weist auf vielfältige „andere" Gesangsstile hin, die aber vor dem Hintergrund der erwähnten männlich-weißen Rock-Zentralität angeordnet werden.

Für Frauen hat diese Konsequenzen, die sie aus diesem Rahmen hinausdrängen:

> "One effect is to reserve for them [=Frauen] a different vocal sphere — the supportive or available feminine Other, delineated through 'warm' and 'nurturing' soft-rock and rock-ballad tones."[238]

Der Versuch, sich den männlichen Stil anzueignen und „one of the boys" zu werden, führt, wie er am Beispiel Janis Joplin ausführt, hingegen zu einer Viktimisierung der Sängerin, deren expressive Stimme von ihm nicht mehr als Zeichen von Selbstbewusstsein sondern von Verletzung gehört wird:

> "that underside awaiting any woman playing the role of 'one of the boys': a throat-tightening apprehension of rejection, loss and suffering. It is this dialectic — dependence victimised, subject forced into submissive objectification [...] where lyrics, apart from the occasional emblematic phrase, disappear into streams of fragmentary emotive outpourings, lacerating shrieks, and strangulated moans. The characteristic timbre at these moments is of nails on flesh. Thus,[...] what is most striking is how the focus almost

---

[237] Middleton (2000b), S. 28.
[238] Middleton (2000b), S. 34.

always ends up on the worn-raw vocal chords of hard-living, passionate victimhood."[239]

Obwohl Middleton Joplins Stimme offenbar sehr schätzt, scheint die Rockstimme so sehr männlich kodiert zu sein, dass es regelrecht unmöglich ist, aus einer weiblichen Position heraus diese Stimme zu verkörpern und dabei vergleichbare Eindrücke (z.B. Selbstbewusstsein, Hedonismus, Stärke etc.) zu erzeugen.

Die männliche Rockstimme folgt dabei einer Ästhetik der Authentizität, die von einem ehrlichen Ausdruck echter Gefühle ausgeht.

> The aesthetic of 'authenticity' dominates mainstream rock vocalism: 'real experience', expressed with 'sincerity', is regarded as the indispensable basis of good (that is, 'honest') singing.[240]

Middleton beschreibt sie am Beispiel von Nirvana-Sänger Kurt Cobain mit folgenden Attributen: „physical presence", „extreme emotive", „so insistent as to occasion pain" „directness of utterance" und „expressive truth"[241]. Diese Begriffe deuten zusätzlich zur Ehrlichkeit, die die Authentizitätsästhetik vorgibt, eine körperlich-emotionale Komponente an, die eher spürbar, als hörbar ist.

Obwohl Middleton auch einige Sängerinnen als authentisch beschreibt (PJ Harvey, Joni Mitchel, Tracy Chapman), erscheint für die Sängerinnen in seinem Text eher die Beziehung von Songtexten und Biographie relevant für die Authentizität zu sein, während bei vielen Sängern[sic] mit Authentizität eher ein spezifischer Gesangsstil gemeint zu sein scheint, wie die Beschreibungen von Kurt Cobains Stimme nahelegen. Eine bestimmte Art von Authentizität und Männlichkeit scheinen somit eng miteinander verschränkt zu sein.

Die Verbindung von Männlichkeit und Authentizität findet sich außerdem sehr deutlich im Aufsatz „(R)evolution now?" von Norma Coates, die die Verbindung von Männlichkeit und Weiblichkeit mit verschiedenen Musikgenres (Rock vs. Pop) herausstreicht und deutlich macht, dass Rock sich mit Realness und Echtheit verbindet, während Pop als künstlich und damit vorgespielt gilt:[242]

> [R]ock is metonymic with 'authenticity' while pop' is metonymic with 'artifice'. Sliding even further down the metonymic slope, 'authentic' becomes 'masculine' while 'artificial' becomes

---

[239] Middleton (2000b), S. 34.
[240] Middleton (2000b), S. 38.
[241] Middleton (2000b), S. 28.
[242] Vgl. Coates (1997), S: 52 ff.

'feminine'. Rock, therefore, is 'masculine', pop is 'feminine', and the two are set in a binary relation to each other, with the masculine, of course, on top. The common-sense meaning of rock becomes 'male', while 'pop' is naturalised as 'female'. Real men aren't pop, and women, real or otherwise, don't rock. Further, according to this schema, authenticity in rock is something which, like pornography, one is supposed to know when one sees it. 'Rock' is not so much a sound or a particular style of playing music, but represents a degree of emotional honesty, liveness, musical straightforwardness, and other less tangible, largely subjective aspects. 'Pop' music is allegedly slick, prefabricated, and used for dancing, mooning over teen idols, and other 'feminine' or 'feminised' recreations.[243]

Auch wenn Coates nicht genauer auf den Gesang und den Klang eingeht, werden die von ihr aufgeführten Aspekte männlicher Rock-Authentizität offenkundig vor allem durch die Musik transportiert. Dabei kommt auch sie zu der Beobachtung, dass Frauen, die dasselbe machen, nicht genauso wahrgenommen werden, sondern offenbar vorab außerhalb des ästhetischen Wahrnehmungsraums stehen, innerhalb dessen eine Rock-Performance Sinn ergibt:

> Women who play rock which follows all of the rules of 'authenticity' — lack of artifice, standard even stripped-down instrumentation and frank, often sexually explicit lyrics — throw the category of 'rock' in flux by transgressing and threatening to expose the artificial gender boundaries erected by the technologised machinations of power.[244]

Dieses revolutionäre Potential weiblicher Rock-Performances ist nur verständlich, wenn Rock bereits vorab tief mit Männlichkeit verbunden ist. Die Frage, wie und wodurch Geschlecht (hier: Männlichkeit) im Klang hergestellt wird, wird damit umso dringlicher. Angesichts der nun mehrfach belegten Zentralität der männlichen Rockstimme und ihrer Verbindung mit einem auf authentischem Selbstausdruck basierenden ästhetischem Paradigma erscheint es sinnvoll näher zu untersuchen, wie dieser „authentische Rock-Gesang" in der Interaktion mit einem Publikum funktioniert.

---

[243] Coates (1997), S. 52 f.
[244] Coates (1997), S. 53.

Authentizität und „echte" Stimme

In der Popmusikforschung wird davon ausgegangen, dass es sich bei „Authentizität" weniger um eine Beschreibung der Realität handelt, als um eine ideologisch aufgeladene Konstruktion. So argumentiert Simon Frith:

> „Der wohl irreführendste Terminus in der Kulturtheorie ist «Authentizität». Was zu untersuchen ist, das ist nicht, wie «wahr» ein Musikstück in Bezug auf etwas anderes ist, sondern wie es die Vorstellung von «Wahrheit» als Moment des Musikalischen überhaupt erst hervorbringt"[245]

Authentizität ist demnach ein Mythos, ein Konstrukt, das aber die ästhetische Rezeption der Popmusik strukturiert und die Idee einer musikalischen Wahrheit erzeugt. Mehr noch lässt sich Authentizität als ideologische Kategorie verstehen, die im Popdispositiv im Kontext von Diskursen, Musikvideos, Live-Performances und natürlich Musik ihre Wirkungen entfaltet.

Allerdings ist die Begriffsbestimmung von „Authentizität" äußerst kompliziert. So beschreibt Alan Moore beispielsweise drei Formen von Authentizität, die mit der Präsentation verschiedener „Wahrheiten" einhergehen: Wahrheit über sich selbst, Wahrheit über abwesende andere und Wahrheit über die sich selbst in der Musik repräsentierende anwesende Gemeinschaft.[246] Lawrence Grossberg entwickelte außerdem bereits in den frühen 90ern das Konzept einer „authentic inauthenticity"[247] und Christoph Jacke gibt in seinem Text „Inszenierte Authentizität Versus authentische Inszenierung" einen weiteren Überblick über verschiedene wissenschaftliche Definitionsversuche, der insbesondere die historische Wandelbarkeit des Konzeptes und seine Interaktion mit medialen Inszenierungen belegt.[248] Insgesamt zeigt sich dabei, dass es sehr verschiedene Strategien gibt Authentizität herzustellen, die außerdem zum großen Teil auf außermusikalische Aspekte (Interviews, biographische Details, visuelles Auftreten...) angewiesen sind, und das offenbar sehr unterschiedliche Phänomene darunter gefasst werden. Schließlich scheint „authentisch" ein wichtiges Qualitätskriterium in den Diskursen um populäre Musik zu sein, unter dem auch deshalb so viele Unterschiedliches verstanden wird, da es in der

---

[245] Frith (1992), S. 4.
[246] Vgl. Moore (2002), S. 209 f.
[247] Grossberg (1992), S. 224 ff.
[248] Vgl. Jacke (2013).

Vermarktung von populärer Musik breit eingesetzt wird und jede Fangemeinschaft es für ihr Idol in Anspruch nehmen will.

Ich möchte hier davon absehen, einen weiteren Versuch zu unternehmen „Authentizität" zu definieren. Der polyseme Inhalt des Begriffs macht ihn für die Analyse meines Erachtens nur sehr bedingt brauchbar. Stattdessen werde ich, um Missverständnisse zu vermeiden, im Folgenden von „echter" Stimme sprechen, denn mich interessiert ausschließlich das stimmliche Phänomen, das mit diesem Begriff offenbar mitunter gemeint ist und das ich genauer verstehen möchte. Die Bezeichnung „echte Stimme" macht diese Fokussierung auf Klang und insbesondere auf den Stimmklang deutlich. Die Anführungszeichen sollen dabei zusätzlich auf den konstruierten Charakter des Eindrucks von Echtheit hinweisen.

Dabei lässt sich bereits im letzten Abschnitt erkennen, dass die „echte" Stimme den Eindruck einer Wahrheit vermittelt. Es fragt sich allerdings was hier wie als „wahr" vermittelt wird.

Terry Bloomfield beschreibt die Ästhetik stimmlicher Authentizität dabei etwas polemisch folgendermaßen:

„ It is a discourse that takes over key elements of Romanticism to structure the listener's common sense into a (naïve-)realist (proto)theory of song production and consumption. To list its main components:

(1) the singer reflects on personal experience that resonates with emotion,

(2) embodies the results of that reflection in a musico-narrative form,

(3) delivers a performance of (2) which serves to bring out fully its (inner) meaning. The process is complete when

(4) the listener reads this emotional meaning by bringing his or her personal experience to bear on the performance. "[249]

Diese Beschreibung ist dabei nicht als realer Ablauf, sondern als Vorannahme zu verstehen, die das ästhetische Verständnis von populärer Musik strukturiert. Musik selbst kann dabei in diesem Modell wahr oder falsch, bzw. echt oder unecht sein. Die Musik tritt dabei in eine Beziehung zu einer Realität – der Innerlichkeit der_des Sänger_in in Form von persönlichen Gefühlen und Erfahrungen – die sie angeblich wahrheitsgemäß abbildet. Das Hören wird dabei von dieser Suche

---

[249] Bloomfield (1993), S. 17.

nach Wahrheit geleitet, die wiederum in einer persönlichen Resonanz der Hörer_innen mit den präsentierten Gefühlen bestätigt wird. Hören ist hierbei offenkundig mit einem intensiven emotionalen Fühlen verbunden.

Auch David Pattie beschreibt die Relevanz von Wahrheit in der Popmusikerfahrung in seinem Aufsatz „4 Real: Authenticity, Performance, and Rock Music":

> „[A] standard rock trope: the music contains within itself a pre-existing truth, and that it is the task of both performer and audience to rediscover and re-express that truth. The music, or rather the myth constructed around the music, is the fixed element in an otherwise infinitely transformable set of relations between the star and the audience. [...] in rock music [...] both the audience and the performer look to the music to provide the ultimate validation, the ultimate proof of authenticity. It is as though the music itself contains, beyond the meanings attached to a particular chord structure and rhythm, a single set of lyrics or a specific delivery, the ability to organise the audience's and the star's perception of it as inherently truthful."[250]

Pattie macht so deutlich, dass die Konstruktion von Wahrheit im Moment des Musikkonsums stattfindet, aber zugleich auf ein diskursives Verständnis von Rock als einer Musikform, die eine solche Wahrheit vermittelt und bereitstellt, angewiesen ist. Hierbei wird auch deutlich, dass es sich bei dieser Wahrheit nicht um eine Abbildung handelt, sondern, dass auch der Eindruck dieser Wahrheit mitkonstruiert wird. Sowohl die angeblich abgebildeten und ausgedrückten Gefühle, wie der Eindruck einer entsprechenden direkten Vermittlung werden im Klang performativ erzeugt.

Diese Wahrheit entsteht dabei für Pattie in der Performance in einem Spannungsfeld von Spontaneität und Inszenierung, wobei gerade die (suggerierte) Spontaneität notwendig für eine Kommunikation mit dem Publikum ist, das sich hierdurch in einer intimen Verbindung mit dem Sänger[sic] (sein Hauptbeispiel ist Richard Ashcroft) imaginieren kann. Die besondere authentische Wirkung von Musik lokalisiert Pat-

---

[250] Pattie (1999), Abschnitt 2, Absatz 5.

tie entsprechend in der durch die Musik hergestellten Erfahrung („experience"[251]), die er als eine intime Erfahrung der Nähe, ja der „communion",[252] mit dem Rocksänger beschreibt.[253]

Diese Vereinigung von Publikum und Performer[sic], „where the boundary between the performer and the audience no longer seems to exist",[254] wird dabei durch den Körper des Sängers[sic] ermöglicht, der sich bis hin zur Selbstverletzung für seine Musik und die „Realness" derselben einsetzen muss. Pattie stellt dies am Beispiel Richard Ashcrofts mit Verweis auf eine Konzertkritik dar, die an die im letzten Abschnitt zitierte Beschreibung Middletons von Kurt Cobain erinnert:

> „he (and the audience alongside him) sings with his eyes closed, his head thrown back, his «throat muscles tense with the sweet pain of singing.»"[255]

Pattie thematisiert in seinem Aufsatz auffälliger Weise ausschließlich Bands mit männlichen Lead-Sängern, ohne jedoch auf die mögliche Relevanz von Geschlecht einzugehen. Sein Text legt in dieser Nicht-Thematisierung eine geschlechtsneutrale Lesart der so konstruierten Authentizität nahe, während die Auswahl unweigerlich dazu führt, dass seine Beschreibungen mit der Vorstellung männlicher Sänger verbunden wird, weshalb ich mich in meiner Zusammenfassung für die männliche Form entschieden habe. Es stellt sich aber natürlich die Frage, inwieweit solche Performances auch der Konstruktion von Männlichkeit dienen bzw. ob (oder unterwelchen Voraussetzungen) eine vergleichbare Aufführung eine Frauenband genauso wahrgenommen und rezipiert werden würde. Diesen Fragen werde ich in den nächsten Abschnitten nachgehen.

Schließlich lässt sich in diesem Zusammenhang außerdem auf Jaqueline Warwicks Text „Singing Style and White Masculinity" hinweisen, in dem sie ebenfalls die angebliche Wahrheit der weißen männlichen Rockstimme betont, die zudem durch ein Verschleiern der notwendigen Arbeit am eigenen Gesangsstil produziert wird. Hierdurch wird der Eindruck fon Natürlichkeit performativ erzeugt:

> „Whereas in the context of most formal study of singing the goal is to attain a prescribed and uniformly beautiful sound, many

---

[251] Pattie (1999), Abschnitt 3, Absatz 7 und Absatz 9.
[252] Vgl. Pattie (1999), Abschnitt 3, Absatz 16.
[253] Vgl. Pattie (1999), Abschnitt 3, Absatz 9: „it is profoundly private: we [...] share this experience with Richard [Ashcroft]"
[254] Pattie (1999), Abschnitt 3, Absatz 8.
[255] Pattie (1999), Abschnitt 3, Absatz 9.

popular music singing styles are valued for their idiosyncrasies, and the most distinctive, unusual voices are often prized for the way they seem to represent a singer's unique personality and lived experience. Within a rock ideology that values sincerity, spontaneity and directness, the sound of a formally trained singer can be heard with suspicion, suggesting a self-consciousness and forethought that are at odds with simply singing from the heart. And yet, the craft of performing well is crucial to success as a rock singer, even when the tedium of study and rehearsal is kept carefully hidden by a conceit that the singer's voice 'just comes out that way'."[256]

Zusammenfassend lassen sich an dieser Stelle das Suggerieren von Spontaneität, voller Körpereinsatz und eine Art ehrlichen Ausdruck von inneren Gefühlen als mögliche Aspekte der „echten" Stimme festhalten. Darüber hinaus scheint in einer angemessenen Hörweise eine Identifikation der Hörer_innen mit (der_?)dem Sänger(_in?) relevant zu sein, die zu einem Verlust der Grenze zwischen Selbst und Sänger(_in?) führt. Die genaue Wirkungsweise der „echten" Stimme möchte ich nun an einem Beispiel näher untersuchen. Dabei stellen sich die Fragen, wie die vermeintliche Wahrheit im Klang entsteht und worin sie besteht. Ebenso muss untersucht werden, durch welche klanglichen Mittel die Identifikation mit (der_?)dem Sänger(_in?) ermöglicht wird.

Diese Fragen müssen möglichst genau beantwortet werden, um einen geschlechtsspezifischen Einsatz dieser Gesangsästhetik zu belegen (oder zu widerlegen). Im Folgenden werde ich daher die Stimme von Kurt Cobain im Refrain von „Smells Like Teen Spirit" näher untersuchen, die wohl unzweifelhaft als ein Beispiel für die hier beschriebene „echte" Rockstimme gelten kann. Ich werde hierbei zuerst versuchen den Klangeindruck möglichst genau zu beschreiben und dann nach den unterschwelligen Wirkungsweisen dieses Gesangsstils fragen.

Nirvana: „Smells Like Teen Spirit"

Nachdem Middleton seinen Artikel zu „Rock Singing" mit einem Zitat zur Beschreibung von Kurt Cobains Stimme beginnt, erscheint es gerechtfertigt, sie als paradigmatischen Ausgangspunkt zu verwenden. Hören wir uns also den Song „Smells Like Teen Spirit" an. Ich lege meiner Analyse die Album-Version mit einer Länge von 5:02 Min. zu Grunde.

---

[256] Warwick (2009), S. 350.

Der Song hat drei Strophen, folgt einer regelmäßigen Struktur: Strophe, Prechorus, Chorus/Refrain und Überleitung zurück zur Strophe, wobei vor der dritten Strophe ein 16-taktiges Gitarrensolo eingefügt ist. Der Aufbau lässt sich der eingefügten Tabelle entnehmen:

Form[257]	Text	Zeit	Takte
Intro		0:00	4+8
Strophe 1	Load up on guns...	0:34	4+8
Pre-Chorus	Hello, Hello, ...	0:51	8
Refrain	With the lights out...	1:06	8+4
Überleitung	Yeah ...	1:30	4
Strophe 2	I'm worse at ...	1:48	4+8
Pre-Chorus	Hello, Hello, ...	2:04	8
Refrain	With the lights out...	2:20	8+4
Überleitung	Yeah...	2:44	4
Solo		2:53	
Strophe 3	And I forget just why ...	3:34	4+8
Pre-Chorus	Hello, Hello, ...	3:50	8
Refrain	With the lights out...	4:05	8+4
Outro	A denial! ...	4:30	

In meiner Analyse werde ich mich zentral mit der Stimme befassen und den Fokus auf den Refrain setzen. Meine Analyse geht dabei, wie im letzten Kapitel erklärt, von meiner eigenen Musikerfahrung aus und versucht meine Eindrücke möglichst genau am Klang zu begründen.

Melodisch ist der Refrain so aufgebaut, dass sich einander ähnelnde tiefere und höhere Passagen abwechseln. Die höhere Passage folgt dabei immer im 2. und 4. Takt auf eine tiefere im 1. und 3. Takt, so dass der Eindruck entsteht, dass die Höhere auf die Tiefere antwortet:

> *"With the lights out"* [= tief] – *"it's less dangerous"* [= hoch]
>
> *"Here we are now"* [= tiefer] – *"entertain us"* [= hoch]
>
> ...

Die Stimme ist im imaginären Klangraum sehr zentral angeordnet. Eine Distanz zwischen mir und dem Sänger kann ich dabei kaum feststellen, trotzdem habe ich nicht den Eindruck, die Stimme würde mir

---

[257] Die Tabellen dienen generell zur Orientierung beim Nachhören.

ins Gesicht schreien, tatsächlich entspricht der Eindruck insbesondere unter Kopfhörern eher dem Hören der eigenen Stimme.

Innerhalb des Refrains findet dabei kein Registerwechsel in der Stimme statt: Der Stimmklang bleibt von der Stimmgebung her insgesamt eher gleich. Der Unterschied der Stimmgebung zur Strophe oder zum unmittelbar zuvor klingendem Pre-Chorus ("Hello, Hello...") ist allerdings deutlich hörbar. Dieser klangliche Unterschied entsteht teilweise durch die Tonhöhe, denn der Tonraum des Refrains ist höher als der des restlichen Songs. Vor allem ist aber eine Steigerung der Lautstärke verantwortlich: Damit ist nicht die absolute Lautstärke gemeint, sondern die Stimmgebung, die an ein Rufen oder Schreien erinnert. Diese entsteht durch einen relativ hohen Luftdruck und eine große Schwingmasse der Stimmlippen (Bruststimme/hochgezogene Sprechstimme).

In der hohen Lage, insbesondere auf den Spitzentönen (= der höchste Ton eines Abschnitts; hier jeweils der erste Ton der zweiten hohen Passage: „*it's*" bzw. „*en-*"), wirkt die Stimmgebung dabei sehr angestrengt. Diese Anstrengung höre ich dabei nicht nur, sondern spüre sie regelrecht als eine unwillkürliche Anspannung. Für die Klangerzeugung sind hier eine hohe Anspannung der Stimmlippen und ein hoher Luftdruck erforderlich. Cobains Anspannung im Brustkorb und im Kehlkopf ist somit klar erkennbar. Diese ist in den hohen Abschnitten des Refrains besonders intensiv und es lässt sich argumentieren, dass diese sich unwillkürlich auf den hörenden Körper überträgt.

Beim Hören des Songs fällt außerdem die Geräuschlastigkeit der Stimme auf, die den gesamten Gesang prägt, aber im Refrain besonders ausgeprägt ist. Die Stimme wirkt verzerrt, was auch die Verständlichkeit des Textes deutlich erschwert: Der Beginn *„with the lights out"* ist beispielsweise kaum verständlich. Von einem klassischen Gesangsverständnis – dem Ideal einer eindeutigen Tonhöhe, mit rein harmonischem Obertonspektrum, weichen Übergängen, ausgehaltenen Vokalen und der klaren Verständlichkeit des Textes – ist dieser Gesang damit weit entfernt. Recht deutlich lässt sich hier hingegen hören, was in den bisher betrachteten Texten als typischer „«cock» rock vocal sound" beschrieben wird: „hard and rasping [...] produced overwhelmingly in the throat and mouth, with a minimum of recourse to the resonating chambers of the chest and head."[258]

Dieser Klang basiert unter anderem auf einem Geräusch im Rachen, das sich phonetisch als ein Reibelaut (Frikativ) beschreiben lässt

---

[258] Shepherd (1991), S.167.

und sich klanglich als ein Geräusch zwischen einem R- und einem CH-Laut[259] beschreiben lässt. Im Song kann dies sehr gut in der Textstelle *„A mulatto, An albino, A mosquito, My libido"* und auch beim wiederholten *„a denial"* am Ende des Songs gehört werden, da alle diese Worte eigentlich keinen R- oder CH-Laut enthalten, aber dennoch ständig eine entsprechende Reibung in der Stimme hörbar ist.

Dieser Klang wird zudem durch die Bearbeitung der Stimme verstärkt: Cobains Stimme ist gedoppelt, d.h. wir hören seine Stimme zweimal leicht gegeneinander verschoben, wie ein ganz schnell nachfolgendes Echo. Hierdurch reiben sich die leicht gegeneinander verschobenen Stimmen zusätzlich aneinander.

In den tiefsten Passagen des Refrains (zu *„Here we are now"* und *„A mosquito"*) ist diese Reibung als ein gewisses Flackern oder Flattern in der Stimme hörbar: vor allem beim R-Laut von *„here"* und *„are"*, das ein wenig an Heiserkeit erinnert. Diese Reibung im Rachen hat dabei insbesondere (aber nicht nur) an diesen tiefen Stellen eine taktile Dimension, d.h. ich kann die flackernde Luftbewegung regelrecht im eigenen Rachen spüren.

Die hohen Abschnitte des Refrains wirken hingegen nicht nur besonders angestrengt, sie zwingen sich beim Hören auch als regelrecht schmerzhaft auf. (Ich habe fast das Gefühl vom Zuhören Halsschmerzen zu bekommen.) Grund dafür ist wahrscheinlich, dass Cobain hier in einer Vollschwingung bleibt und diese in einer Tonhöhe einsetzt, die zumindest in der klassischen Gesangslehre als stimmschädigend gilt,[260] aber auch die schon erwähnte Stimmdopplung, die die Reibungen in der Stimme verstärkt, trägt zu diesem Eindruck bei. Cobains vokalischer Körper scheint sich mit diesem Gesang somit regelrecht selbst zu verletzen.

Außerdem entsteht der Eindruck einer ausgeprägten Vehemenz, die durch den Stimmklang, sowie durch den melodischen Aufbau erzeugt wird: Durch die Melodie entsteht, auch wenn der Text sich nicht wiederholt, ein sehr repetitiver Eindruck, wobei in den melodischen Wiederholungen durch den Anstieg der Tonhöhe die vermittelte Position noch besonders betont wird.

Insgesamt wird in diesem Abschnitt damit ein äußerst angestrengter vokalischer Körper erzeugt, der sich mit vollem Körpereinsatz (Anspannung/Anstrengung) heiser schreit. Hierzu wird ein Stimmklang eingesetzt, der das Innere des Körpers betont – beispielsweise in den

---

[259] IPA-Symbole ʁ und χ.
[260] Vgl. Göpfert (1988), S. 84: „Das isolierte Höherziehen des Brustregisters stellt einen gewaltsamen, stimmschädigenden Akt dar".

heiser-flackernden Rachengeräuschen und in der Körperspannung, die für die Atmung notwendig ist. Diese innerkörperlichen Klänge werden durch die Bearbeitung noch verstärkt und laden dabei offenbar in Kombination zur zentralen Positionierung des Sängers im imaginärem Klangraum beim Hören zur Identifikation mit dem Sänger ein. Der sich selbst verletzende Klang mit seinen vehementen Wiederholungen erzeugt außerdem den Anschein großer Dringlichkeit.

Die Wirkungsweise der „echten" Stimme

Ich möchte nun anhand dieses Hörbeispiels näher analysieren, wie die *„echte" Stimme* in der Musikerfahrung funktioniert. Hierbei stellen sich, wie im letzten Abschnitt herausgearbeitet, die Fragen, welche angebliche authentische Wahrheit dieser Stimmklang transportiert, was hier mitgeteilt wird und wie, sowie in welcher Beziehung dies zu einer möglichen Identifikation mit dem Sänger[sic] steht. Wie funktioniert diese Identifikation, wodurch kommt sie genau zu Stande und welche Implikationen trägt sie?

Hierzu möchte ich im Anschluss an die vorangegangenen Überlegungen zu Authentizität von dem Kommunikationsmodell ausgehen, das laut Pattie und Bloomfield der authentischen Musikrezeption zu Grunde liegt: Dabei wird ein emotionaler Inhalt vom Sänger[sic] an das Publikum mitgeteilt und erfüllt dabei das Kriterium von Wahrheit.

Ich möchte nun zuerst diesen Inhalt des Songs lokalisieren. Ein solcher lässt sich kaum im Text verorten, da dieser oft nicht verständlich ist und auch teilweise aus Nonsens besteht.[261] Stattdessen erscheint es sinnvoll, diesen primär im Stimmklang, d.h. dem, was sonst eher als Subtext verstanden wird, zu verorten. Hierfür spricht auch die schon zitierte bildliche Beschreibung des Stimmklangs von Middleton („physical presence", „extreme emotive", „so insistent as to occasion pain" „directness of utterance" und „expressive truth"),[262] die die Relevanz der Stimme betont. Als Inhalt des Songs kann demnach der im Klang performte vokalische Körper angesehen werden, der Anstrengung und Schmerz transportiert und das Körperinnere klanglich betont.

Dennoch kann das Verhältnis von Text und Subtext nicht einfach umgedreht werden. Stattdessen kann dieser Stimmklang als Ausdruck

---

[261] Bestenfalls lässt sich argumentieren, dass die einzelnen verständlichen Phrasen und Worte des Textes assoziative Räume zur Interpretation des Stimmklangs eröffnen.
[262] Middleton (2000b), S. 28.

eines starken Mitteilungsbedürfnisses verstanden werden: Die Anstrengung und Vehemenz des Stimmklangs, die auch auf Kosten des eigenen Körpers transportiert wird, erzeugen den Eindruck, dass Kurt Cobain *etwas*, und zwar auch etwas Wichtiges, mitzuteilen haben muss, wenn er sich in dieser Weise körperlich dafür verausgabt. Zusätzlich zum vokalischen Körper entsteht somit noch das, was von diesem mitgeteilt wird, als Inhalt dieser stimmlichen Kommunikation. Dieser Inhalt des Songs, den ich Mitteilung nennen möchte, entsteht damit performativ durch die Vehemenz der Artikulation. Er entsteht dadurch, dass wir daran glauben, dass er existiert/das Cobain „etwas zu sagen" hat.

Die Mitteilung steckt aber dennoch nicht im Text; sie ist also keine Mitteilung im semantischen Sinne, sondern lässt sich eher als ein Überschuss verstehen, der durch die körperlichen Aspekte des Stimmklangs entsteht. Dieser ist zwar eng auf den vokalischen Körper angewiesen ist aber nicht mit ihm gleichbedeutend. Eher kann hier von dem Ausdruck eines Mitteilungswillens gesprochen werden. Dieser verweist auf ein Subjekt, das diesen Willen artikuliert.

Damit lässt sich der gesamte Prozess als komplexe performative Produktion eines körperlichen Subjekts verstehen: Im Gesang entsteht ein Subjekt durch die emotionale Mitteilung, die in seiner Stimme transportiert wird. Ich möchte an dieser Stelle von einem *somatischen Subjekt* sprechen, einem Subjekt, das sich performativ als fühlendes und innerkörperliches und weniger als denkendes und sprechendes produziert – einem Subjekt, das notwendig *in* einem Körper verortet ist.

Dieses somatische Subjekt ist dabei ein Produkt des Stimmklangs, denn wir erhalten nur über den Klang einen Eindruck von ihm. Allerdings entsteht nicht der Eindruck eines von außen betrachtbaren Körpers, sondern eines von innen nachempfindbaren Leibs, im Sinne Gabriele Kleins. Wir erhalten gewissermaßen eine Innenansicht des singenden Körper-Subjekts.

Körper und Subjekt lassen sich dabei eigentlich kaum trennen: Einzig die Mitteilung als Handlung des Subjekts unterscheidet dieses von seinem Körper, so dass eine diskursive Trennung möglich ist, obwohl es keine eigentliche Distanz zwischen Körper und somatischem Subjekt gibt.

Für die Mitteilung gilt nun außerdem das Kriterium der Wahrheit. Da die Mitteilung sich auf den Ausdruck eines somatisch-emotionalen Zustandes beschränkt, muss dieser der Authentizitätsideologie folgend der Wahrheit entsprechen. Voraussetzung hierfür ist die Annahme einer Gleichzeitigkeit (Spontaneität) von Empfindung und Mitteilung: Das singende Subjekt darf nicht etwas ausdrücken, was es zuvor empfunden hat – etwas, das somit bereits vergangen ist, das ästhetisch überformt wurde und zu dem eine Distanz besteht. Stattdessen fordert die Ideologie der Authentizität eine Unmittelbarkeit und Spontaneität, in der Gefühl und Mitteilung zeitlich in eins fallen. Dabei kann selbstverständlich keine Aussage über Cobains wirkliche Empfindungen getroffen werden. Vielmehr handelt es sich um eine Annahme, die allerdings für das Funktionieren dieser „somatischen Kommunikation" als ästhetischem Modell notwendig ist.

Diese somatische Kommunikation enthält dabei außerdem nicht, wie in einem klassischen Kommunikationsmodell, die Mitteilung von etwas Drittem, das außerhalb des Mediums liegt. Die somatische Mitteilung ist nicht zeichenhaft, denn ihr Inhalt ist der im Stimmklang entstehende vokalische Körper bzw. das somatische Körper-Subjekt. Auf dieses wird nicht verwiesen, sondern er stellt sich in seiner Präsenz dar, bzw. es entsteht nur in der musikalischen Erfahrung.

Mit diesem distanzlos präsentierten körperlichen Gefühl der somatischen Mitteilung kann sich das Publikum nun identifizieren, indem es empathisch nachempfindet, was in der Stimme transportiert wird. Diese Identifikation verstehe ich als eine distanzlose Erfahrung, in dem Sinne, dass sich das hörende Subjekt imaginär an die Position des Sängers[sic] setzt. Im letzten Abschnitt habe ich musikalische Details benannt, die solche Momente einer beide Körper vereinigenden Erfahrung begünstigen. Diese betreffen vor allem das Hörbarmachen von körperlichen Innenräumen, wie die Reibungen im Rachen. Die in der Stimme transportierten somatischen Informationen können dabei im eigenen Körper nachempfunden werden, dort gewissermaßen resonieren und die gehörte Stimme wird nicht mehr klar vom eigenen Körper getrennt.

Die Identifikation mit der „echten Stimme"

Ich denke, die meisten Leser_innen werden diese Beschreiung soweit nachvollziehen können. Allerdings gibt es einen Aspekt, den ich bisher nicht berücksichtigt habe: Das positive Gefühl, das eine solche Musikrezeption in der Regel bereitet. Um diese zu verstehen bietet sich der Rückbezug auf das Spiegelstadium an, auf das auch Mulvey die Identifikation im Film zurückführt. Es geht hierbei um die Identifikation mit einem Ideal, das in irgendeiner Form mächtiger ist, als das reale Selbst.

Nun erscheint der vokalische Körper Kurt Cobains mit seinem Ausdruck von Anstrengung und Schmerz im ersten Moment nicht sonderlich Ideal. Dennoch finden sich Parallelen zu zahlreichen Filmhelden: Anstrengung und Kampf sind typischerweise notwendig um am Ende siegreich aus dem Narrativ hervorzugehen.[263] Entsprechend lässt sich Cobains stimmliche Vehemenz und selbstverletzende Lautstärke als geradezu heroischer Kampf für die eigene Mitteilung verstehen. Insbesondere die dabei gegen den eigenen Körper gerichtete Kraft legt einen starken Willen nahe, die eigenen Empfindungen mithilfe der Stimme über den eigenen Körper hinauszutragen:

Der im Gesang hörbare vokalische Körper, kämpft im Refrain geradezu darum, beim Publikum Gehör zu finden; er will sich mitteilen. Und in der erfolgreichen somatischen Kommunikation mit dem Publikum gelingt dies auch: das Subjekt richtet sich nach außen auf das Publikum und agiert schließlich, indem es Gehör findet, erfolgreich in, mit und gegenüber dieser äußeren sozialen Welt.

Die erfolgreiche Identifikation des Publikums mit der Stimme des Sängers[sic] bedeutet damit zugleich eine Identifikation mit dem siegreichen Heros[sic] dieser Vermittlung. Wie in Lacans Spiegelstadium erscheint damit das Spiegelbild idealer als das Selbst, verkörpert es doch gesellschaftliche Handlungsfähigkeit, und entschädigt den kurzen Selbstverlust positiv mit dem machtvollen Gefühl, selbst der Star auf der Bühne zu sein.

Es lässt sich nun also zusammenfassen: Die *„echte" Stimme*, von der ich hier spreche, ist nicht natürlich oder ursprünglich, sondern suggeriert Echtheit, indem sie scheinbar eine unmittelbare Verbindung zum somatischen Innern des Sängers[sic] herstellt. Diese „echte" Stimme ist, wie deutlich geworden sein sollte, ein äußerst komplexes Konstrukt; sie existiert nur innerhalb einer ästhetischen Ideologie, die ihr einen durch Begriffe wie „Authentizität" und „Echtheit" strukturierten Rahmen gibt. In ihr verschwimmen Körper, Subjektivität und Mitteilung miteinander. Diese drei Terme lassen sich auch als ständig ineinander umschlagende Momente der Stimme, als Quelle, Vermittler_in und Inhalt, verstehen, die sich zwar diskursiv differenzieren, aber nicht grundsätzlich voneinander trennen lassen.

Körper, Subjekt und Mitteilung sind somit Effekte des Stimmklangs. Ihr Entstehen im performativen Prozess ist am Ende von der erfolgreich suggerierten „Echtheit" der Stimme abhängig. Notwendig hierfür ist, dass der somatische Körper hörbar wird, die Wahrheit des

---

[263] Vgl. McClary (2002 [1991]), S.14 und Mulvey (1994 [in engl. 1975]), S. 55 ff.

ästhetischen Ausdrucks generiert und beispielsweise durch Anstrengung und Schmerz „körperlich beglaubigt". Dieser Stimmklang lässt sich außerdem als heroischer Kampf für die somatische Selbst-Mitteilung interpretieren und lädt das Publikum zur Identifikation ein.

Damit scheinen die musikalischen Mittel und die psychische Wirkungsweise der männlichen Rockstimme vielleicht erklärt, lässt sich dies aber auch auf andere Musikgenres übertragen, die weniger vom Authentizitätsparadigma der Rockmusik gekennzeichnet sind? Um dies zu untersuchen, möchte ich nun die Stimme von Robbie Williams in der Popballade „Feel" betrachten.

Robbie Williams: „Feel"

Im Gegensatz zu Kurt Cobain, der in der Terminologie von Shepherd, Firth und McRobbie als typisches Beispiel für Cock Rock gelten kann, lässt sich Robbie Williams als wohl markantester Vertreter der 90er und 2000er Jahre für die Kategorie des „boy-next-door" ansehen. Der Song „Feel" ist von 2002 und lässt sich als relativ typisches Beispiel für seinen Gesangsstil ansehen.[264]

Zunächst wieder ein Überblick über den formalen Aufbau zur Orientierung:

Form	Text/Stimme	Zeit	Takte
Intro		0:00	4
Strophe 1	Come on ...	0:09	8
	I sit and talk to God ...	0:28	8
Refrain 1	I just wanna feel ...	0:48	8
Strophe 2	I don't wanna die ...	1:08	8
	I scare myself to death...	1:27	8
Refrain 2	I just wanna feel real...	1:47	8
	And I need to feel...	2:06	4
Solo		2:19	12 (4+8)
Refrain 3	I just wanna feel ...	2:46	8
	I just wanna feel ...	3:05	8
Frauenstimme	Feel ...	3:26	4
Strophenartig	Come and ...	3:34	8
Outro	Not sure I understand...	3:54	8

---

[264] Vergleichbare Songs sind zum Beispiel: „Angels", „Love Supreme" oder „Let Me Entertain You".

Ich werde auch hier den Fokus auf die Stimme legen. Williams Gesang ist dabei insgesamt deutlich stärker an einem klassischen Gesangsideal orientiert. Er ist deutlich weniger geräuschlastig und wirkt entspannter. Die Stimme des Sängers ist auch hier größtenteils sehr zentral und nah im imaginären Klangraum platziert; die in der ersten Strophe eher leichte Stimme hat keine Schwierigkeiten sich gegen die sparsame Instrumentation (Klavier und sehr wenig Perkussion) durchzusetzen.

Gerade bei den tieferen Tönen der Strophen, wie bei *„gi-ven"*, und bei den absteigenden Melismen,[265] z.B. auf *„Not sure I understa-a-and"*, *„my pla-ans"*, ist dabei ein Vibrieren in der Kehle hörbar. Die jeweils nach unten gleitenden Töne bekommen dabei eine deutlich hörbare körperliche Komponente und erzeugen einen taktilen Eindruck des singenden Körpers, dessen Vibration regelrecht spürbar wird. Es entsteht dabei das Gefühl einer großen Nähe zur Stimme, das insbesondere unter Kopfhörern sehr ausgeprägt ist.

Besonders markant an diesem Song ist der Refrain, der allerdings bei jedem neuen Auftreten klanglich deutlich von seinen vorherigen Versionen abweicht, wobei eine Art Intensivierung erreicht wird. Wie schon bei „Smells Like Teen Spirit" wird auch hier im Refrain der Tonumfang der Strophe deutlich nach oben hin überschritten (bei: *„feel real lo-"*) und dabei die Lautstärke, genauer die Energie des Luftstroms, erhöht, so dass der Stimmklang bei *„I just wanna feel"* an ein Rufen erinnert. Auch hier habe ich den unwillkürlichen Eindruck, dass sich die präsentierte Anspannung auf mich überträgt.

Besonders auffällig ist dabei der Klang des Wortes *„feel"*: Der Konsonant F, mit dem das Wort beginnt, entsteht als Geräusch an den Lippen, also sehr weit vorne im Sprechtrakt, er wird allerdings mit viel Luft und Spannung produziert, so dass die Kraft der Lungen ebenfalls hörbar ist. Dieses Lungenvolumen erschöpft sich jedoch scheinbar auf dem folgenden Vokal, so dass der das Wort abschließende L-Laut regelrecht aus dem Körper heraus gepresst zu werden scheint. Der Konsonant bildet sich dabei auch nicht mehr wirklich aus, sondern verbindet sich mit dem Geräusch des erschöpfenden Ausatmens; statt *„feel"* erklingt also vielmehr etwas wie *„fee-hl"*.

Wie in der schmerzhaft hochgezogenen Stimme in „Smells Like Teen Spirit" wird dabei eine Anstrengung gegen den eigenen Körper

---

[265] Mit „Melisma" wird ein Gesang bezeichnet, in dem eine Silbe über mehrere Gesangstöne hinweg ausgehalten wird. Der Gegenbegriff zu Melisma ist „Syllabik", d.h. jeder Note ist genau eine Silbe zugeordnet.

unternommen; der Körper wird für die Mitteilung eingesetzt. Mitgeteilt wird dabei auch hier die Anspannung des Körpers, genauer des Atmungsapparates, die zur Erzeugung dieses Klangs notwendig ist. Williams scheint sich hier im Klang körperlich zu verausgaben.

In der zweiten Hälfte des Refrains *("caus' I got too much life")* wird außerdem der Stimmklang jeweils deutlich verändert. Hier wird eine deutlich verstärkte körperliche Anspannung hörbar, die im zweiten Refrain deutlich stärker ist, als im ersten. (Im ersten Refrain ist hier vor allem das Wort „I" besonders betont, im zweiten Refrain erscheint die gesamte Passage deutlich betont, wobei eine Anspannung des Zwerchfells besonders auf *„veins"* hörbar ist.) Die Stimme erhält hier eine stärkere Vehemenz oder einen stärkeren Appell, der wie bei „Smells Like Teen Spirit" den Eindruck einer verstärkten Dringlichkeit erzeugt, spiegelt aber auch den Inhalt des Textes wieder, indem der Überschuss an Energie hörbar wird.

Außerdem möchte ich nun noch auf die äußerst auffällige an den zweiten Refrain anschließende Passage mit dem Text *„And I need to feel real love, and a life ever after"* (etwa ab 2:05 Minuten) eingehen, in der die Stimme deutlich den bereits bei Kurt Cobain analysierten rauen Rachenklang aufweist, so dass der L-Laut von *„feel"* wie ein R-Laut klingt und mit dem nachfolgenden *„real"* verschwimmt. Diese Passage ist dabei relativ hoch und erreicht mit *b* den absoluten Spitzenton des Songs, wobei die Stimme wie im Refrain in „Smells Like Teen Spirit" ziemlich laut ist und regelrecht zu schreien scheint. Auch hier wirkt der singende Körper sehr angespannt und die Stimmgebung regelrecht schmerzhaft, auch wenn dieser Eindruck kürzer und weniger intensiv ist als bei Cobain.

Auch Robbie Williams ist also hörbar körperlich involviert, um sich seinem Publikum mitzuteilen. Durch die Stimme erscheint sein Körper dabei von Innen erfahrbar; die Vibration der tiefen Basstöne, ebenso, wie die Anspannung der Atmung können nicht nur gehört, sondern regelrecht gefühlt werden und laden zur Identifikation mit der Stimme ein. Relevant scheint dabei insbesondere das regelmäßige akustische In-Erscheinung-Treten von Körperregionen, z.B. Rachen, Lunge/Zwerchfell, Kehle, die unter der Haut liegen.

Es liegt nahe auch diesen Stimmklang als „echte" Stimme zu hören, d.h. dass auch hier beim Hören das ästhetische Paradigma einer klanglich mitgeteilten somatischen Wahrheit angewendet wird. Auch hier lässt sich in der hörbaren Anstrengung und Verausgabung ein heroischer Kampf um die emotionale Mitteilung beobachten.

Allerdings sollten abschließend noch die klanglichen Unterschiede zwischen den beiden Songs berücksichtigt werden, die nicht nur in der Stimmgebung sondern auch im Gesamtklang des Songs bestehen. Williams Stimme wirkt dabei an vielen Stellen geradezu zärtlich, ruhig und auch eher leise, als würde er sich in einer eher intimen Situation ausdrücken oder mit sich selbst sprechen. Unterstützend wirkt hierbei sicherlich auch die weniger geräuschlastige Instrumentierung, gegen die sich seine Stimme ohne Probleme durchsetzen kann, während Cobain geradezu gegen die Band anschreien muss, um Gehör zu finden. Dabei ist, wie erwähnt, Williams Stimme insgesamt deutlich harmonischer und gesanglicher und wird auch nicht durch die Bearbeitung zusätzlich verzerrt. Mit Cusicks Interpretation der Umsetzung des klassischen Gesangsideals als Anpassung an eine kulturelle Norm kann damit Williams' Stimmklang als angepasster interpretiert werden, als Cobains.

So wirkt Williams' Stimme insgesamt weniger kämpferisch und aggressiv; dies ändert jedoch nichts am selbstbewussten Ausdruck der eigenen somatischen Empfindungen. Die beiden Gesangsperformances lassen sich damit in ihrem Inhalt, d.h. in dem konkret mitgeteilten somatischen Körper-Subjekt differenzieren, verwenden hierfür jedoch dasselbe ästhetische Kommunikationsmodell („echte" Stimme). Dieses ist damit nicht nur auf die Rockstimme beschränkt.

Wenn wir nun annehmen, dass diese Art der Mitteilung typisch für die Präsentation männlicher Stimmen in der Popmusik ist, so fragt sich, was wir aus diesem Stimmklang über die impliziten gesellschaftlichen Vorstellungen von hegemonialer Männlichkeit erfahren.

Die „echte" Stimme als männliche Performanz

Ich werde in diesem Abschnitt die These entwickeln, dass die „echte" Stimme in zentralen Aspekten Gemeinsamkeiten mit Männlichkeit als privilegierter und zentralisierter gesellschaftlicher Position aufweist. Dass die „echte" Stimme als ästhetisches Paradigma für Frauen nicht in derselben Weise angenommen werden kann, werde ich im nächsten Kapitel belegen und nehme ich hier vorweg.

In beiden Songs ist der Einsatz einer „echten" Stimme zentral. Dabei wird der Körper des Sängers[sic] somatisch hörbar, d.h., dass sich die körperlichen Anspannungen und Anstrengungen im Klang abbilden. Sie können so nachempfunden werden, was zu einer spiegelhaften

Identifikation mit dem Körperzustand des Sängers[sic] und seinen Gefühlen führt oder zumindest führen kann. Diesen emotional-somatischen Körperzustand halte ich dabei für eine zentrale Mitteilung der Songs, deren Wahrheit und Echtheit vom Sänger[sic] jeweils durch extreme teilweise schmerzhaft erscheinende Anstrengung körperlich bezeugt wird.

In Bezug auf Männlichkeit fallen dabei in diesem Stimmklang zuerst mit Männlichkeit assoziierte Attribute, wie die in der stimmlichen Anstrengung enthaltene Kraft oder der heldenhafte Kampf um die Mitteilung, auf. Für relevanter halte ich allerdings die in der Stimme transportierte Einheit von Körper und Subjekt und die mitteilende Aktion, in der sich die somatische Selbstwahrnehmung direkt als Mitteilung sozial transzendiert:

Die Emotionalität des männlichen Subjekts wird dabei im gesamten Prozess der Präsentation und Anerkennung dieser Musik als mitteilungswürdig, also gesellschaftlich relevant, bestätigt, und außerdem in musikbezogenen Diskursen, wie wir am Anfang des Kapitels gesehen haben, mit dem Siegel der Wahrheit oder Echtheit geadelt. Auch wenn in diesem Prozess sich einzelne Sänger[sic] nicht erfolgreich als authentisch und echt präsentieren können oder ihnen von ablehnenden Hörer_innen ihre Authentizität aberkannt wird, so ist die Präsentation einer „echten" Stimme dennoch eine, die einen entsprechenden Anspruch erhebt.

Der Sänger[sic] ist dabei nicht fragmentiert, sondern bildet eine Einheit, die nicht einmal von der sonst so üblichen Trennung von Körper und Geist beeinträchtigt zu sein scheint. Er überschreitet so die von Lacan postulierte Spaltung im Eintritt in das Symbolische und erscheint somit in der psychoanalytischen Logik als „unkastriert". Außerdem agiert der Sänger[sic] in der sozialen Welt: seine Handlungsfähigkeit basiert auf dieser Ganzheit, in der somatische Regungen quasi sofort zu sozialen Aktionen werden. Was er tut, ist ebenso wie, was er fühlt: richtig, wahr, echt und authentisch.

So kann sich noch in oberflächlich unmännlich wirkenden Expressionen (z.B. weich, zärtlich, passiv, verletzlich) eines Popsängers[sic] ein selbstverständlicher Anspruch auf die Welt ausdrücken, das heißt auf Anerkennung seiner Subjektivität, seiner Emotionalität und seiner Handlungsfähigkeit. Dies kann bereits als Ausdruck einer privilegierten gesellschaftlichen Position verstanden werden, in der das Subjekt nicht in Frage steht, sondern sich ganz selbstverständlich als Wesentliches annehmen und setzen kann.

Dabei liegt es nahe, sich an die von Simone de Beauvoir beschriebene „männliche Naivität" zu erinnern, also die Unfähigkeit oder den Unwillen die eigenen Privilegien, insbesondere die Selbstverständlichkeit männlicher Subjektivität und Zentralität, überhaupt wahrzunehmen. Eine solche Position wird, so meine These, in der analysierten Popmusik auf einer somatischen Ebene bestätigt und reproduziert.

Die Mitteilung als Handlung sichert dabei den Subjektstatus des Sängers[sic], so dass weder er noch seine Stimme zum Objekt werden. Schließlich entsteht durch das empathische Nachempfinden der in der Stimme transportierten somatischen Empfindungen eine emotionale Gleichheit zwischen Sänger[sic] und Publikum. In der Identifikation mit dem Sänger[sic] wird dessen Position vom Publikum geteilt, wodurch er leicht in die Position einer emotionalen Identifikationsfigur für eine Gesellschaft, eine Generation, eine Subkultur o.ä. erhoben werden kann. Fast automatisch können „echte" Stimmen so zur gesellschaftlich relevanten emotionalen Repräsentation des Eigenen und zum normierten kulturellen Selbstbild werden.

Das geschlechterdifferenzierte Publikum

Allerdings habe ich das Publikum bisher nicht differenziert: Bisher war meine These, dass alle Hörer_innen sich mit der Stimme identifizieren (können). Von dieser Aussage möchte ich auch nicht zurückweichen, dennoch möchte ich nun das Publikum nach Geschlecht aufschlüsseln. Hierfür möchte ich auf Butlers These der Einverleibung gleichgeschlechtlicher Körperlichkeit durch Verdrängung eines homosexuellen Begehrens zurückkommen.

Norma Coates befragte Frauen, weshalb sie die Musik der Rolling Stones trotz dessen Sexismus hören würden:

> „[S]ome respondents, when asked why they like the stones, reply «because they are sexy». In this case «they're» does not necessarily refer to the manly beauty of Mick, Keith or even Bill or Charlie. It refers to the sound of the Stones, the totality of the mix and the beat, the way the music hits the body and the hormones instantaneously. [..] This sound, perhaps some of the most definitional sound of ultimately undefinable rock, is coded as unmistakably phallic, and masculine."[266]

Auch wenn dieses Zitat nicht direkt auf die Stimme eingeht, so wird hier eine Beziehung zwischen Musik und Körper aufgemacht,

---

[266] Coates (1997), S.50.

wobei beides als *„sexy"* und *„phallic"* erscheint. Dabei ist offensichtlich, dass es sich bei dem hier thematisierten attraktiven und begehrten Männerkörper offenbar nicht um einen äußeren optischen Körper handelt. Vielmehr lassen sich die zitierten Äußerungen vor dem Hintergrund der analysierten „echten" Stimme als Reaktionen auf den im Stimmklang präsentierten vokalischen Körper interpretieren. Dieser wird hier offenbar zum Gegenstand erotischer Phantasie. Eine solche erotische Hörweise trifft sicherlich auch auf Robbie Williams und Kurt Cobain zu.

In der Funktionsweise der „echten" Stimme kann die Identifikation, die zu einer kurzzeitigen Undifferenzierbarkeit von Eigenem und Anderem führt, gut als ein erotisches Moment gedeutet werden. Auch die starke Präsenz des Körpers in der Stimme mit seinen taktilen Elementen spielt hierbei sicherlich eine Rolle, wobei an das bei Lacan mit dem Spiegelstadium verbundene Gefühl von Verliebtheit als idealisierende (V-)Erkennung erinnert sei.

Somit lässt sich in der „echten" Stimme ein erotisches Element[267] annehmen. Innerhalb der heterosexuellen Matrix kann dieses von (heterosexuellen) Frauen legitim verspürt werden und würde zugleich die starke erotische Anziehungskraft entsprechender maskuliner Performances erklären. Für sich als heterosexuell verstehende Männer hingegen müsste dies zu einer verstärkten Materialisierung des in der Musik vermittelten Körperbewusstseins als Schutz gegen ein Empfinden dieser homoerotischen Konnotation führen.[268] Gerade die erotische Konnotation der „echten" Stimme würde damit zu einer verstärkten Identifikation bzw. zur Einverleibung des im Stimmklang präsentierten vokalischen Körpers führen.

---

[267] Es ist durchaus diskutierbar, ob hier der Lacansche Begriff des Begehrens angemessen ist, da die imaginäre Spiegelung der symbolischen Ordnung vorangeht, die das Begehren produziert. Einerseits verwendet Lacan diesen Begriff jedoch selbst zur Beschreibung seiner Verliebtheit [Vgl. Lacan (1990) S.182] andererseits lässt er sich rechtfertigen, wenn der illusorische Charakter der Spiegelung in Betracht gezogen wird, der nur für einen Moment etwas suggeriert, von dem jedoch auch im Spiegelmoment klar ist, dass es eine Täuschung darstellt. Damit entsteht auch in der Spiegeltäuschung keine wirkliche Anwesenheit sondern eigentlich die Erfahrung einer unüberwindbaren Abwesenheit. Der Spiegelmoment selbst könnte dabei als ein flüchtiges objekt *a* verstanden werden, das ein Begehren erzeugt.

[268] Dies erklärt vielleicht auch einen Teil der Ängste, mit denen manchmal entsprechender Musik begegnet wird.

Es ließe sich damit die These formulieren, dass die bisher in der „echten" Stimme festgestellten Attribute, wie Ganzheit und Aktivität, sich – das normative Funktionieren der heterosexuellen Matrix und einen affirmativen Musikkonsum vorausgesetzt – verstärkt in männlichen Körpern materialisieren. Für (heterosexuelle) Frauen würde dieser Stimmklang hingegen eher die auf einen Wunschpartner[sic] projizierten erotischen Idealbilder formen. Insbesondere der musikalische Ausdruck von Sexualität und Begehren in der „echten" Stimme könnte dabei einen solchen Prozess der Materialisierung erotischer Körperbilder vorantreiben.

Die von Frith und McRobbie formulierte These, dass sich in der populären Musik geschlechtsspezifische Sexualität konstruieren würde, wäre damit auch klanglich belegt: Beiden Geschlechtern wird ein Ausdruck männlicher Sexualität präsentiert, sie verhalten sich allerdings unterschiedlich dazu: (Heterosexuelle) Männer können sich mit der „expression of male sexuality"[269] identifizieren. (Heterosexuelle) Frauen hingegen begegnen dem sein Begehren, seine Bedürfnisse und sein Leid ausdrückenden Sänger[sic] mit einem Mitgefühl, das durch denselben Prozess der Identifikation motiviert wird, der aber wegen des Geschlechterunterschieds tendenziell distanzierter bleibt.[270]

Bemerkenswerterweise wird bei diesem erotischen Modell außerdem der männliche Körper nicht zum passiv begehrten Objekt. Notwendig ist nach wie vor die Kommunikation somatischer Innerlichkeit, Expressivität und Aktivität und damit die erfolgreiche Produktion des Sängers als somatischem Subjekt, das sich selbst ausdrückt.

Letztlich ist auf die scheinbare Natürlichkeit dieses Prozesses hinzuweisen, denn Ausganspunkt ist der sich selbst in diesem Prozess materialisierende männliche Körper, der in der „echten" Stimme präsentiert wird: Scheinbar basiert die erotische Identifikation somit auf dem physischen Körper und dem angeblich authentischen Gefühl des Sängers[sic]. So trägt die „echte" Stimme schließlich zur Naturalisierung eines geschlechtlich differenzierten heterosexuellen Begehrens sowie einer mit Expressivität und Aktivität verbundenen männlichen Körperlichkeit bei.

---

[269] Frith/McRobbie (2007 [1978]), S. 374.
[270] Vgl. Frith/McRobbie (2007 [1978]), S. 373 ff.

Kapitel 4: Alternative ästhetische Strategien von Sängerinnen

Im letzten Abschnitt habe ich das ästhetische Modell der „echten" Stimme entwickelt und im Klang analysiert. Dabei habe ich die These formuliert, dass selbiges Modell verbreitet zur Darstellung von Männlichkeit eingesetzt wird, hierfür fehlt jedoch noch ein schlüssiger Beleg. Im Folgenden werde ich nun vier Songs von Sängerinnen analysieren, wobei ich mich ebenfalls der Beziehung zwischen Stimme und hörbarer Performanz von Körper und Subjekt zuwende. Ich werde dabei zeigen, dass das ästhetische Paradigma der „echten" Stimme für die untersuchten weiblichen Stimmen nicht bzw. kaum anwendbar ist. Stattdessen werde ich jeden der Beispielsongs ausführlich untersuchen, um die jeweils eigenen ästhetischen Funktionsweisen zu entschlüsseln und ihre Verbindung mit einer weiblichen Geschlechterperformanz zu untersuchen.

Ich habe hierzu vier Songs ausgewählt, die ich für repräsentativ für verschiedene verbreitete Muster weiblicher Stimmpräsentationen in der Popmusik halte und die mir zudem geeignet erschienen an ihnen entsprechende Theorien und Methoden zu entwickeln. Ich beginne mit „Feel It" von Kate Bush, wobei ich die bereits erwähnte Assoziation von Frith und McRobbie, dass Kate Bush in diesem Song ein voyeuristisches Interesse weckt, aufgreifen werde. Anschließend werde ich den Song „Can't Get You Out of My Head" von Kylie Minogue analysieren, in dem sich der weibliche Körper als ästhetisches und vor allem erotisches Objekt im Klang präsentiert. Daraufhin möchte ich „All is Full of Love" von Björk betrachten, in dem sich der vokalische Körper regelrecht im Klang auflöst, und schließlich Birdys Song „People Help the People" analysieren, in dem Birdy als hilfloses Opfer erscheint.

Kate Bush: „Feel It"

Ich möchte mit dem Song „Feel It" von Kate Bush beginnen, der bereits von Frith und McRobbie in ihrem Aufsatz „Rock and Sexuality" besprochen wurde. Wie ich bereits erklärt habe, ist die Analyse von Frith und McRobbie nicht sehr ausführlich und kommt sehr schnell zu dem Schluss, dass hier das Publikum in eine voyeuristische Position versetzt wird, ohne dass diese These meines Erachtens ausreichend am musikalischen Material belegt wird. Ich möchte nun in einer ausführlicheren Betrachtung dieses Songs und insbesondere des Einsatzes von Kate Bushs Stimme die Ansichten von Frith und McRobbie überprüfen und hinterfragen. Hierzu möchte ich zuerst die Beschreibung und Interpretation von Frith und McRobbie in ihrer gesamten Länge zitieren:

> "Kate Bush performs the song alone at her piano. She uses the voice of a little girl and sounds too young to have had any sexual experience—the effect is initially titillating; her experience is being described for our sexual interest. But both her vocal and her piano lines are disrupted, swooping, unsteady; the song does not have a regular melodic or rhythmic structure, even in the chorus, with its lyrical invocation of sexual urgency. Kate Bush sings the lyrics with an unsettling stress—the words that are emphasized are "nervous," "desperate," "nobody else." The effect of the performance is to make listeners voyeurs, but what we are led to consider is not a pair of lovers but an adolescent sexual fantasy. The music contradicts the enjoyment that the lyrics assert. Kate Bush's aesthetic intentions are denied by the musical conventions she uses."[271]

Bevor ich mich der Überprüfung dieser Aussagen zuwende, möchte ich zunächst einen kurzen Überblick über den Song geben: Der Song folgt einer relativ einfachen Form (siehe Schema), das Tempo ist mit 75 bpm recht langsam, wobei das Metrum allerdings nicht stabil ist, sondern bisweilen langsamer und schneller wird und so der eigentlich zugrundeliegende 4/4-Takt immer wieder durchbrochen wird (siehe Schema). Auch die Tonart wechselt zwischen g-Moll im Refrain und d-Moll in der Strophe. Der Song ist nur mit Klavier und Gesang instrumentiert. Die Melodie ist eher kompliziert: Sie enthält tonartfremde Töne, teilweise große Sprünge und komplexe Rhythmen. Sie

---

[271] Frith/McRobbie (2007 [1978]), S. 386.

lässt sich keinesfalls einfach nach- oder mitsingen, und umfasst einen Tonumfang von fast zwei Oktaven (von *g* bis *f″*).

Form	Text	Zeit	Takte[272]
Intro			4 ?
Strophe 1 [A]	After	0:11	4+4 (rit.)
Strophe 2 [A]	Nobody else ...	0:37	4+5(+0.5)
Refrain [B]	Oh, feel it. ...	1:08	4+2
	Feel it! See what ...	1:27	1+4
Strophe 3 [A]	God, but you're ...	1:43	4+5(+0.5)
Refrain [B]	Oh, feel it...	2:13	4+2
	Feel it! See what ...	2:32	1+5

Frith und McRobbie beschreiben Bushs Stimme in ihrer kurzen Analyse als „the voice of a little girl", ein Eindruck, der wohl vor allem auf Bushs Einsatz einer hohen Kopfstimme basiert. Dabei beziehen sich Frith und McRobbie außerdem wahrscheinlich vor allem auf die erste Strophe, die mit einem Tonumfang von *d′* bis *f″* auch recht hoch ist. Kinderstimmen sind wegen der geringeren Körpergröße insgesamt sowohl in der Grundfrequenz, als auch in den Formanten höher als erwachsene Stimmen.[273] Die Assoziation von Kindlichkeit ist beim Einsatz dieser hohen Kopfstimme daher nicht unbegründet und von der Sängerin wahrscheinlich auch intendiert. Ich halte die Beschreibung des Stimmklangs als „voice of a littel girl" aber dennoch nicht für zutreffend, denn ich bezweifle, dass irgendjemand diese Stimme tatsächlich mit einer wirklichen Kinderstimme verwechseln würde:

Unterschiede im Timbre zwischen Bushs Stimme und einer realen Kinderstimme lassen sich insbesondere im Refrain deutlich ausmachen. Hierfür ist die nur eingeschränkt beeinflussbare Lage der Formanten und damit des Obertonspektrums verantwortlich. Vor allem bei *„Feel it! See what you're doing to me"* am Ende des Refrains klingt die Stimme deutlich erwachsen. Die Stimme in der ersten Strophe klingt hingegen hörbar wie verstellt: Die Kopfstimme wird dabei statt des Brustklangs in einem Tonraum, eingesetzt, in dem ein vollerer Stimmklang problemlos möglich wäre. Bush beginnt ihren Gesang relativ hoch auf dem *d″* von dem aus sie sofort eine Oktave abwärts zum

---

[272] Der Rhythmus ist sehr unregelmäßig: In der Intro entsteht kein stabiles Taktgefühl; die erste Strophe endet mit einem starken Ritardando (=Verlangsamung) und vor jedem Refrain wird ein halbtaktiger Auftakt (=unvollständiger Takt, der zum folgenden Takt hinführt) eingeschoben.

[273] Vgl. Fuchs (2008), sowie Mecke (2016), S. 337.

d' springt und behält auf diesem zweiten Ton die gesangstechnische Einstellung des ersten Tons weitgehend bei. Gerade in Abgrenzung zur eher brusttonartigen Sprechstimme erscheint dieser tiefe Einsatz der Kopfstimme künstlich.

Alles andere als kindlich ist außerdem die Kontrolle, die Bush über ihre Stimme demonstriert: Sie singt eine äußerst anspruchsvolle Melodie mit einem großen Tonumfang, einem komplexen Rhythmus und plötzlichen harmonisch-tonalen Modulationen (vor allem gut hörbar und sehr auffällig ist das *des'* über B-Dur bei „*It would be wonderful*"). Kaum ein Kind wäre in der Lage dies zu imitieren.

Außerdem verwendet Bush die Klangfarbe ihrer Stimme als ästhetisches Mittel und verändert ihr Timbre oft deutlich hörbar. Gut lässt sich dies auf dem lang gezogenen Wort „*floor*" hören, an dessen Ende, nach dem Melisma, die Formantstruktur vom O zum A verändert wird, so dass sich die Klangfarbe aufhellt. Auffällig sind aber auch die häufigen und äußerst starken Wechsel der Klangfarbe im Refrain, in dem sie mindestens drei deutlich unterscheidbare Gesangseinstellungen einsetzt.[274] Dieser Umgang mit dem Timbre ist dabei offenkundig ein bewusst eingesetztes musikalisches Stilmittel.

Dieser Einsatz der Timbres erinnert dabei ein wenig an ein kreatives Spielen oder Experimentieren mit dem Klang der Worte, deren klangliche Möglichkeiten erkundet werden. Dies unterstützt die Assoziation von Kindlichkeit[275] und bildet einen Gegensatz zur kämpfenden Ernsthaftigkeit der „echten" Stimme. Vor allem wird hierdurch aber die Aufmerksamkeit beim Hören in dieser Gesangstechnik auf den Wort*klang* und damit sowohl vom Wortsinn als auch vom Körperklang weg gerichtet.

Der Körperklang war, wie wir gesehen haben, relevanter Inhalt der „echten" Stimme und notwendig für die durch diese Stimme erzeugte

---

[274] Im Refrain arbeitet Bush mit mindestens drei deutlich voneinander zu unterscheidenden Einstellungen, die ich hier in *kursiv*, **fett** und ***kursivfett*** markiere:
> *Oh, feel it. Oh, oh feel i***t, feel it,** *my love.*
> *Oh, feel it. Oh, oh feel* **it, feel it,** *my love.*
> *Oh, I need it. Oh, oh, fe***el it, feel it,** *my love.*
> **Feel it! See what you're doing to me?**
> **See what you're doing to me?**

[275] Er erinnert auch an den Prozess des Spracherwerbs, denn dem bedeutungsvollen Sprechen geht eine Phase des spielenden Erprobens der stimmlichen Möglichkeiten voran. Vgl. Klann-Delius (2016), S. 22.

identifikatorische Rezeption. In Kate Bushs Gesang hingegen begegnet uns der Stimmklang als ein deutlich vom vokalischen Körper trennbares ästhetisches Objekt.

Es lässt sich hier interessanter Weise auch ein regelrecht umgekehrtes Phänomen wie in der „echten" Stimme beobachten: statt einem Hochziehen der Bruststimme wird von Bush die Kopfstimme tiefgestreckt. Tiefer im Körper liegende Resonanzen werden dabei ausgespart und durch die leichte Stimmgebung (die Kopfstimme benötigt auch generell weniger Luft) fehlt auch ein hörbarer Eindruck von Zwerchfellspannung, der bei Williams und Cobain auffällig war. Der hier entstehende vokalische Körper erscheint regelrecht fragmentiert: nur der Kopf erscheint im Klang hörbar; der restliche Körper ist wie ausgespart.

Timbre als Maske

Die von Bush verwendete „Kinderstimme" ist dabei insgesamt keine Täuschung, die überzeugend ein anderes Alter suggerieren würde, sondern eher mit einer Art Maske vergleichbar, an deren Künstlichkeit kein Zweifel besteht und die niemals mit etwas Echtem verwechselt werden würde. Diese künstliche Kinderstimme hat dabei zwei Wirkungen: Sie erzeugt einerseits Assoziationen, die eben mit Kindlichkeit verbunden werden, und produziert so eine Phantasiewelt, an deren irrealem Charakter aber dennoch kein Zweifel besteht. Andererseits verweist diese Maske auf etwas Verborgenes, das dahinter versteckt wird, denn hinter dem künstlichen Stimmklang steckt notwendig ein Subjekt, das diese Stimme kontrolliert und bewusst einsetzt, das sich aber nicht direkt zeigt. Auch diese zweite Ebene des maskenhaften Stimmklangs ist jedoch eigentlich phantastisch, da das verborgene Subjekt, das sich hier performativ produziert, nicht eindeutig fixierbar ist und so ebenfalls nur eine Projektionsfläche für Phantasien bildet.

Die verschiedenen Stimmeinstellungen, mit denen Kate Bush arbeitet, lassen sich insgesamt als wechselnde Masken verstehen; die „kindliche" Stimme, die vielleicht Unwissenheit, Zerbrechlichkeit oder Unvollständigkeit suggeriert, wird so kontrastiert mit dem weichen erwachsenen Stimmklang bei *„Feel it! See what you're doing to me"*, der einen tieferen Tonraum nutzt, dabei eine Brusttoneinstellung verwendet und relativ voll und obertonreich klingt. Dies ließe sich nach Shepherds Einteilung der Stimmregister mit emotionaler Fürsorge oder übertragen mit Mütterlichkeit assoziieren. Die häufigen und plötzlichen Wechsel im Stimmklang (wie beispielsweise *„flo-ar"*) schließlich lassen sich, insofern sie die Bedeutung und damit die Logik der

Sprache in Frage stellen, außerdem als exzessiv interpretieren. Als der sprachlichen oder emotionalen Mitteilung widersprechender Zusatz kann diese Stimmmodulation als irrational und Ausdruck mangelnder Selbstbeherrschung, ebenso wie als narzisstische Selbstdarstellung verstanden werden.

Bush präsentiert somit verschiedene weibliche Klischees, die aber alle offenkundig nicht real sondern maskenhaft sind. Im Kontrast zur „echten" Stimme zeigt sich das Subjekt hierbei nicht mit seiner Emotionalität in der Stimme, sondern „versteckt" sich hinter offenkundig falschen und künstlichen Stimmklischees.

Die Produktion von Begehren

Bemerkenswert ist neben dem Einsatz des Timbres aber auch die Melodie, die immer wieder stockt und unterbrochen wird: Schon nach dem ersten Wort „*after*" schweigt Bush für über zwei Taktschläge, obwohl sowohl das Wort als auch die Melodie mit ihrem eröffnenden Oktavsprung eine Fortführung erwarten lassen. Solche auffälligen Pausen wiederholen sich im Song mehrfach (nach: „*the party*", „*Locking the door*", „*My stockings fall*", „*Nobody else*", „*can share this*", ...). Jeweils werden dabei durch den Text und die oft an solchen Stellen ansteigende Melodie Fortführungen angedeutet, die aber erst verzögert kommen. Damit wird selbst in Abwesenheit der Stimme der Fokus der hörenden Wahrnehmung auf dieselbe gerichtet und ein ständiges Warten erzeugt.

Andererseits wird an Stellen, die vielleicht eine Pause nahelegen würden, wie insbesondere das Ende der ersten Strophe nach „*Desperate for more*", nicht unterbrochen, sondern das nächste Wort („*nobody*") direkt angeschlossen. Die komplexe Melodie scheint dabei mögliche Ruhepunkte regelrecht zu vermeiden,[276] so dass sich über die gesamten ersten beiden Strophen ein langer Phrasierungsbogen spannt, der auch bei „*wonderful*" am Ende der zweiten Strophe noch keinen wirklich überzeugenden Abschluss findet.[277]

---

[276] Insbesondere am Ende der Strophen weicht die Begleitung jeweils plötzlich aus: Am Ende der ersten Strophe nach B-Dur, am Ende der zweiten überraschend nach Es-Dur. Die Tonart bleibt dabei unbestimmt, es könnte sowohl d, als auch g-Moll sein.

[277] Obwohl hier eine melodische Kadenz erreicht wird, ist diese nach dem vorangegangenen überraschenden Anstieg bei „*it would be*" und mit dem

Da sich damit die Melodie dem scheinbaren Naturgesetz der westlichen Tonalität, der Kadenz, nicht unterwirft und nicht naheliegenden sprachlichen Phrasierungen folgt, erzeugt sie auch auf dieser Ebene den Eindruck von Künstlichkeit. Der komplexe und extrem lange Spannungsbogen produziert des Weiteren eine Erwartungshaltung, die sich mit McClary wiederum als Begehren nach der verweigerten Kadenz bzw. nach einem melodischen Ruhepunkt verstehen lässt.

Auch auf klanglicher Ebene kann die Kopfstimme als Markierung der abwesenden Bruststimme und damit der tieferen Frequenzen ihres Timbres verstanden werden. Die maskenhafte „Kinderstimme" kann dabei generell als eine Begehren erzeugende Abwesenheit verstanden werden, da sie eine dahinter verborgene „echte" Stimme impliziert.

In dieser Interpretation des maskenhaften Stimmklangs ist dabei das ästhetische Paradigma der „echten" Stimme immer noch, nun aber verändert, wirksam: Eine Rezeption, die nach einer dahinterliegenden Wahrheit fragt, geht von der Existenz einer solchen aus. Diese Suche nach einer Wahrheit führt im maskenhaften Stimmklang jedoch zu einer begehrenden Dynamik. Der maskenhafte Stimmklang ködert und provoziert ein Begehren, das nach der abwesenden „echten" Stimme sucht. Bushs Gesangstechnik legt dabei für mich nahe, dass sie mit einem solchen suchenden Hörverhalten rechnet und es gezielt anregt, wie ich an einem weiteren Beispiel beschreiben möchte:

In der Passage *„Locking the door, my stockings fall, onto the floor"* singt Bush nach und nach, aber immer nur sehr kurz, mit einem volleren Stimmklang. Der steigende Brusttonanteil in den O-Vokalen in *„stockings", „fall"* und *„onto"* erreicht auf dem Melisma von *„floor"* einen kurzen Höhepunkt, wobei aber die bereits erwähnte Vokalveränderung vom O zum A – und dann noch mehr beim folgenden noch höheren und sich ebenfalls vom O zum A verändernden *„mo(-a-)re"* – wieder in die Kinderstimmenmaske zurückführt.

Ich habe dabei den Eindruck, dass Bush hier regelrecht kurze verheißungsvolle akustische „Einblicke" in ihren volleren Bruststimmklang ermöglicht, ohne dass dabei jedoch ein wirklich klarer klanglicher Eindruck entstehen kann. Dies erklärt recht gut, den von Frith und McRobbies geäußerten Eindruck des Voyeurismus: Dieses in die Sängerin Hineinhorchen und das kurze Aufschimmern einer versteckten „echten" Stimme weist starke Gemeinsamkeiten zum aufdringlichen

---

weitertreibenden Klavier nicht überzeugend. Insgesamt ließe sich eigentlich nur die wiederholte Zeile am Ende des Refrains als plausibler Ruhepunkt werten.

ins Private eindringenden voyeuristischen Blick und dem damit verbundenen Wunsch nach Enthüllung auf. Die sexuelle Konnotation, die Frith und McRobbie hier hören, lässt sich somit auch auf der klanglichen Ebene fassen.

Intentionalität und Verführung

Während Frith und McRobbie nun allerdings zu dem Schluss kommen: „Kate Bush's aesthetic intentions are denied by the musical conventions she uses",[278] habe ich eher das Gefühl, dass die Sängerin uns in der voyeuristischen Position ertappt, deren musikalische Konventionen sie absichtlich verwendet. Sie ist nicht das passive Objekt eines Blicks, sondern strukturiert aktiv die Blickrichtung. Sie ist eigentlich vollkommen unerreichbar, lockt aber unser Interesse mit der ständigen Andeutung einer Enthüllung, die jedoch nicht stattfindet. So erschafft sie selbst die voyeuristische Situation mit ihrem bewussten Einsatz von Gesangstechniken.

Das Zitat von McRobbie und Frith deutet jedoch noch etwas Anderes an: Sie unterstellen eine Intention, die sie im Aufbau ihrer kurzen Betrachtung des Songs im Songtext verorten. Dabei stellen sie ganz richtig eine Diskrepanz zwischen dem sprachlichen Inhalt, den die beiden Autor_innen ganz treffend als das Feiern sexueller Lust („a celebration of sexual pleasure")[279] beschreiben, und der musikalischen Darstellung fest. Nun könnte ich kritisieren, dass die Autor_innen hier unhinterfragt die Intention auf der sprachlichen statt der klanglichen Ebene suchen. Bemerkenswerter erscheint es mir jedoch, dass hier überhaupt versucht wird die Intention der Sängerin zu fixieren. Denn auch hinter diesem Versuch verbirgt sich die Annahme einer Ausdrucksästhetik, die von einer einzigen eindeutigen Wahrheit des Songs ausgeht. Zu Grunde gelegt wird hierbei ein Kommunikationsmodell, in dem der Song *eine* einzige intendierte Mitteilung enthält. Was in diesem Song jedoch meines Erachtens nach passiert, ist eben die Produktion von Widersprüchen und Uneindeutigkeiten, die die Projektion von Phantasien ermöglichen, aber keine Aussage über die „wirkliche" Intention der Sängerin zulassen.

Meine persönliche Interpretation des Songs ist dabei, dass Kate Bush nicht einfach nur affirmativ eine sexualisierte Pose reproduziert, sondern dem Publikum kritisch sein voyeuristisches Interesse spiegelt.

---

[278] Frith/McRobbie (2007 [1978]), S. 386.
[279] Ebd.

Für diese Interpretation spricht dabei meines Erachtens das Unbehagen, das in dem Song durch die uneindeutige Molltonalität, das unregelmäßige und damit sehr verunsichernde Metrum, die wie immer wieder in ihrer Linie abgebrochen klingende Klavierbegleitung und nicht zuletzt die Ambivalenz der Stimme erzeugt wird, und so einen beachtlichen Widerstand gegen eine entspannt affirmative Hörweise aufbaut. Vor allem die letzte Zeile „*See, what you do to me*", erscheint mir hierbei wie eine Aufforderung zu sehen, was wir selbst zu diesem Song beitragen und wie, also mit welchem Interesse, wir die Stimme hören. Ich höre also in diesem Song eine (feministische) Kritik an einer gesellschaftlichen Situation, in der Frauen generell als Projektionsflächen für eigene(?) Wünsche dienen. Allerdings halte ich diese Interpretation nur für eine Möglichkeit, die wahrscheinlich auch sehr viel über meine persönlichen Wünsche aussagt, die ich selbst auf den Song projiziere.

Der Song ist jedoch grundsätzlich uneindeutig, und zwar nicht nur auf der Ebene, auf der musikalische Äußerungen grundsätzlich nicht über sprachlich-semantische Eindeutigkeit verfügen. Vielmehr haben die Widersprüchlichkeiten von beispielsweise Text und Musik, dem schwankenden Tempo, der tonalen Ambiguität oder der verschiedenen eingesetzten Stimmklänge eine negierende Wirkung, die sämtliche scheinbaren emotionalen und sprachlichen Mitteilungen des Songs mit einer ironischen Note – mit der impliziten Frage „Meint sie das wirklich so?" oder mehr noch „Was meint sie wirklich?" – versieht.

Kate Bush produziert musikalisch wie inhaltlich Ambivalenzen und Widersprüche und spielt dabei mit unseren Erwartungen und Wünschen. Offensichtlich *wollen **wir*** sie fixieren und suchen nach einer Eindeutigkeit – in der Stimme, der Aussage oder den musikalischen Parametern (Tonalität und Tempo) – welche Bush jedoch immer wieder verweigert. Während die „echte" Stimme danach strebt, eine eindeutige emotionale Wirklichkeit und Wahrheit zu produzieren, zu der das Publikum einen unmittelbar erscheinenden Zugang finden kann, wird von Kate Bush ein solcher Zugang verhindert. Die Annahme, dass es dennoch eine zwar verborgene aber wirkliche Intention geben müsse, produziert dabei nicht nur diese abwesende „Wirklichkeit" sondern auch den Wunsch, diese zu entdecken und zu enthüllen.

Was sich bzw. ob sich überhaupt etwas hinter der Fassade verbirgt, erfahren wir jedoch nicht. Wir erfahren im Song nichts unmittelbar über Kate Bushs „echte" Gefühle oder Intentionen. Diese sind im Song nur insofern enthalten, als dass wir an dieses „etwas" hinter der Stimme glauben.

Allenfalls ist es möglich, hier eine verweisende Beziehung zwischen der musikalischen Darstellung und den Gefühlen der Sängerin anzunehmen, d.h., dass die maskenhaften Verstellungen der Stimme zu einem bestimmen Zweck, beispielsweise Verführung oder aber Kritik, eingesetzt werden, woraus dann ein bestimmtes Gefühl, wie sexuelles Begehren seitens der Sängerin oder Wut auf die kritisierte Situation, geschlossen werden kann. Diese Kette von Verweisen ist jedoch, wie ich denke gezeigt zu haben, alles andere als eindeutig, denn meine Interpretation, dass es sich hier um ein kritisches Bewusst-Machen gesellschaftlicher Projektionen sexueller Wünsche auf Frauen handelt, geht mit ganz anderen Annahmen über die Intentionen und Gefühle von Kate Bush einher als die Idee, sie würde aufgrund eigenen Begehrens verführen wollen.

Solche Verweise erzeugen allerdings insgesamt eine Distanz, die mit der Funktionsweise der „echten" Stimme nicht zu vereinbaren ist, denn das Subjekt und seine Emotionen sind nur vermittelt zugänglich: Wir hören nicht scheinbar unmittelbar die Gefühle eines Subjekts, sondern schließen aufgrund einer verstellten Stimme auf ein Subjekt, das diese Stimme intentional einsetzt.

Da diese angebliche „Wirklichkeit" von Kate Bushs Subjektivität somit aber nicht zugänglich ist, können wir diesen Ort selbst mit unserer Phantasie füllen, wozu uns die verschiedenen maskenhaften oder scheinbar natürlichen Einstellungen der Stimme eine Auswahl an Ansatzpunkten bieten. Was sie fühlt, was sie uns mitteilen möchte und wer sie ist, bleibt aber letztlich unserer Phantasie überlassen.

Das Subjekt *hinter* der Stimme

Der bewusst intentionale Einsatz der Stimme führt jedoch noch zu einem weiteren entscheidenden Unterschied zur „echten" Stimme, den ich hier abschließend ausführen möchte. In ihr wird die Stimme vom singenden Subjekt getrennt.

Indem das Subjekt die Stimme bewusst, kontrolliert und intentional einsetzt, kann die Stimme im Bezug zum Subjekt als ein funktionales Objekt betrachtet werden, wohingegen im ästhetischen Paradigma der „echten" Stimme Subjekt Mitteilung und Stimme eine Einheit ohne funktionale Beziehungen bilden. Und während in der „echten" Stimme das Subjekt mit seinem vokalischen Körper verbunden ist, entsteht mit dem funktionalen Einsatz der Stimme eine Distanz zum Subjekt. Letzteres zeigt sich nun nicht mehr *in* der Stimme, sondern versteckt sich *hinter* der Stimme. Dies hat Auswirkungen auf den

Ort dieses Subjekts, das sich nun eben nicht im körperlichen Stimmklang offenbart.

Da der bewusste Einsatz der Stimme auch eine entsprechende bewusste Kontrolle des diesen Stimmklang erzeugenden Körpers beinhaltet, lässt sich diese Distanz zwischen Subjekt und Stimme auch auf die Beziehung zwischen Körper und Subjekt übertragen. Das Subjekt der „echten" Stimme zeigt sich in einer körperlichen Stimme, die scheinbar ungefiltert die Gefühle mitteilt. Das somatische Subjekt bewohnt damit den eigenen Körper. Die funktionale Beziehung zur Stimme, die sich in Bushs Stimmklang offenbar, verschiebt das Subjekt hingegen an einen anderen Ort, an ein unerreichbares „Dahinter".

Das Subjekt ist damit niemals wirklich präsent, es ist in der Stimme nicht anwesend, sondern an einem transzendenten Ort, der nicht greifbar ist und in Form von körperlicher Ausdehnung eigentlich auch nicht existiert. Kate Bush *ist* also so gesehen nicht ihr (vokalischer) Körper, sondern *besitzt* ihren Körper, sie kontrolliert ihn und setzt ihn ein. Auch der Körper wird dabei, wie ihre Stimme zu einem Objekt.

Das Subjekt erhält so jedoch eine problematische Position: Es wird performativ hergestellt, indem es sich hinter der Stimmmaske versteckt. Während dem sich in der „echten" Stimme offenbarenden körperlichen Subjekt mit empathischem Interesse, also dem Wunsch zu verstehen und die Gefühle nachzuempfinden, begegnet wird, ist das Interesse an diesem versteckten Subjekt auf Enthüllung gerichtet. Dieses enthüllende (voyeuristische) Interesse will das versteckte Subjekt aber eigentlich nicht primär verstehen, d.h. seine Position nachvollziehen, sondern es entdecken.

Paradoxer Weise wird das Subjekt dabei zugleich anerkannt und negiert, denn zur Entfaltung dieser Dynamik ist zuerst die Annahme seiner Existenz notwendig. Wenn sich das Interesse jedoch dann nicht auf das Verstehen des Subjekts richtet, sondern ausschließlich auf seine Enthüllung, so wird es in der Kommunikation nicht wirklich als solches anerkannt. Die vielfache und widersprüchliche Stimme Kate Bushs macht es also unter Umständen unmöglich überhaupt etwas mitzuteilen, da weder den Worten noch dem Stimmklang geglaubt wird. Stattdessen wird etwas „Echtes" angenommen und gesucht, das sowohl darin als auch außerhalb zu sein scheint und in dessen Erforschung der Reiz der Musikrezeption liegt. Wie der Phallus in der Psychoanalyse ist dieses „Echte" einerseits notwendig und andererseits notwendig nicht-existent: Es kann den Wunsch des Begehrens unmöglich erfüllen und führt so zwangsläufig zur Enttäuschung: In dem auf

Enthüllung gerichteten Interesse an dieser Subjektivität, der performativ produzierten Innerlichkeit der Sängerin, wird jedoch letztlich auch das Subjekt und nicht nur sein Körper potenziell zum (begehrten) Objekt.

Das Spiel mit dem voyeuristischen Interesse erweist sich so als ambivalente ästhetische Strategie der Sängerin. Einerseits bietet die Kontrolle des Begehrens eine machtvolle Position, indem sie die Aufmerksamkeit lenken kann. Andererseits ist diese darauf angewiesen sich selbst zu verschleiern. Die erzeugte Aufmerksamkeit kann und muss damit immer auf eine Abwesenheit hin ausgerichtet werden und kann nicht zur positiven Artikulation beispielsweise eines eigenen Begehrens verwendet werden.

Kylie Minogue:
„Can't Get You Out of My Head"

Ich möchte nun übergangslos mein zweites Musikbeispiel betrachten: Kylie Minogues Erfolgshit „Can't Get You Out of My Head". Auch hier wird offensichtlich ein erotischer Inhalt transportiert. Der Kontrast zu Bushs „Feel it" könnte dennoch auf den ersten Blick kaum größer sein: „Can't Get You Out of My Head" weist eine große rhythmische Regelmäßigkeit auf und ist auf Tanzbarkeit ausgerichtet. Eine strikte viertaktige Struktur sorgt für große Vorhersehbarkeit. Die Melodie hat einen sehr geringen Tonumfang und kann problemlos mitgesungen werden und der Text ist dabei sehr sparsam und wiederholungslastig, so dass er leicht im Ohr bleibt.

Klanglich dominieren synthetische Klänge, so dass schon dadurch ein phantastischer Raum erzeugt wird. Auch die Stimme ist hörbar bearbeitet und oft werden mehrere Gesangsstimmen übereinandergelegt, so dass Kylie Minogue gewissermaßen mit sich selbst im Chor singt.

Es lassen sich vier verschiedene Formteile differenzieren, wobei es keine wirklichen Strophen gibt. Ich verwende daher Buchstaben (A, B und C) zur Bezeichnung, wobei mir für den oft wiederholten und die Titelzeile enthaltende Abschnitt die Bezeichnung „Refrain" angemessen erscheint (siehe Schema). Die einzelnen Formteile gehen jeweils mit eigenen Stimmklängen einher, die ich im Folgenden kurz in der Reihenfolge ihres Auftretens näher besprechen werde.

Form	Text	Zeit	Takte
Intro			8
A1	Lalala, …	0:15	8

Refrain	I just can't get you out ...	0:29	8
A2	Lalala, ...	0:45	4
Refrain	I just can't get you out ...	0:52	8
B1	Every night...	1:08	8
C1	Won't you stay ...	1:22	12
A3	Lalala...	1:46	8
Refrain	I just can't get you out ...	2:01	8
B2	There's a dark ...	2:17	8
C2	Set me free...	2:31	16
A4	Lalala, ...	3:02	8
Refrain/A/Outro	I just can't get you out ... (Lalala, ...)	3:17	16

Nach einem kurzen Intro setzt der Gesang mit „*Lalala...*" ein, wobei nicht eine sondern gleich mehrere Frauenstimmen übereinander einen weichen und diffusen Chorklang erzeugen. Einige hohe und sehr dünne Stimmen vermischen sich hierzu mit tieferen, von denen allerdings keine einen sonoren Brustklang nutzt; allein schon diese Fülle der Stimmen erzeugt dabei einen relativ weichen Gesamtklang, da rhythmische Schärfen verloren gehen und verschwimmen, sowie harmonische Obertöne verstärkt werden. Vor allem aber wirken diese Stimmen phantastisch, da ein solcher vervielfachter und wieder mit sich selbst vermischter Stimmklang nur künstlich erzeugt werden kann.

Die Melodie ist dabei recht einfach und besteht größtenteils aus rhythmischen Wiederholungen, wobei ein klarer einfacher Rhythmus[280] entsteht. Der Einsatz von Kopfstimmen, die Tonhöhe mit dem geringen Ambitus und der nicht sprachliche Text legen dabei auch hier die Assoziation von Kindlichkeit, Naivität und Sorglosigkeit nahe.

Es folgt der Einsatz des Refrains, der als einziger Abschnitt mit einer einzigen zentralen Stimme operiert. Der titelgebende Text „*I just can't get you out of my head...*" wird in einem mechanisch klingenden Rhythmus gesungen, der das Viertelmetrum deutlich betont. Die Stimme klingt dabei leicht gepresst und knarrend, was sich u.a. an dem deutlich hörbaren Knarrgeräusch festmachen lässt, welches regelmäßig bei „*I*" z.B. bei „*I just can't...*" auftritt. Die Knarrstimme wird hier nicht rein eingesetzt, sondern der Stimme als Klangfarbe beigemischt;

---

[280] Lalala-Rhythmus:

außerdem scheint die Klangbearbeitung die Knarrgeräusche so zu verstärken, so dass sie sich klanglich an das perkussive Clap-Geräusch auf der zweiten und vierten Zählzeit annähern.

Auch wenn Minogues Stimme in diesem Abschnitt gewissermaßen noch als am „natürlichsten" beschrieben werden kann, so ist auch hier eine Bearbeitung deutlich hörbar. Ihre Stimme ist beispielsweise mit einem Delay, mit sehr kurzer Verzögerung belegt (d.h. dieselbe Tonspur minimal versetzt), was vor allem am Ende gut hörbar ist. Dieses betont den knarrenden Klang der Stimme und positioniert den vokalischen Körper räumlich. Zwar erhält dieser so gewissermaßen Materialität, er klingt aber dennoch sehr künstlich und erinnert zumindest mich an eine surreale überperfekte Puppe.

Außerdem fallen einige Worte (v.a. „desire", „boy") in ihrer Aussprache auf; sie sind stark nasaliert und das „-sire" von „desire" klingt wie ein nasaliertes „-so". Dies lenkt auch hier die Aufmerksamkeit auf den Klang der Stimme, wobei diese auffällige Aussprache wie bewusst als „Ear-Catcher" platziert wirkt.

Nach der Wiederholung dieser beiden Abschnitte folgt erneut ein mehrstimmiger Abschnitt (B) mit dem Text *„Every night, Every day, Just to be there in your arms."*. Der hier eingesetzte Stimmklang ist mit dem bei *„Lalala..."* vergleichbar: Mehrere Stimmen vermischen sich zu einem gemeinsamen Klang, der vor allem im Kontrast zum direkt vorhergehenden knarrenden Refrain sehr weich und harmonisch klingt. Dabei ist der Rhythmus der Melodie deutlich langsamer als in den vorangegangenen Abschnitten, in denen der Viertelnotenpuls des Metrums durch den Gesang unterstützt wurde. Der vergleichsweise kurze Text (13 Silben) verteilt sich auf insgesamt sieben Takte,[281] wobei deutliche Längen vor allem in der ersten Hälfte auftreten: *„E-v'ry nigh-t, E-very da-y"*. Durch die Längen entsteht dabei ein gespanntes Warten auf die Fortführung bei gleichzeitiger Fokussierung auf die Stimme.

Dies wird auch von der Begleitung unterstützt, die mit Harmoniewechseln nun zuerst nur noch die Taktwechsel betont, und dann in der zweiten Hälfte sogar nochmal reduziert nur noch zweitaktig wechselt. So wird die gesamte Phrase *„just to be there in your arms"* über einem verlangsamten harmonischen Rhythmus gesungen, was den Eindruck des Wartens verstärkt und auf *„there"*, das Gefühl erzeugt, hier würde

---

[281] Der Abschnitt ist insgesamt acht Takte lang, wobei aber im letzten Takt nicht mehr gesungen wird.

etwas (= ein durch die vorhergehende Regelmäßigkeit erwarteter begleitender Akkord) fehlen. Auch die synthetische Instrumentierung lehnt sich dabei klanglich an den behauchten weichen Stimmklang an.

Die Stimmen in diesem Abschnitt sind sehr nahe im imaginären Raum platziert: unter Kopfhörern entsteht der Eindruck, als würden die Stimmen auf beiden Seiten der_m Hörenden direkt ins Ohr flüstern – ein Eindruck, der sich vor allem bei dem weit vorne im Mund erzeugten auffällig zischenden S-Laut in „just" geradezu aufdrängt.

Im folgenden Abschnitt (C) fällt ein nochmals veränderter Stimmklang auf. Die hohen Kopfstimmen scheinen dabei in dem ganzen Abschnitt, aber vor allem auf dem extrem langgezogenen (über drei Takte) „sta-ay" und „la-ay" körperlos zu schweben. Diese Assoziation wird durch mehrere klangliche Aspekte ausgelöst:

Zunächst sind die Stimmen stark behaucht. Damit wird die für den Gesang eingesetzte Luft selbst hörbar, was eine assoziative Nähe zu Schweben oder „sich-in-Luft-Auflösen" aufweist. Die eingesetzte Kopfstimme impliziert ebenfalls ein Lösen vom körperlichen Brustklang. Außerdem lassen sich die vermischten Stimmen auf den langgezogenen Vokalen von „stay" und „lay" nicht fixieren: sie sind so sehr vermischt, dass es nicht möglich ist, sie zu auseinanderzuhalten, noch ist es möglich, sie in einem einzigen Ort im akustischen Raum zur Deckung zu bringen. Der Stimmklang füllt vielmehr den phantastischen Raum und kommt von überall her.

Die Stimmen scheinen dabei ein Lächeln anzudeuten, das insbesondere in der Wiederholung dieses Formabschnitts (C2) auf dem Wort „me" gut zu hören ist, aber auch schon beim ersten Auftreten (nicht ganz so stark) hörbar ist. Der Text mit seinen vielen langgezogenen I-Vokalen („stay", „lay", „free", „need", „me", , ...) unterstützt einen solchen lächelnden Gesang.

Der sich entziehende vokalische Körper

Im gesamten Song wird schon durch die synthetische Instrumentierung ein phantastischer Raum erzeugt und allein die Vervielfältigung der Stimme in weiten Teilen des Songs macht eine Identifikation im Sinne der „echten" Stimme unwahrscheinlich. Stattdessen lässt sich der im Song erzeugte vokalische Körper in einer Phantasiewelt verorten und bleibt auch selbst phantastisch. Allein der knarrende Stimmklang im Refrain erscheint dabei über eine gewissermaßen handfestere aber dennoch künstliche Materialität zu verfügen, ganz im Gegensatz zu den nicht fixierbaren vervielfältigten Stimmen im übrigen Song.

Es bietet sich an, auch in diesem Song die Produktion von Begehren zu analysieren: Der vokalische Körper changiert zwischen einer extremen und intimen Nähe, wenn die uns umringenden Stimmen uns ins Ohr flüstern, und einer absoluten Unberührbarkeit, die sich im Auflösen der phantastischen Stimmen zeigt. Längen im Gesang erzeugen außerdem unwillkürlich eine gespannt wartende Rezeption, ein Begehren nach der Fortführung. Die hörbare Mimik (Lächeln) produziert zudem eine imaginäre Visualität. Diese erinnert an die Darstellung von Frauen im Film als betrachtbarem Spektakel, lässt sich aber auch als eine Verweigerung der „echten" Stimme interpretieren. Die in dieser hörbaren Mimik enthaltene Betonung der Körperoberfläche steht im Kontrast zum scheinbar unmittelbarem Zugang zum Körperinnern, das die „echte" Stimme nahelegt und lässt sich als ein entsprechender Widerstand (ein Schleier oder Vorhang) verstehen, der ein entsprechendes Begehren nach Enthüllung antreibt. Die Tatsache, dass oft Klänge im Mund, an den Lippen oder Zähnen deutlich hörbar werden, lädt zudem zu einer fragmentierenden Hörweise ein.

Auch die verschiedenen Stimmklänge in den einzelnen Abschnitten (Knarrstimme, Behauchung und verschiedene Bearbeitungen) lassen sich dabei als verschiedene maskenhafte Stimmklänge interpretieren, die jeweils andere Assoziationen und Phantasien ermöglichen. Das naiv-sorglose „Lalala" (kindlich) wird vom mechanisch-rhythmischen Knarrklang (Puppe/Maschine) des Refrains abgelöst. Es wäre außerdem möglich hier die verschließende Spannung (in der Knarrstimme) und die leichte Öffnung (in der Behauchung) der Stimmlippen als einladenden Widerstand für eine voyeuristische Hörweise, die nach dem Inneren der Sängerin sucht, zu interpretieren. [282]

Der imaginäre Chor der Stimmen platziert dabei immer wieder den_die Hörer_in im Zentrum, was besonders bei dem extrem nah erscheinenden Flüstern im Abschnitt nach *„Every night, Every day..."* gut nachzuvollziehen ist. Der_die Hörer_in wird dabei zum eigentlich relevanten Subjekt des Songs, um das die Sängerin in ihren vielfachen klanglichen Verkörperungen kreist.

Das scheinbare Angebot von (sexuell konnotierter) Nähe, was hierin mitschwingt, wird allerdings immer wieder durch vielfältiges Sich-Entziehen der Stimmen wiederlegt: Nicht nur die Auflösung des

---

[282] Eine noch weitergehende Interpretation der Stimmlippen als erotischem Organ liefert Cusick in ihrer Studie zu Francesca Caccini. Sie legt eine Interpretation der singenden Aktionen von Lippen und Stimmlippen in direkter Analogie zu weiblichen Geschlechtsteilen nahe, die durch entsprechende Diskurse angeregt wurde. Vgl. Cusick (2009), S. 11.

Stimmklangs auch die generelle Phantastik der klanglichen Umgebung macht die reale Unerreichbarkeit der vokalischen Körper deutlich. Gerade die immer wieder suggerierte Nähe und Materialität der uns ins Ohr zischenden und knarrenden Stimmen, weist dabei auf die gleichzeitige Abwesenheit nur umso deutlicher hin. Im Unterschied zum Gesang von Kate Bush, entzieht sich hier jedoch insgesamt nicht das Subjekt, das seine Intentionen hinter einer verstellen Stimme verbirgt. Es ist der vokalische Körper selbst, der sich hier dem begehrenden Interesse anbietet.

Der Stimmklang als fetischisiertes Objekt

Hierin besteht nun ein Unterschied zur voyeuristischen Erotik bei Kate Bush, den ich nun näher betrachten möchte. Hierzu möchte ich nochmals auf den Stimmklang eingehen:

Im Song haben die Abschnitte jeweils einen eigenen Stimmklang. Dieser folgt dabei nicht einem emotionalen Wunsch zum Selbstausdruck (wie die „echte" Stimme), sondern erscheint eher kalkuliert. Der jeweilige Klang wird nicht aufgrund eines zu transportierenden Inhalts, sei dieser somatisch oder auch textlich, erzeugt, sondern durch eine übergeordnete Entscheidung kontrolliert. Die Abhängigkeit der Stimme vom Abschnitt (statt vom Inhalt) macht sie zu einem kontrollierten eigenständigen Objekt, das sich von den Empfindungen des Körpers und vom sprechenden Subjekt trennt.

Auch die häufig zu findende klangliche Korrespondenz zwischen Stimme und synthetischer Begleitung und die wiederholte Bearbeitung macht aus der Stimme ein klangliches Objekt. Dabei werden jeweils verschiedene klangliche Facetten des Stimmklangs in den Fokus gerückt.[283]

Angesichts des künstlichen Klangs der Stimme ist die Annahme eines sich performativ produzierenden Subjekts hinter der Stimme hier problematischer, denn die Stimme ist hier hörbar Objekt technischer

---

[283] Meine Beobachtungen von Künstlichkeit und Unberührbarkeit im Klang erinnern stark an Diane Railton und Paul Watsons Analyse von Whiteness im zugehörigen Video. Vgl. Railton/Watson (2005): S. 60 f. Das Sich-entziehende, Unnatürliche und Unerreichbare sind dabei Privilegien weißer Weiblichkeit, die am Ende eben trotz der sexualisierten Darstellung nicht verfügbar oder zugänglich ist. Der Stimmklang und die synthetische Instrumentation fordern somit auch eine Untersuchung daraufhin heraus, inwiefern sie Weiß-Sein klanglich erzeugen und naturalisieren. Diese Frage stellt sich auch in Bezug zu meinen weiteren Beispielen. Eine Beantwortung kann ich hier aber leider nicht leisten kann.

Bearbeitung und unterliegt damit nicht mehr der (alleinigen) Kontrolle des singenden Individuums. Ja, es lässt sich hier regelrecht von einem fehlenden Subjekt hinter der Stimme sprechen: Der vokalische Körper ist nur als Phantasie erlebbar. Er erscheint als reine Oberfläche ohne eine dahinterliegende versteckte somatische Tiefe. Eine solche tritt nicht in Erscheinung und wird auch nicht angedeutet. Die Frage nach einer Intention stellt sich schon kaum mehr. Eine Rezeption, die auf die im Stimmklang ausgelösten oberflächlichen Phantasien und Assoziationen gerichtet ist, die hier nicht wie bei Kate Bush durch ungewohnte Harmonien oder instabile Metren beunruhigend in Frage gestellt werden, erscheint dem Song hingegen deutlich angemessener.

In Bezug zur Psychoanalyse lässt sich dieser Einsatz von Minogues Stimme als Fetischisierung bezeichnen: Die Stimme als Oberflächenphänomen verdeckt die Abwesenheit eines Subjekts und bietet sich stattdessen für die erotische Kontemplation an. Die verschiedenen Bearbeitungen betonen dabei einzelne Aspekte dieser Fetisch-Stimme. Sie fragmentieren die Stimme und vermitteln zugleich das Bild einer irrealen Perfektion. Dies ist stark mit der fetischisierenden Darstellung von Frauen im Film vergleichbar, wie Mulvey sie am Beispiel von Sternberg beschreibt:

> "Sternberg produces the ultimate fetish [...]; she is no longer the bearer of guilt but a perfect product, whose body, stylized and fragmented by close-ups, is the content of the film and the direct recipient of the spectator's look. Sternberg plays down the illusion of screen depth; his screen tends to be one-dimensional"[284]

Es fällt nun leicht, diese klangliche Darstellung als objektivierende Sexualisierung von Frauen zu kritisieren: Nicht nur wird der weibliche Körper hierbei zum erotischen Objekt, mehr noch basiert dies auf der Verleugnung oder Verdrängung eines weiblichen Subjekts.[285] Wir haben es also mit einer zutiefst verletzenden Darstellung von Weiblichkeit zu tun. Dies stellt allerdings die Frage, wie es kommt, dass solche Songs offenbar auch von Frauen begeistert gefeiert werden (können). Ich möchte hierzu einige Überlegungen anstellen, die auf der Tanzbarkeit des Songs basieren.

---

[284] Mulvey (1999 [1975]), S. 841.
[285] Nach Lacans Psychoanalyse ist anzumerken, dass das Subjekt eigentlich immer fehlt. Im Popmusikkonsum wird seine Existenz jedoch, wie ich gezeigt habe, in der „echten" Stimme vorausgesetzt und im voyeuristischen Konsum von Kate Bush gesucht. Dabei entsteht das Subjekt jeweils performativ in der Konsumption.

Tanz als Aneignung des eigenen Körpers

Hierzu ist zuerst daran zu erinnern, dass die Fetischisierung weiblicher Körper kein isoliertes Phänomen ist, sondern sich verbreitet in verschiedensten Medien wiederfindet (z.B. in der allgegenwärtigen Präsenz von in der Regel namenlosen und weitgehend entblößten gutaussehenden Frauenkörpern in der Werbung). Der fetischisierte weibliche Körper (bzw. die weibliche Stimme im Song) wird dabei entsubjektiviert und zum idealisierten Objekt von Phantasie und Begehren. Dabei ist die Allgegenwart dieser Darstellungen in unserer Kultur zu berücksichtigen, die aus dem idealisierten Frauenkörper nicht irgendein begehrtes Objekt macht, sondern gewissermaßen *das* begehrte Objekt schlechthin. Als solches ist der Besitz desselben mit einer großen gesellschaftlichen Macht ausgestattet.

Während Werbung nun in der Regel darauf ausgerichtet ist ein Begehren nach diesem Objekt (entweder es selbst zu sein oder es zu erhalten) zu erzeugen (und mithilfe dieses Begehrens weitere Produkte begehrenswert zu machen), sind zu einem Song auch andere Beziehungen möglich. Insbesondere finden im Umgang mit Popmusik verschiedene Formen körperlicher Aneignung zum Beispiel durch Tanzen oder Mitsingen statt.[286] Ich möchte nun die mögliche Aneignung im Tanz etwas näher reflektieren.

Gabriele Klein versteht Tanz als mimetische Aneignung der Musik, die dabei im eigenen Körper aktualisiert und mit einem persönlichen Sinn versehen wird. Dieser ist zwar von der Musik beeinflusst, aber nicht vollständig von ihr determiniert.[287] Sicherlich gibt es dafür unendliche Möglichkeiten, in diesem Song ist jedoch eine Verkörperung der sexualisierten und objektivierten Stimme sicherlich gerade für Frauen keine unplausible. Damit meine ich, dass im Tanz die Stimme und der vokalische Körper auf den eigenen Körper übertragen wird, so dass die Tänzer_in[288] selbst den Fetisch verkörpert. Im Unterschied zur Identifikation mit der „echten" Stimme, an die dies vielleicht im ersten Moment erinnert, geht es hier jedoch nicht um die Identifikation mit

---

[286] Solche Aneignungen sind bei visuellen Darstellungen sicher auch möglich. Popmusik ist jedoch u.a. für den körperlichen Umgang geschaffen worden und es gibt kulturelle Kontexte (Beispielsweise Diskotheken), die ganz einem entsprechenden Konsum gewidmet sind.
[287] Vgl. Klein (2004), S.260: „Aneignungsprozesse zwischen Leib und Wirklichkeit verlaufen auch im Tanz als mimetische Vorgänge."
[288] Ich gehe hier in meinen Überlegungen nur von Tänzerinnen aus.

einem somatischen Innenleben, sondern um die Aneignung einer irrealen Körperoberfläche.

Dies stellt eine aus feministischer Sicht sehr problematische Reproduktion eines sexistischen Stereotyps dar, die den sexualisierten medialen Frauenkörper in reale (weibliche) Körper einschreibt und so aktualisiert. Ich denke, es ist notwendig diese Wirkungsweise von Popmusik, diese Vermittlung zwischen einem medialen Stereotyp und realen menschlichen Körpern, als einen relevanten Faktor in der gesellschaftlichen Reproduktion von Geschlecht zu erkennen und zu thematisieren. Allerdings erklärt dies nicht weshalb Frauen diese Verkörperung freiwillig auf sich nehmen und diese sogar noch Spaß macht.

Diese Verkörperung eines sexualisierten und objektivierten Klischees von Weiblichkeit bietet offenbar eine positive Körpererfahrung, die sich nicht mit reinem Spaß an der Bewegung erklären lässt (dies trifft für Sport in jeder Form zu und ebenso könnte auch zu anderen Songs getanzt werden).

In der Performanztheorie beinhaltet diese Verkörperung, die eine bestimmte kulturelle Kodierung des eigenen Körpers, konkret eine Sexualisierung und Verobjektivierung, darstellt, auch eine Aneignung des kulturellen Kodes, der damit nicht mehr äußerlich ist. Der Intelligibilitätsrahmen wird dabei in der Reproduktion vom tanzenden Individuum mitkontrolliert. Anders gesagt wird der sexualisierte und objektivierte weibliche Körper als begehrtes Objekt schlechthin von einem tanzenden (weiblichen) Subjekt[289] angeeignet, das damit über dieses eigentlich phantastische Objekt (im Rahmen seiner Intelligibilität) verfügen kann. Ich möchte also vorschlagen, diese tanzende Verkörperung als Aneignung des eigenen Körpers in einer bestimmten kulturell geprägten Form zu verstehen, oder, um es mit Butlers Performanztheorie zu sagen, die zitierende Performanz von Weiblichkeit, die damit jedoch nicht nur einen objektivierten Körper sondern auch und zugleich ein gesellschaftlich anerkanntes Subjekt (zwar sekundär, aber dennoch) herstellt, das diesen Körper besitzt.

Ich trenne hier zwischen dem Körper, der tatsächlich zum Objekt wird, und dem Subjekt, das zwar in diesem Körper steckt, aber nicht auf das Objekt reduzierbar ist. Was hier meines Erachtens im Tanz entsteht, ist eine Handlungsfähigkeit, die zwar auf einer den Körper objektivierenden Performanz von Weiblichkeit innerhalb der Grenzen des Intelligibilitätsrahmens beruht, aber zugleich Macht und Kontrolle

---

[289] Nach der Performanztheorie entsteht dieses Subjekt auch nur in seiner Handlung, d.h. der tanzenden Aneignung.

über diesen Körper in seiner kulturell kodierten und damit gesellschaftlich lesbaren objektivierten und begehrten Form produziert.

Während also im Song ein phantastisches Objekt ohne Subjekt entsteht, so wird dieses auf der Tanzfläche in wirklichen Körpern aktualisiert und von Subjekten angeeignet, die nach Butlers Performanztheorie so überhaupt erst entstehen und dabei die symbolische Macht dieses Objekts, insbesondere das gesellschaftliche Begehren danach, zumindest imaginär und vorübergehend besitzen können. Tanzen kann so, als eine Möglichkeit unter anderen, die Erfahrung des eigenen sexuell kodierten Körpers als Quelle gesellschaftlicher Handlungsfähigkeit bedeuten – unter der Maßgabe der Anpassung an ein verobjektiviertes Weiblichkeitsideal.

Dabei geht es hier um die Erfahrung des eigenen Körpers, der zwar nur als gesellschaftlich kodiertes Objekt zugänglich wird, aber dabei dennoch zum *eigenen* wird. Gerade vor dem Hintergrund der Geschichte feministischer Kämpfe um diesen Körper kann dies trotz aller Ambivalenz auch als positive Erfahrung angesehen werden, in der die Tänzerin selbst – und sei es nur im Tanz – über diesen Körper bestimmt. Die Aneignung dieses sexualisierten Körpers und damit die Beteiligung an den gesellschaftlichen Spielregeln einer bestimmten Geschlechterperformanz kann so dennoch für individuelle Tänzerinnen einen Zuwachs an Handlungsmöglichkeiten und einen selbstbewussteren Umgang mit dem eigenen Körper bedeuten, diesen bestätigen und damit ein entsprechendes Selbstbewusstsein stärken. Anders gesagt Frauen beteiligen sich an der Reproduktion einer problematischen Geschlechterperformanz, aber nicht als passive Objekte sondern als selbstbewusst Handelnde, was aus individueller Perspektive zumindest einen möglichen Umgang mit der problematischen gesellschaftlichen Positionierung als Frau darstellen kann. Es ist möglich aus dieser Tanzerfahrung zu einer selbstbewussteren Verfügung über den eigenen Körper zu gelangen, was lokal empowernd wirken kann.

Diese positive Erfahrung ist dabei sicherlich auch aufschlussreich für ein Verständnis der weiblichen Beteiligung an der Reproduktion von Geschlecht. Die hier skizzierte Aneignung hat dabei Ähnlichkeit zu dem, was Angela McRobbie eine postfeministische Maskerade nennt. Frauen spielen dabei selbstbewusst die ihnen von patriarchalen Logiken vorgeschriebenen Rollen, im vollen Bewusstsein und zum persönlichen Vorteil. Die so teilweise entstehende lokale Macht von Frauen, ist allerdings auf das Funktionieren eines allgegenwärtigen

Male Gaze angewiesen, der dadurch – selbst in Abwesenheit wirklicher Männer – stabilisiert und reproduziert wird.[290]

Björk: „All Is Full Of Love"

Ich möchte mich nun erneut einer anderen Sängerin und einer anderen akustischen Subjekt- und Körper-Performanz zuwenden: dem Song „All Is Full Of Love" von Björk.

Auch hier lässt sich die Klanglichkeit des Songs als fiktiv beschreiben: Die Instrumentation ist weit entfernt von einer möglichen akustischen Aufführung, wofür vor allem irreal wirkende Echoeffekte und Bewegungen der Klänge im Stereoraum verantwortlich sind. Allerdings erscheinen die Klänge selbst weniger synthetisch, sondern wie die Kollage aus vielfältigen und teilweise bearbeiteten Aufnahmen realer Geräusche und Instrumente. Es wird dabei der Eindruck einer relativ weiten und veränderlichen klanglichen Umgebung erzeugt. Das Tempo ist recht langsam (ca. 70 bpm), ein Vierviertaltakt, der rhythmisch nur mit Bass- und Perkussionsklängen markiert ist. Der Beat des weich pulsierenden Basses erinnert dabei rhythmisch an Herzschläge,[291] während der Schlagzeugbeat eher maschinenhaft wirkt. Formal lässt sich der Song nicht so einfach gliedern. Als auffällige Zäsur bietet sich das Einsetzen einer zweiten zuerst höheren Stimme etwas vor der Mitte des Songs (bei 1:45 Minuten) an, die zwar nur eine Zeile *„All is full of love"* mechanisch wiederholt, aber im zweiten Teil des Songs zunehmend dominiert. In der Tabelle gebe ich einen groben Überblick über die Struktur:

Form	1. Stimme	2. Stimme	Zeit
Intro			
A	*You'll be given ...*		0:30
B	*Maybe not from ...*		0:56
A'	*Trust your head ...*		1:20
Einsatz: 2.Stimme		*All is full of love...*	1:45
	You just ain't ...		
Höhepunkt	*...laying down*		2:10
		All is full of love...	
Wechsel 1./2. Stimme	*All is full of love*		2:14
		All is full of love	

---

[290] Vgl. McRobbie (2009), S. 94 ff. und auch Rabine (1994), S. 64 ff.

[291]

	A-all is full of love ...	All is full of love ...	
Aussetzen: 1. Stimme	Ju-ust	All is full of...	2:40
Nur 2. Stimme		All is full of...	2:45
Instr.			3:14
auflösend		All is full of...	3:25
Outro, Instr.			3:52

Im ersten Teil des Songs, also vor dem Einsetzen der zweiten Stimme, bewegt sich die erste Stimme im Ambitus von *b* bis *as'*, der dann mit dem Einsatz der zweiten Stimme im Tonraum von *f'* bis *des''* überschritten wird. Dabei ist das häufig wiederholte melodische Motiv der zweiten Stimme zu „*All is full of love*" [*b'-des''-f'-as'-b'*] sehr markant. Es tritt bereits zu Beginn des Songs transponiert und in abgewandelter Form [*f'-as'-b-des'-f*] zu „*You'll be given love*" auf.

Der Rhythmus der Melodie ist allerdings schwer zu fixieren: Björk verzögert oft Töne (beispielsweise bei „*taken care of*") und singt häufig gleichmäßige Tonfolgen, die aber triolisch[292] („*Maybe **not from** the sources*") oder sogar quintolisch[293] („*Maybe **not from** the directions*") sind und somit dem Vierviertelmetrum der Begleitung widersprechen. Achtel werden nur sehr sparsam (z.B. bei „*All is **full** of love*") eingesetzt und kürzere Notenwerte werden im Gesang gar nicht verwendet. So wirkt die Melodie ruhig und gleichmäßig, aber dennoch unvorhersehbar und relativ unabhängig von der Begleitung, die dem klaren Vierermetrum folgt.

Die Aussprache Björks erschwert ebenfalls die Fixierung eines melodischen Rhythmus: Worte werden hörbar in Silben und diese in Laute unterteilt, deren einzelne Klänge so deutlich zu hören sind, dass eine auf sprachlichen Silben basierende Rhythmik die wesentlichen Impulse des Gesangs zu verfehlen scheint. Beispielsweise in der Phrase „*It's all around you*" werden die Worte „*around*" und „*you*" klanglich miteinander verbunden und die Konsonantenkette n-d-y wird so langsam gesungen, dass jeder Laut einzeln hörbar wird, so dass es

---

[292] Eine Triole ist ein Dreierrhythmus, der in der Regel einen erwarteten Zweierrhythmus ersetzt.

[293] Eine Quintole ist ein Fünferrhythmus, der einen erwarteten (meist Vierer-, Dreier- oder Zweier-)Rhythmus ersetzt.

unmöglich ist einen einzigen rhythmischen Zeitpunkt für den Silbenwechsel festzulegen. Ähnlich wird bei *„You are staring at"* das *S* von *„staring"* so lange ausgehalten, dass das folgende *T* zu einem getrennten klanglichen Ereignis wird. Der Rest des Wortes hingegen wird so undeutlich und unbetont ausgesprochen, dass es fraglich ist, ob die zweite Silbe *„-ring"* als eigener rhythmischer Moment zählen kann. Diese ruhige Langsamkeit erzeugt dabei außerdem auch hier eine begehrende Spannung, ein Warten auf den nächsten Buchstaben, die nächste Silbe, das nächste Wort. Dies hat hier aber weniger eine erotische Wirkung, sondern eher eine hypnotische. Die Aufmerksamkeit gerät in eine Art langsamen aber beständigen Sog.

Auffällig ist des Weiteren die häufig hörbare Atmung: Ein leises Einatmen (im Folgenden symbolisiert mit: [<]) ist häufig vor Zeilenbeginn hörbar, z.B. vor dem zweiten *„You'll be given love"*, vor *„You are staring at"*, vor *„Trust you head around"* und regelmäßig vor *„All is full of love"* im Gesang der ersten Stimme. Es tritt aber auch als verzögerndes Moment innerhalb von Zeilen auf, z.B. beim zweiten *„Y-ou'll be given* [<] *love"*, bei *„It's all* [<] *around you"* und bei *„All is full of* [<] *love"*. Hierbei entwickelt sich durch die hörbare Einatmung, an deren Ende körperliche Spannung steht, und die Unterbrechung des Satzes eine Anspannung, die im singenden Ausatmen des jeweils nachfolgenden Wortes (oft und wahrscheinlich nicht zufällig: *„love"*) gelöst wird. Dieser Wechsel von Spannung und Entspannung überträgt' sich dabei auch auf mich beim Hören. Allerdings habe ich nicht das Gefühl mich mit der Sängerin dabei körperlich zu identifizieren, wie bei der „echten" Stimme, sondern eher getragen zu werden. Der Wechsel von Spannung und Anspannung ist ebenfalls eher Teil des durch die Musik entstehenden hypnotischen Sogs.

Der Klang der Sprache wird insgesamt häufig durch die Klangbearbeitung hervorgehoben, z.B. bei *„You'll be taken care of"* werden die Plosive bei *„taken care"* mit einem Echoeffekt betont, der auch im Folgenden häufig, vor allem bei plosiven und S-Lauten, auffällt. Dabei ist auch bei diesem Echoeffekt seine Ähnlichkeit zur Klanglichkeit der Begleitung zu bemerken. Vor allem in dem Abschnitt bei *„Maybe not from the sources ..."* vermischt sich der Klang dieses Effekts mit der synthetischen Begleitung, die ebenfalls einen leicht S- oder T-artigen Geräuschanteil in derselben Tonlage hat.

Solche klanglichen Verbindungen von Begleitung und Gesang lassen sich auch zwischen den O-Vokalen von *„all"*, *„around"* und *„love"* und den sonoren Basstönen der Begleitung feststellen. Schließlich, in der zweiten Hälfte des Songs nach dem Anstieg der ersten

Stimme in den Tonraum der zweiten, scheint sich der Gesang zunehmend mit der nun dichteren Begleitung zu vermischen, so dass oftmals nicht klar zu unterscheiden ist, welcher Klang von der Stimme und welcher von der Begleitung stammt.[294]

Die letzten Zeilen der ersten Stimme enden oder betonen dabei einen Ahh-Klang („*A-all*", „*Lo-ave*" „*Ju-a-st*"...). Dieser Klang vermischt sich ebenfalls mit der instrumentalen Umgebung, so dass die erste Stimme sich in ihren letzten Tönen bei 2:47 endgültig in den Umgebungsklang auflöst.

Die zweite Stimme, die nur ihre eine Zeile „*All is full of love*" scheinbar endlos wiederholt, wird bei ihrem ersten Auftreten in der Instrumentation vorbereitet und ist schon bei ihrem Einsetzen deutlich synthetisiert und klanglich mit der Begleitung verbunden. Sie erscheint damit als Teil der instrumentalen Umgebung. Relevant für diesen Eindruck ist sicher auch, dass die erste Stimme zentral und relativ nahe im akustischen Raum positioniert ist, während die zweite weiter entfernt und wie durch eine Art akustisches Hindernis verändert zu hören ist.

Die zweite Stimme erscheint klanglich stark behaucht und gewissermaßen *sphärisch*, womit ich meine, dass ein h-artiges Geräusch im Klang präsent ist, der harmonische Anteil gedämpft wirkt und ein starkes Echo die rhythmischen Impulse der Sprache verwischt; dabei ist hier aber kaum entscheidbar, was von diesem Effekt durch den Gesang und was durch die starke Bearbeitung entstanden ist. Zudem lässt die unveränderte Wiederholung von Text und Melodie die zweite Stimme mechanisch und künstlich erscheinen. Diese Stimme wirkt zuerst noch relativ leise, wird aber im weiteren Verlauf präsenter. Schließlich setzt die erste Stimme zunehmend aus, so dass am Ende des Songs nur diese zweite Stimme übrigbleibt und somit die erste Stimme ersetzt.

Ab etwa 3:30 gehen die Echos des Gesangs der nun alleine übrig gebliebenen zweiten Stimme schließlich so sehr in die Hintergrundklänge über, dass Beginn und Ende der Phrasen kaum definierbar sind bzw. fehlende Worte (wie das teilweise fehlende „*All is*") oder Laute (das Ende von „*love*") in die Begleitung projiziert werden können.

---

[294] Auch der melodische Anstieg bei „Impeding me laying down" gibt für diese Vermischung ein sehr gutes Beispiel, denn der mit „down" erreichte Zielton b' fällt mit dem Einsatz mehrerer synthetischer Instrumente zusammen, von denen viele sehr weich streicher- oder klarinettenartig klingen und sich gut mit dem ausgehaltenen Ton der Gesangsstimme vermischen, mit der sie eine Lage teilen. Auch der Klang der ersten Stimme wird dabei stärker bearbeitet, er wirkt behauchter und scheint sich der synthetischen Begleitung anzunähern.

Stimmklang und Instrumente erscheinen wie vollständig miteinander verschmolzen und der sprachliche Inhalt des Satzes „*All is full of love*" scheint sich musikalisch durch die Allgegenwart des Wortes „*love*", dessen Ende schließlich nicht mehr auszumachen ist und das echoartig von einer Seite zur anderen durch den imaginären akustischen Raum pulsiert, auszudrücken.

Die Beziehung der beiden Stimmen zueinander lässt sich dabei zuerst – in den acht Takten nach dem Einsatz der zweiten Stimme und vor dem Anstieg der Ersten – als eine starke antagonistische Spannung, basierend auf der Nutzung unterschiedlicher Tonräume, Stimmklänge und Melodien, beschreiben. Diese Spannung wird dann mit dem Anstieg der ersten Stimme bei „*Impeding me laying down*" und der nachfolgenden Übernahme von Melodie, Ambitus und Text der zweiten Stimme gelöst. Ab diesem Zeitpunkt, der etwa bei 2:10 Minuten liegt, also noch vor der Hälfte des Songs, und den ich als musikalischen Höhepunkt des Songs bezeichnen möchte, tritt kein neues musikalisches oder textliches Material mehr auf, so dass in der gesamten zweiten Hälfte ein Zustand der Entspannung nach dieser Entladung bestehen bleibt.

Der Song baut sich ab diesem Punkt nach und nach ab, der Gesang verwischt zunehmend mit der Begleitung, Instrumente und die Gesangstimmen setzen aus bzw. werden leiser und schließlich klingt der Song im Nichts aus, wobei die Klanglichkeit des Outro an das instrumentale Intro erinnert, das sich ebenso langsam aufgebaut hat.

Die Klangumarmung der körperlosen Stimme

Der in diesem Song performativ produzierte Körper ist erneut phantastisch: Die offensichtlich künstliche Klanglichkeit des Songs, die Bearbeitung des Gesangs, Echoeffekte und das zunehmende Verwischen der Grenze zwischen Gesang und Instrumenten verorten die Stimme im Fiktiven, wobei jedoch im Gegensatz zu der sexualisierten Phantasiewelt, die Kylie Minogue präsentiert, der Körper weniger zur Projektionsfläche wird, sondern sich viel mehr aufzulösen scheint. Die Stimme hat keine menschlich-körperliche Quelle mehr, sondern verschmilzt zunehmend mit ihrer akustischen Umwelt. Diese körperlose Stimme erscheint so nicht mehr als die Stimme eines einzelnen menschlichen Individuums, sondern als die stimmliche Verkörperung einer belebten Umgebung.

Es drängt sich geradezu auf, hier an die von Silverman beschriebene Phantasie einer mütterlichen Klanghülle und an die Chora Kristevas zu denken: Die weibliche Stimme Björks verschmilzt mit dem

Umgebungsklang, der den_die Hörer_in beruhigend einhüllt. Die Kopplung des hörenden Körpers an den Klang geschieht dabei weniger durch eine Identifikation mit der Stimme, sondern eher durch ein Resonieren mit den Instrumentalklängen (z.B. dem Herzschlag-Beat des Basses), die den eigenen Körper zu ergänzen scheinen. Es stellt sich dabei das Gefühl eines passiven Aufgehoben-Seins im Klang ein, der durch die beschriebene Sogwirkung erzeugt wird.

Björks hypnotisierend ruhige Stimme stellt dabei einen Fokus dar, der den_die Hörer_in geradezu in diese Klangumgebung hineinzieht, in der sich der Stimmklang schließlich auflöst. Die Körperlosigkeit der Sängerin suggeriert hierbei nicht Unberührbarkeit, sondern ermöglicht eine phantastische Umarmung, in der der Klang ihrer Stimme uns vollkommen umgibt und, insofern wir uns mit diesem Klang verkoppeln, sich schließlich auch mit uns verbindet.

In der Lacanianischen Psychoanalyse ließe sich diese Dynamik mit dem „object a" erklären, das ebenfalls ein Platzhalter ist, für ein phantastisches Etwas, das ursprünglich vom Subjekt abgetrennt wurde, wenn das Subjekt seinen eigenen Körper als von der Umwelt unterschieden erkennt. Der Song erzeugt somit die Phantasie ursprünglicher Ganzheit, die jeder Kastration vorhergeht. Die dabei entstehende Lust basiert allerdings auf einer Phantasie: Es gab niemals den Zustand ursprünglicher Fülle, den diese Ganzheit suggeriert; es handelt sich dabei um eine Rückprojektion vom Zustand der späteren Spaltung aus.

Allerdings verliert Björks Stimme hierbei ihre Menschlichkeit. Sie wird zur Stimme eines „vollkommen Anderen", vielleicht einer Gottheit, eines Fabelwesens oder der idealisierten Phantasiefigur einer ursprünglichen Mutter, die keiner realen Person entspricht. Mit den Körpergrenzen verschwindet so auch die Möglichkeit die Sängerin als reales Individuum wahrzunehmen. Sie wird dabei zugleich zum anderen, nämlich zu etwas Körperlosem eigentlich nicht mehr Menschlichem aber dennoch Idealisierten, und zu etwas Eigenem – zuerst als Umgebung, dann jedoch im nächsten Schritt zu einer Art Extension des eigenen Körpers über dessen Grenzen hinaus.

Silverman hat diese Dynamik der weiblichen Stimme in der Chora und im Film bereits kritisiert: Weiblichkeit selbst wird in dieser Idealisierung in der Materialität ihrer Stimme eingefangen.[295] Relevant ist dann nur noch der Stimmklang, nicht mehr das sprechende Subjekt. Entsprechend stellt sich in diesem Song in keiner Weise die Frage nach den Intentionen des vokalischen Subjekts, nach seinen Gefühlen oder

---

[295] Vgl. Silverman (1988), S. 101 ff.

Beweggründen. Selbiges ist ausschließlich in seiner akustischen Materialität relevant und erscheint fast, wie ein leerer Kanal für die mystische Botschaft „all is full of love".

Auch wenn beim Hören der Musik nicht notwendigerweise auf die Phantasie einer Mutter zurückgegriffen werden muss, sondern die Verkopplung mit der Musik auch beispielsweise als eine Art technische Cyborg-Erweiterung gehört werden kann, ändert sich dabei nichts Grundlegendes an dem mangelnden Subjektstatus der Stimme: Wenn ich mich mit der Musik als einer spezifischen Materialität verbinde, so erscheint Björks Stimme als die einer klanglichen Umwelt, die dabei ebensowenig als menschlich erscheint. Björk verkörpert somit in diesem Song eine phantastische und idealisierte Figur, die weniger von einem menschlichen Subjekt als von einem subjektivierten Objekt (der Umgebung als verlorenes object a ?) zu stammen scheint.

Der Song basiert dabei insgesamt auf einer grundsätzlich anderen auditiven Lust, als das Begehren gegenüber Kate Bushs Stimme oder die Identifikation mit der „echten" Stimme. Zwar ist diese Klangumarmung als ästhetische Strategie sicherlich nicht auf Frauen beschränkt, doch zeigen verbreitete kulturelle Bilder, wie der Mutter-als-Umgebung, eine strake Verbindung mit Weiblichkeit. Sie stabilisiert und naturalisiert somit kulturelle Vorstellungen weiblicher Fürsorglichkeit und Aufopferung. Zudem wird die vermeintliche Autorität und überirdisch-phantastische Macht des so entstehenden vokalischen Körpers, wie ich gezeigt habe, durch einen Verlust an realem Mensch-Sein bezahlt: Der verzaubernd-umarmende Umgebungsklang hat selbstverständlich keine (legitimen) eigenen Bedürfnisse.

Die Materialität des Wortes

Bemerkenswert gerade an diesem Song ist jedoch die Materialität nicht nur des Stimmklangs, sondern insbesondere gegen Ende die des Wortes „Love", das sich über die Stimme hinaus klanglich auszudehnen scheint.

Die Spannungsdynamik des Songs, die sich auf kleinem Raum in der entspannenden Betonung von auf ein Einatmen folgenden Worten wie *„love"* und *„around you"* präsentiert und sich auf den gesamten Song bezogen in der affirmativen Bestätigung und Wiederholung der Titelzeile durch beide Stimmen ausdrückt, enthält dabei eine Art musikalisches Erfüllungsversprechen: Die körperlose Stimme einer belebten Umwelt verspricht uns immer und überall Liebe. Und dieses Versprechen materialisiert sich schließlich selbst im Klang, indem wir am Ende von dem Wort „Love" regelrecht umgeben sind.

Während in den anderen beiden Beispielen die Materialität des Stimmklangs (z.B. bei den Timbreveränderungen bei Kate Bush oder bei Kylie Minogues auffälligen Akzenten) eher dazu beitrug, die sprachlichen Inhalte in den Hintergrund zu drängen und den Fokus auf den vokalischen Körper und die Stimme als jeweils von einem intendiert mitgeteilten Inhalt losgelöstes Spektakel zu lenken, wird hier das Wort in den Vordergrund gestellt. Björk führt uns dabei den Konflikt von Signifikat (=das vom Wort Bedeutete) und Signifikant (=das Wort) vor Augen, indem sie ihre Botschaft („All is full of love") in unerwarteter Art und Weise wahr werden lässt. Mag uns dabei rational klar sein, dass der Signifikant (das Wort „Love") nicht mit seinem Inhalt übereinstimmt, so liegt ein Teil der verzaubernden Wirkung dieses Songs darin, dass er eben dies nahelegt.

Der ästhetische Genuss des Songs basiert damit ein Stück weit auf der Verdrängung der Differenz des Signifikanten von seiner Bedeutung, die in der Logik Lacans mit dem Eintritt in die Symbolische Ordnung die kastrierende Spaltung des Subjekts herbeiführt (das in der Sprache als „ich" eine von sich selbst getrennte Identität annimmt). Das Wort steht nun nicht mehr für etwas Abwesendes, sondern ist in seiner eigenen Anwesenheit wirksam. Auch auf dieser Ebene lässt sich der Song im Rahmen der Phantasie einer ursprünglichen Ganzheit und als Verdrängung von Kastration interpretieren. Ich möchte allerdings das Problem der Sprache, das sich hier stellt, noch in einer anderen Weise betrachten:

In der Psychoanalyse Lacans spielt Sprache eine große Rolle. Signifikanten sind dabei insbesondere mit Begehren und darüber mit Geschlecht verknüpft. Der Phallus als Meta-Signifikant, „der bestimmt ist, die Signifikatswirkungen in ihrer Gesamtheit zu bezeichnen, soweit der Signifikant diese konditioniert durch seine Gegenwart als Signifikant"[296] funktioniert als Geschlechtsmarker, weil er Männlichkeit und Weiblichkeit als Positionen im Bezug zum Begehren fasst. Männlichkeit als (scheinbares) „Phallus haben" lässt sich übersetzen in „Sprache haben", d.h. aktiv sprechen können und die Sprache beherrschen. Weiblichkeit als (scheinbares) „Phallus sein" hingegen wird zu „Sprache sein", d.h. die Sprache und insbesondere ihre Begehren erzeugende machtvolle Wirkung zu verkörpern.

Dies ließe sich als bloße Metaphorik abtun, würden nicht alle drei bisher analysierten Beispiele für Weiblichkeit im Klang populärer Musik eine dezidiert andere Beziehung zu Sprache präsentieren als die beiden zuvor analysierten Beispiele für Männlichkeit: Im Klang der

---

[296] Lacan (1991 [1958]), S. 4.

„echten" Stimme spielt Sprache kaum eine Rolle, dies allerdings nicht, weil sie bedeutungslos, sondern eher weil sie unsichtbar oder transparent wird. Die Stimme erscheint in der „echten" Stimme als Körperklang, nicht als Materialität der Sprache. Hingegen wird bei Bush, Minogue und Björk der Klang der Sprache immer wieder hervorgehoben, was wie ich gezeigt habe, insbesondere auf Kosten der Subjektposition der Sängerinnen geht, deren Mitteilungsfähigkeit gewissermaßen gestört wird, indem der Kanal betont wird. Wird bei Minogue und Bush durch die so ausgestellte Oberfläche der Signifikanten ein Begehren angetrieben, so wird dieses bei Björk transzendiert: Indem Björks vokalischer Körper das Sprache-Werden wörtlich vorführt und sich im Wortklang auflöst, verschwindet jedes Subjekt hinter der Stimme und der Kanal der Kommunikation als solches tritt in den Vordergrund. Es gibt kein „Dahinter" mehr (auch kein verleugnetes), sondern nur noch „Love" als materialisiertes Wort, das sich weniger als Bedeutungsträger, sondern eher als Rätsel präsentiert und so auf die Leere von Sprache und Subjektivität allgemein verweist.

Es zeigt sich damit in den besprochenen Beispielen tatsächlich eine differente Beziehung der Geschlechter zur Sprache, wie Lacan sie behauptet. Die generelle Problematik einer Sprache, die nur dadurch als Kommunikation erscheinen kann, dass ihre eigene Materialität vergessen wird (d.h. jeder Fokus sich auf Verstehen und nicht auf den Klang richtet), wird somit offenbar auch im Feld der populären Musik ausagiert und verbindet sich dort mit Geschlechterperformanz. Dabei muss allerdings natürlich bedacht werden, dass dieses Verhältnis nicht naturgegeben ist, sondern performativ hergestellt wird. Diese Beobachtung kann jedoch als Konsequenz und weiterer Aspekt einer umfassend sexistisch strukturierten Kultur und Gesellschaft verstanden werden und wirft die Frage auf, was diese geschlechtsspezifische Klanglichkeit der Sprache für Konsequenzen in der Alltagskommunikation hat.

Birdy: „People Help The People"

Ich möchte nun abschließend den Song „People Help The People" von Birdy betrachten. Der Song beginnt ähnlich wie „Feel It" von Kate Bush allein mit Klavier und Gesang und erzeugt somit eine eher intime Atmosphäre, es kommen jedoch im Verlauf des Songs weitere Instrumente und ein Hintergrundchor hinzu, die vor allem im letzten Refrain den Eindruck von Kollektivität vermitteln. Der Song enthält damit eine sehr starke Entwicklung, die ich in ihrer Bedeutung untersuchen werde.

Zunächst jedoch ein Überblick: Der formale Aufbau lässt sich vor allem anhand der Instrumente recht einfach strukturieren (Siehe Tabelle).

Form	Text	Instrumente	Zeit
Intro		Klavier	
Strophe 1	God knows ...	Klavier	0:21
[kurze Pause]	God knows ...		0:36
Refrain	People help ...	Klavier, Streicher, Bass	0:50
Überleitung	Oh and if I ...	Klavier	1:13
Strophe 2	God knows ...	Streicher, Schlagzeug, Git.,	1:37
	God knows ...	Bass, Klav.	1:50
Refrain	People help ...	Chor, Klav., Git., Streicher, Schlagzeug, Bass	2:04
Überleitung	Oh and if I ...	Klav., Git., Streicher, Bass	2:25
Streicher-Solo	Nana Nanana Uhhh..	Schlagzeug, Bass, Streicher, Klav.,	2:42
Refrain	People help ...	Chor, Streicher, Git., Schlagzeug, Klav., Bass	3:26
Überleitung /Outro	Oh and if I ...	Klav., Git., Streicher, Bass [weniger werdend]	3:48

Birdys Gesangstechnik verändert sich in den einzelnen Abschnitten ebenfalls deutlich hörbar. In der ersten Strophe, deren wellenartige vor allem aus Terzbewegungen in entspannter Lage (b bis f') bestehende Melodie bereits stark an «Seufzer» erinnert, wird von der Sängerin diese in der Melodik enthaltene Assoziation durch besonders starke Betonung der hohen Noten auf der jeweils ersten und dritten Zählzeit und sehr starke dynamische Rücknahme der tieferen Noten dazwischen unterstützt. Des Weiteren werden einige dieser «Seufzer», beispielsweise auf dem ersten „*weak*", auf „*kissed*" und „*angels*" leicht verzögert, was vor allem durch die entsprechende verzögerte Reaktion des Klaviers gut zu hören ist und den durch das Seufzen erweckten Eindruck von Trauer weiter verstärkt. Auf Worten wie „*what*", „*weak*" und „*hearts*" ist außerdem ein kurzes Vibrato, eine Art Zittern der Stimme, im Wort hörbar, das eine leichte Unterbrechung erzeugt: „*w-hat*", „*we-ak*" und „*he-arts*". Der dabei entstehende Effekt erinnert an eine unkontrollierte Atmung, wie sie auch beim Weinen entsteht und diese Lautgebungen unterstützen damit ebenfalls die Assoziation von Trauer.

Im Refrain ändert sich die Melodie, die nun in einem deutlich höheren Tonraum bis b' liegt und sehr stark das wiederholte Wort „people" betont. Dieses Wort wird auf den Tönen as', b' und f' gesungen. Die kurze Verzierung der ersten Silbe zum b' nach oben wird dabei jedoch nicht melismatisch gebunden gesungen, sondern wie eine eigene Silbe behandelt: „*pe-**he**-ple*" [statt: „*pe-e-ple*"]. Diese Artikulation erinnert an das hörbar stoßweise und unkontrollierte Atmen beim Schluchzen,[297] was durch die hohe Tonlage zusätzlich unterstützt wird. Diese Assoziation, die erneut Weinen suggeriert, wird außerdem durch die sehr häufig hörbare Atmung[298] und den erneuten Einsatz des schon erwähnten Vibratos beispielsweise auf „*h-and*" und „*dra-ag*" verstärkt. So entsteht auch hier der starke Eindruck mangelnder Kontrolle über die Atmung – wie im emotionalen Zustand von Schmerz und Trauer.

Auch in der Überleitung, die melodisch insgesamt von einem wellenartigen Oktavabstieg vom b' zu b geprägt ist, wird das schon erwähnte Vibrato beispielsweise auf „*h-ad*", „*tu-urned*" und „*he-arts*" eingesetzt. Melodische Seufzer, wie bei „*if I*" und dem gleich folgenden „*had a*" werden auch hier von der Sängerin mit einer deutlichen laut-leise-Dynamik unterstützt. Insbesondere am Ende der Überleitung scheint die leiser werdende Stimme regelrecht zu versagen, wenn beispielsweise der abschließende Konsonant von „*goo[d]*" verschluckt wird, das Vibrieren in der Stimme auf „*turned*" und „*hearts*" deutlich zunimmt und die abschließende Silbe von „*a-wa-**hy***" ebenso mit einem erneuten Ansetzen unterbrochen wird, wie „*pe-**he**-ple*".

Trotz des insgesamt einheitlichen Eindrucks von Schmerz und Trauer möchte ich dennoch ein paar Veränderungen herausarbeiten: In der Strophe dominiert ein leises Zögern, das sich vor allem in knackend knarrenden Unklarheiten am Ansatz der Worte, Behauchung und insgesamt recht starkem Vibrato zeigt (wie bei „*g-hod*" und „*w-hat*"). Im Refrain, bei „*Pe-**he**-ple*", wird dieses Zögern von einem sehr klaren plosiven Ansatz in höherer Lage abgelöst, der deutlich mehr Körperspannung beansprucht. Während die Strophe so einen eher introvertierten Eindruck vermittelt, ist der Einsatz des Refrains stärker nach außen gerichtet; er wirkt deutlich appellativer und energischer, bleib aber dennoch durch das scheinbar unkontrollierte Schluchzen im Zustand der Trauer gefangen. Das singende Ich scheint hier verzweifelt

---

[297] Ebenso: „N*othing will drag **you-hu** down.*"
[298] > = hörbare Einatmung: „*> Peheple > help the peheple, >And if your homesick, > Give me your hand and I'll hold it. > Peheple > help the peheple, > Nothing will drag you down.*"

um Hilfe zu bitten, weinend, schluchzend und schreiend zugleich. Der Übergang von einem zum anderen Zustand passiert dabei nicht abrupt, sondern wird in der Strophe nach und nach vorbereitet und im Refrain nach dem expressiven „pe-he-ple" auch schnell wieder abgebaut.

Auch in der zweiten Strophe lassen sich deutliche Zeichen von Trauer festmachen, beispielsweise im schon erwähnten Vibrato auf „w-orld", „th-ousands", „he-arts", „le-oneliness" und der auch im Vergleich zur ersten Strophe sehr häufigen hörbaren Atmung, die teilweise innerhalb der Phrasen auftritt[299] und ebenfalls an ein Schluchzen oder Seufzen erinnert. Die zweite Strophe ist jedoch vor allem durch den Einsatz der vollständigeren Instrumentation, insbesondere dem nun zum ersten Mal einsetzenden Schlagzeug, geprägt.

Der Rhythmus geht nun gleichmäßig bis zum Ende der Strophe durch. Auch die Stimme klingt kraftvoller, als in der ersten Strophe, was sich vor allem in der Lautstärke und dem nun klaren Rhythmus zeigt. Sie erscheint dabei wie von den Instrumenten getragen, wobei die halbtaktige Aufwärtsbewegung der E-Gitarre zu erwähnen ist, die einen starken vorwärtstreibenden und aufwärtsstrebenden Gegenpol zur traurigen abwärts gerichteten Melodie bildet, während sie zugleich die halbtaktige Unterteilung der melodischen Wellenbewegung unterstützt. Es entsteht so ein tröstender Eindruck: Die Instrumente rahmen die Stimme harmonisch, bieten ein stabiles rhythmisches Gerüst und eine aufwärts gerichtete Alternative zur traurigen Melodie.

Im zweiten Refrain schließlich wird die schon recht volle Instrumentation mit einem Hintergrundchor ergänzt, der zwar mit Birdy unisono singt, aber klanglich schwächer ist, so dass der Sologesang weiterhin im Vordergrund steht. Der Klangeindruck ist des Weiteren von einem eher flächenartigen Streicherklang geprägt, der mit dem sehr weich klingenden Chor[300] verschwimmt. Birdys Gesang weicht auch hier vom ersten Refrain ab, sie klingt insgesamt leicht kraftvoller und atmet deutlich weniger.[301] Die neu angesetzte Silbe in „pe-**he**-ple" erhält nun eine neue Bedeutung, denn sie erinnert im veränderten klanglichen Kontext weniger an ein Weinen, sondern das weiche anlautende

---

[299] > = Einatmen: „ > *God knows what is hiding, In this world of little consequence.* > *Behind the tears,* > *inside the lies, A thousand slowly dying sunsets. God knows what* > *is hiding,* > *In those weak and drunken hearts.* > *'guess the loneliness came knocking, No one needs to be* > *alone, oh singing,* "

[300] Dieser weiche Klang entsteht, weil das Anlauten nicht exakt ist, d.h. durch die nicht gleichzeitig einsetzenden verschiedenen Stimmen verwischt.

[301] Nur nach „*homesick*" und vor dem zweiten „*People help the people*".

h verschmilzt mit dem Hintergrundchor und den Streichern, was eher einen tröstenden Eindruck hinterlässt: Die zuvor einsame Stimme wird von einem klanglichen Kollektiv, der vollen harmonischen Einheit aus instrumentalem und Chor-Klang, aufgenommen. In der nachfolgenden Überleitung fällt die Stimme jedoch wieder in die Einsamkeit zurück: Schlagzeug und Chor setzen aus und die Instrumentation wird sparsamer.

Es folgt der instrumentale Zwischenteil. Die zuerst von Streichern in Oktaven gespielte Melodie wird zweimal wiederholt, wobei die höheren Streicher in den Wiederholungen teilweise vom Gesang unisono ergänzt werden. Dabei wird kein Text gesungen, sondern kaum verständliche Silben, zuerst wird die Melodie dabei syllabisch mit *„Nana.."* oder *„Lala.."* ergänzt, dann folgt ein langgezogener melismatisch absteigender *„Uhh"*-Laut. Die Stimme erscheint dabei offensichtlich bearbeitet, sie ist deutlich weiter entfernt, als bisher im Song und klingt wie durch ein Hindernis hindurch, sie ist außerdem behaucht und mit einem Halleffekt versehen. Der Klang der Stimme ist dabei teilweise – vor allem beim langgezogenen *„Uhh"* – nur schwer von den Instrumenten zu unterscheiden und vermischt sich mit dem oktavierten Klang der Streichinstrumente. Die Sängerin erscheint dabei wie in Trance und ich möchte auch hier von einem sphärischen Klangeindruck sprechen.

Im anschließenden letzten Refrain tritt erneut der Hintergrundchor hinzu, der nun aber etwas lauter ist, als im zweiten Refrain. Birdys Stimme scheint dadurch viel stärker mit dem klanglichen Kollektiv des Chors verbunden; beide scheinen nun eine Einheit zu bilden und Birdys Stimme ist nun Teil dieses trostspendenden Kollektivs.

Schließlich endet der Song mit einer letzten Überleitung, in der die Stimme wieder alleine ist, das Schlagzeug aussetzt und auch die übrigen Instrumente nach und nach verstummen, so dass letztlich das an den Anfang erinnernde Klavier alleine übrigbleibt. Die Stimme wird dabei zunehmend leiser und fällt ebenfalls in den durch häufigen Vibratoeinsatz geprägten, zögernd-traurigen Stimmklang des Anfangs zurück.

Eine weibliche „echte" Stimme?

Ich möchte diesen Song nun als klangliche Narration einer Verwandlung interpretieren, an deren Beginn ein einsames Subjekt empfundenen Schmerz mitteilt, das dann aber in eine trostspendende Figur transformiert wird, die stark an die im letzten Teil besprochene mütterlich-konnotierte Klanghülle erinnert. Dabei wird zuerst das traurige singende Subjekt von den trostspendenden Instrumenten klanglich eingehüllt, um dann im nächsten Schritt selbst zum Teil dieses Kollektivs zu werden, das seine emotionale Unterstützung schließlich dem Publikum anbietet.

Die einsame Stimme zu Beginn des Songs erweckt dabei zuerst den Eindruck einer „echten" Stimme: sie ist geprägt durch somatischen Ausdruck und wie bei den männlichen Beispielen der „echten" Stimme lädt diese Darstellung zum empathischen Nachempfinden und zur Identifikation ein. (Was die gerade beschriebene narrative Dynamik beschleunigt, denn das sich identifizierende Publikum wird bereits ab der zweiten Strophe gemeinsam mit dem singenden Subjekt von den trostspendenden Instrumenten umhüllt und verschmilzt mit beiden.)

Diese scheinbare „echte" Stimme möchte ich nun genauer betrachten und sie mit den zuvor analysierten Beispielen dieses Stimmeinsatzes bei männlichen Sängern vergleichen. Handelt es sich hier um dasselbe Phänomen? Oder gibt es Unterschiede?

Es lässt sich auch hier ein somatischer Körper hören, der sich vor allem bei dem Schluchzer von *„pe-**he**-ple* deutlich zeigt: Das Schluchzen scheint den gesamten vokalischen Körper zu durchziehen und lässt sich beim Hören auch gut körperlich nachempfinden. Auch mit der brüchigen Stimme des Gesangs der Strophe ist eine Identifikation gut möglich; die vibrierende Atmung vermittelt dabei den Eindruck mangelnder Kontrolle über die Stimmgebung, die sich als Ausdruck ihrer aufrichtig empfundenen Trauer interpretieren lassen. Die Stimme erscheint insofern „echt", da sie glaubwürdig einen somatisch-emotionalen Zustand mitteilt.

Dennoch möchte ich auf einen Unterschied zur Präsentation der „echten" Stimme bei Cobain und Williams hinweisen: Notwendig für diesen Eindruck der „Echtheit" ist hier ein scheinbarer Kontrollverlust, d.h. die „Echtheit" von Birdy's Trauer wird nicht, wie bei den Sängern[sic] durch körperlich hörbare Anstrengung und Anspannung, sondern durch das Brechen der Stimme beglaubigt. (Zwar sind die hierfür verantwortlichen musikalischen Mittel, das Vibrato, die hörbare Atmung, die starke Betonung der Seufzerbewegung usw., sehr wahrscheinlich bewusst für den beabsichtigten Effekt eingesetzt worden, dies ist aber auch bei den männlichen Beispielen der Fall.)

Der vokalische Körper in Birdy's Song erscheint dadurch hilfloser und seinen Gefühlen viel mehr ausgeliefert zu sein. Birdy kann ihre für die Atmung notwendige Körperspannung scheinbar nicht kontrollieren. Ihre Expressivität wirkt damit weniger wie eine selbstbewusste emotionale Mitteilung, sondern vielmehr wie ein verzweifelter Hilferuf. Dies könnte nun als ein inhaltlicher Unterschied in der „echten" Stimme angesehen werden, vergleichbar mit dem Unterschied zwischen Kurt Cobain und Robbie Williams. Ich denke aber, dass die Differenz hier grundlegender ist, wie ich im folgenden Abschnitt erklären möchte.

Inszenierung von Kastration

Der hier inszenierte Kontrollverlust erinnert an Laurie Stras' Analyse des Songs „Will You Still Love Me Tomorrow" von den Shirelles. Dies ist ein Song aus den frühen 1960er Jahren, dessen Erfolg Stras auf die jugendlichen Schwächen der Stimme von Sängerin Shirley Owen zurückführt.[302] Stras schreibt in Bezug auf die äußerst auffällige Bridge des Songs:[303]

> „The plaintive quality of her edged-up throat resonance accurately dates her voice without exposing it too cruelly, but the comfortable, lower-pitched hook on the song's title phrase allows the memory to retain the pleasanter sound of her relaxed chest voice.
>
> The way this record exploited Owen's teenage vocal vulnerability to its best advantage, rather than disguising it or avoiding problem areas, appears to have been something of a revelation."[304]

Die stimmliche Schwäche wird hier zur Attraktion des Songs. Stras' Wortwahl sollte hierbei beachtet werden: Die Stimme wird ausgestellt („expose"), ausgenutzt („exploit") und schließlich zur Offenbarung („revelation"). Offenbart und ausgestellt wird dabei das jugendliche Alter und die Verwundbarkeit der Sängerin,[305] die sich in der stimmlichen Schwäche zeigen. Owen hat dabei weder die Kontrolle über ihre Stimme noch über ihre klangliche Selbstdarstellung, die, wie Stras' Worte nahelegen, von dritter Seite inszeniert wird. Gerade das Unbeabsichtigte der Schwäche erscheint dabei als Garant für

---

[302] Vgl. Stras (2011b), S.47 ff.
[303] Mit dem Text: „*Tonight with words unspoken, you said that I'm the only one, but will my heart be broken, when the night meets the morning sun*"
[304] Stras (2011), S.49.
[305] Vgl. auch Stras (2011), S.47: „Owen's teen voice could be heard for what it was: developing, vulnerable, sweet, real."

die sich offenbarende „Echtheit". Etwas Vergleichbares arbeitet auch Diane Pecknold an einem anderen Beispiel heraus:

> „the distinguishing failures of the adolescent girl voice and the compensatory vocal techniques that subsequently became understood as „teen voice" have […] been enthusiastically hailed as authentic representations of teenage girls and particularly, of the materiality of their bodies."[306]

Die Herausstellung des (scheinbar) Unbeabsichtigten in weiblichen Stimmen beschreibt auch Kaja Silverman im Bezug zum Schrei im Film:

> „What is demanded from woman – what the cinematic apparatus and a formidable branch of the theoretical apparatus will extract from her by whatever means are required – is involuntary sound, sound that escapes her own understanding"[307]

Offenbar gibt es also ein breites kulturelles Interesse daran, dass Frauen im Film und in der populären Musik (scheinbar) unabsichtliche Stimmklänge produzieren. Im Gegensatz zur auf der Intentionalität der Mitteilung basierenden Einheit des verkörperten Subjekts in den anderen (männlichen) Beispielen der „echten" Stimme, wird hier „Echtheit" dadurch produziert, dass die Sängerin mangelnde Kontrolle über ihren eigenen Körper bzw. ihre eigene Stimme performt.

Hierin wird zum einen eine Spaltung von Körper und Subjekt wiederholt und zum anderen der Sieg des Körpers über das Subjekt impliziert. Diese Spaltung, d.h. dieses Nicht-Eins-Sein mit sich selbst, lässt sich dabei als eine Figuration von dem erkennen, das die Psychoanalyse mit Kastration bezeichnet. Ein Reiz dieser Stimme würde damit darin liegen, dass sie ein Verraten der Gefühle gegen den Willen der Sängerin suggeriert und damit die Spaltung und Machtlosigkeit des Subjekts inszeniert. Diese unbeabsichtigte und unfreiwillige Expression, die scheinbar unbewusst oder unwillentlich entweicht, kann damit als ein Beispiel für die wiederholte Fixierung des Mangels auf dem weiblichen Körper verstanden werden.

Dabei habe ich in den anderen Beispielen herausgearbeitet, dass das weibliche Subjekt der Songs jeweils abwesend ist. Nun wurde diese Abwesenheit in den anderen Songs von unserer Phantasie gefüllt oder von einem Fetisch verdeckt. Die Sängerinnen erschienen somit zumindest oberflächlich betrachtet in einer machtvollen Position. In

---

[306] Pecknold (2016), S. 80.
[307] Silverman (1988), S.77.

diesem Song hingegen wird Machtlosigkeit regelrecht ausgestellt, indem ein Kontrollverlust über den eigenen Körper präsentiert wird. Hierbei findet eine Umkehrung statt, in der die eigentliche mitteilende Aktivität den Gefühlen und nicht mehr dem singenden Subjekt zugeschrieben wird: Die Gefühle offenbaren sich selbst – und zwar gewissermaßen gegen den Willen des singenden Subjekts. Was hier gegenüber den männlichen Beispielen fehlt, ist die *Intentionalität* der Mitteilung und damit die Kontrolle des Subjekts über seine eigenen Handlungen.

Der Einsatz einer somatischen Stimme für diesen Zweck sorgt dabei für die besondere Überzeugungskraft dieser Darstellung: Der Stimmklang bestätigt so gewissermaßen die Wahrheit der Darstellung, d.h. dass Birdy ihrer Stimme, ihren Gefühlen und ihrem Körper ausgeliefert ist. Gerade im Kontrast zu den anderen drei analysierten Beispielen wird hier, nachdem das weibliche Subjekt sich unerreichbar hinter verschiedenen Fassaden versteckt hat, endlich der Vorhang gelüftet: In Wirklichkeit, so scheint es nun, sind Frauen keine übermächtigen perfekten Wesen, sondern hilflos schon ihrem eigenen Gefühlsleben gegenüber ausgeliefert. Die somatischen Komponenten von Birdy's Stimme bestätigen dabei die scheinbare Wahrheit dieser Enthüllung, die aus den Tiefen ihres Körpers kommt und die mehr noch ihr Körper selbst sind.

Im empathischen Mitgefühl mit Birdy verbirgt sich dabei auch schnell die Bestätigung der eigenen Überlegenheit: Wir können uns in Abgrenzung selbst stark vielleicht beschützend imaginieren, während die Hilflosigkeit gerade durch die somatische Präsentation des Stimmklange eng mit ihrem Körper verbunden und dort fixiert wird. Es ist somit möglich Birdy's Kontrollverlust als lustvolle Bestätigung der eigenen Selbstbeherrschung zu hören.

Doch auch ein identifizierendes Hören ist, wie ich beschrieben habe, gut vorstellbar: Die Vermutung liegt dabei nahe, dass sich tendenziell Hörerinnen eher identifizieren werden, während Hörer[sic] sich eher abgrenzen. Allerdings ist es auch wahrscheinlich, dass das Hörverhalten maßgeblich vom jeweils aktuellen emotionalen Zustand der Hörer_innen beeinflusst wird. Für eine identifizierende Hörweise muss jedoch erklärt werden, wie diese (auch für Frauen) zu einer lustvollen positiven Erfahrung werden kann. Eine Identifikation mit Birdy's Kontrollverlust kann dabei kaum die bestätigende Lust verschaffen, die in der Spiegel-Identifikation mit der machtvoll expressiven männlichen „echten" Stimme bestand. Wie also erzeugt eine Identifikation mit Birdy's vokalischem Körper Lust? Die Antwort hierauf liegt, denke ich in der tröstenden Transformation, die in dem Song durchlaufen wird.

Die Selbstauflösung als tröstender Ausweg

Ich möchte mich nun der im Song inszenierten Verwandlung der hilflosen unkontrollierten Stimme zu Beginn in die tröstende Klangumarmung im dritten Refrain zuwenden. Wie ich bereits beschrieben habe, wird diese durch die Instrumente und den Hintergrundchor produziert, die die verzweifelte Stimme ab der zweiten Strophe klanglich einhüllen. Wie die am Beispiel von Björks „All Is Full Of Love" besprochene Klangumarmung ließe sich hier argumentieren, dass Birdy vom Chor tröstend und schützend aufgenommen wird. Im Gegensatz zu Björk ist Birdy jedoch zuerst diejenige, die eingehüllt wird, nicht diejenige, die einhüllt.

Im instrumentalen Zwischenteil bemüht sich die Stimme dann allerdings um Verschmelzung mit dem Umgebungsklang, insbesondere mit den Streichern. Das mit sphärischer Stimme singende Subjekt scheint dabei die physische Welt zu verlassen und in dem phantastischen Raum aufzugehen, aus dem zuvor die Instrumente und der Chor als tröstende Kollektivität auftauchten. Im folgenden Refrain ist ihre Stimme schließlich auch deutlich an den Hintergrundchor angenähert. Birdy kann sich nun selbst als Teil des Chors tröstend und aufnehmend dem Publikum zuwenden.

Diese Auflösung bedeutet dabei den Verlust des somatischen Körpers, wie sich an der Veränderung von *„Pe-he-ple"* erkennen lässt. Die zusätzliche Silbe, die zuerst das körperliche Schluchzen deutlich gemacht hat, wird im letzten Refrain eher zu einer Assonanz an das sphärische Verschmelzen mit dem Umgebungsklang in den sich der Hauch-Laut besonders gut einfügt. Der Verlust des Körpers wird dabei kompensiert durch die positiven Attribute der Klanghülle in die sich Birdy verwandelt: Zuerst einmal ist dieser aufgelöste vokalische Körper unberührbar und damit vor Verletzungen geschützt. Er ist damit auch vor den am Anfang des Songs ausgedrückten Gefühlen von Trauer und Verzweiflung befreit. Mehr noch enthält der körperlose Stimmklang des „sonorous envelope" jedoch wie bei Björk etwas Übermenschliches: Sie entspricht einer inneren Flucht, in der die emotionale Bedürftigkeit, die Birdy zu Beginn des Songs mitteilt, mit körperlicher und emotionaler Bedürfnislosigkeit ersetzt wird. Diese emotionale Unabhängigkeit erzeugt dabei den Eindruck einer Macht oder Kraft, die sich am Ende des Songs wiederum tröstend dem Publikum zuwenden kann.

Im Song wird damit ein Umgang mit Trauer und Verzweiflung vorgelebt, der die Aufgabe eigener Bedürfnisse durch eine Flucht ins Phantastische bedeutet. Das Subjekt zieht sich dabei gewissermaßen von der Welt zurück; statt einer Lösung der Probleme in der Realität wird ein innerer Raum aufgesucht, in dem diese scheinbar keine Rolle mehr spielen. Mehr noch: es wird dabei sogar der Anspruch auf eine Änderung in der Wirklichkeit aufgegeben. Das Problem, das zu Beginn des Songs bestand, wird nicht gelöst, sondern eher resignierend akzeptiert. Kraft wird aus dieser erfolgreichen Akzeptanz der Realität gezogen. Sie besteht nicht in einem (kämpferischen) Überwinden sondern in einem Entsagen. Die wirkliche Welt wird für eine Art innere Transzendenz aufgegeben.

Dies erinnert an traditionelle „weibliche" Werte oder Tugenden von Verzicht, Warten und dem Ertragen von Leid, wie sie beispielsweise in Märchen (Aschenputtel, Dornröschen, Schneewittchen) vermittelt werden und schon von de Beauvoir kritisiert wurden:

> „Ganz gleich, ob es um Gott oder einen Mann geht, das Mädchen merkt, daß es durch die Bereitschaft zu unbedingter Demut allmächtig werden kann"[308]

In Form von Resilienz erhält dieses Aushalten und Überwinden von Schmerz und Verletzung dabei einen neuen neoliberalen Anstrich, wie Robin James in ihrem Buch „Resilience und Melancholy" kritisiert:

> „first, damage is incited and made manifest; second, that damage is spectacularly overcome, and that overcoming is broadcast and/or shared, so that; third, the person who has overcome is rewarded with increased human capital, status, and other forms of recognition and recompense, because: finally, and most importantly, this individual's own resilience boosts society's resilience."[309]

Resilienz erscheint dabei als Aspekt selbstbewusster post-feministischer Weiblichkeit: „Today you become a „good" Western woman by spectacularly overcoming the damage done to you by the male gaze."[310] Hierdurch bleibt sie jedoch mit dem „male gaze" verbunden, der zwar individuell überwunden, nicht aber kollektiv angegriffen wird, und stützt so letztlich die gesellschaftlichen Verhältnisse. Dies

---

[308] De Beauvoir (2016 [in fr. 1949]), S. 362.
[309] James (2015), S. 7.
[310] James (2015), S. 24.

belegt James an zahlreichen Beispielen. Der individuelle Sieg über die Verletzung wird dabei zur öffentlichen Bestätigung der gesellschaftlichen Verhältnisse: Wenn Birdy es schafft sich aus ihrer Trauer selbst zu befreien, dann kann es ja gar nicht so schlimm sein.

James' Kritik ist grundsätzlich zuzustimmen: Resilienz wird zur Legitimierung neoliberaler und post-feministischer gesellschaftlicher Verhältnisse genutzt. Allerdings ist Resilienz auch ein psychischer Überlebensmechanismus. Das Ertragen und Überwindung von vielfältigen Verletzungen in einer durch Sexismus gekennzeichneten Welt ist Alltag vieler Frauen. Birdys Selbstauflösung ist damit auch eine mögliche Umgangsstrategie, ein möglicher Trost, eine mögliche Ressource im Umgang mit diskriminierenden Erfahrungen. Die von Birdy ausgedrückte Trauer kann und sollte so auch als Abbild einer Realität gelesen werden, in der Verletzungen, die die Integrität von Körper und Subjekt in Frage stellen, dem Song immer schon vorausgehen.

Anders gesagt: Der tröstende Ausweg in der Selbstauflösung ist durchaus real. Es ist ein möglicher Umgang mit traurigen, überfordernden und sehr realen Situationen, die beispielsweise durch die kräftezehrende Doppelbelastung der Versorgung von Kindern, Alten und Kranken und gleichzeitiger durch postfeministische und neoliberale Ideologie und gesellschaftliche (finanzielle) Zwänge geforderter beruflicher und finanzieller Selbständigkeit entstehen können – eine Situation, in der sich immer noch vor allem Frauen wiederfinden, denn die postfeministische Gesellschaft fordert Frauen zwar auf, gleichberechtigt am Arbeitsmarkt teilzunehmen, entlastet sie aber selbstverständlich nicht von „ihren" traditionellen Aufgaben.[311]

Ich finde es daher wichtig diesen und die anderen betrachteten Songs in ihrem Zusammenhang zu betrachten. Nur so wird deutlich, wie sie gesellschaftliche Ideologien vermitteln und legitimieren, die sich letztlich stabilisierend auf sexistische Gesellschaftsverhältnisse auswirken. Das Problem ist dabei jeweils nicht der einzelne Song, sondern das eingeschränkte Feld von Möglichkeiten, das der Mainstream anbietet.

---

[311] Vgl. Helfferich (2017), S. 252 ff. und Klenner/Menke/Pfahl (2012), S. 316 ff.

Fazit: Sexismus hören?

Die Stimmen der Anderen

Ich möchte nun diese vier untersuchten Beispiele für weibliche Stimmen miteinander und mit den beiden Beispielen für eine männliche „echte" Stimme vergleichen. Dabei ist es nicht mein Ziel die Heterogenität dieser Songs zu reduzieren und auf eine gemeinsame Formel zu bringen. Vielmehr lassen sich die vier Beispiele als Orientierungspunkte in einem musikästhetischen Feld außerhalb der „echten" Stimme verwenden. Sie sollen dabei als Beispiele verstanden werden und, obwohl ich diese Songs gewählt habe, da ich die darin auftretenden Dynamiken für relativ gängige Muster in der Popmusik halte, nicht dazu verführen, sie als ein Raster zur Einteilung von Musik zu verwenden.

Allerdings gibt es Gemeinsamkeiten zwischen allen vier Songs, die sich vor allem im Gegensatz zur „echten" Stimme erschließen. Hierbei erscheinen mir zwei Faktoren relevant: die Positionierung der Sängerin als Andere im Verhältnis zur_zum Hörenden und die Fragmentierung von Stimme, Körper und Subjekt. Diese beiden Faktoren möchte ich nun nacheinander ausführlicher betrachten:

Wird die „echte" Stimme als normative Expression eines emotionalen Selbstbildes des Publikums angesehen, so sind die hier behandelten vier Beispiele als unterschiedliche Formen von „Anderen" interpretierbar. Vor allem in den Beispielen von Bush, Minogue und Björk lässt sich erkennen, dass hier keine emotionale Kongruenz zwischen singendem Ich und Publikum angestrebt wird, sondern die Sängerinnen in einer antagonistischen Position zum Publikum stehen: Sie erscheinen als Reaktionen auf emotionale und erotische Wünsche des Publikums.

Musikalisch wird dabei das hörende Subjekt vom singenden getrennt und im Zentrum des Songs platziert, was vor allem an Kylie Minogues „Stimmchor" gut nachvollziehbar ist, der sich um ein imaginäres hörendes Individuum herum anordnet. Aber auch Kate Bushs Verführungen und die sphärische Klanghülle, mit der Björks Stimme uns umgibt, orientieren sich klanglich auf ein hörendes Subjekt, das in der Organisation des Songs die Position des eigentlich Wesentlichen einnimmt.

Birdys traurige somatische Expression, die teilweise als „echte" Stimme angesehen werden kann, weist ebenfalls einige relevante Unterschiede zu den vorher analysierten Beispielen der männlichen Sänger auf. Insbesondere funktioniert ihre Stimme nicht als Mittel sozialer Handlungsfähigkeit, die sich in den männlichen Beispielen der „echten" Stimme vor allem durch den im körperlichen Kampf um die Mitteilung präsentierten Willen ausdrückt, sondern eher als Zeichen körperlicher Ohnmacht und Hilfsbedürftigkeit. Schließlich löst sich ihre Stimme im instrumentalen Zwischenspiel sogar regelrecht vom Körper, was eine somatische Nachempfindung fast unmöglich macht, und steht dem emotionalen Trostbedürfnis des Publikums damit ebenfalls als Gegenpart zur Verfügung. Der Song „People Help The People" kann also auch als ein Wechsel von der einen in die andere Rolle angesehen werden.

Insgesamt lassen sich in den vier Songs dabei als verschiedene Klischees von Weiblichkeit hören: Die präsentierten Frauenfiguren lassen sich überspitzt als undurchschaubare Femme Fatal, als verfügbares Sexobjekt, als übernatürliche Mutter und als hilfloses Opfer interpretieren. Auch diese Klischees positionieren den_die Hörer_in als Gegenpol, statt in der spiegelhaften somatischen Gleichheit, die in der Identifikation mit der „echten" Stimme entsteht.

Die dabei entstehenden Subjekte der Stimmen erscheinen außerdem in ihrer Handlungsfähigkeit jeweils auf den_die Hörer_in hin ausgerichtet, indem sie verführen, erregen, trösten oder einhüllen. Einzig Birdys „echte" Stimme fällt zuerst durch Ohnmacht auf, die sie allerdings in ihrem Verschmelzen mit dem Hintergrundchor überwindet: Nun kann auch sie tröstend helfen, statt hilflos um Trost zu bitten. In Bezug zu Butlers Performanztheorie lässt sich dabei die These formulieren, dass in diesen Beispielen ein handlungsfähiges und intelligibles weibliches Subjekt jeweils entsteht, wenn es sich auf eine_n andere_n als Zentrum seines Tuns hin orientiert. Selbst die so entstehenden Subjekte erscheinen dabei als unwesentliche Andere gegenüber der_dem Hörer_in im impliziten Zentrum des Songs.

Die Ähnlichkeit meiner Beobachtungen zu den am Film analysierten Darstellungen von Männern und Frauen legt dabei nahe, dass Film und Popmusik in einem gemeinsamen kulturellen Rahmen von wahrscheinlich unbewussten Vorstellungen von Geschlecht verortet werden können, der sich zumindest teilweise mit psychoanalytischen Begriffen beschreiben lässt. Den visuellen Lüsten, die an der Produktion des männlichen Blicks im Kino verantwortlich sind, entsprechen auditive Lüste, die ähnliche Effekte im Klang populärer Musik erzeugen. Dabei war es wichtig in dieser Arbeit verschiedene Lüste gegeneinander abzugrenzen. Denn es handelt sich dabei um verschieden Modi der distanzlosen Musikerfahrung, die für gewöhnlich nicht benannt werden (können), da geeignete Begriffe dafür fehlen. Mit Bezugnahme auf die Psychoanalyse und durch Analyse der im Klang entstehenden Körperbilder war es möglich eine auf dem Spiegelstadium basierende Identifikation vom Eingehüllt-Sein in eine Klangumarmung, vom Begehren nach Enthüllung und von der tanzenden Verkörperung einer objektivierten Stimme zu unterscheiden. Es zeigt sich hierbei eine Nähe der klanglichen Darstellungen zum Male Gaze im Film.

Allerdings tut populäre Musik mehr als nur dasselbe bereits bekannte Schema in einem anderen Medium zu wiederholen: In der Spezifik des klanglichen Mediums ist eine grundsätzlich andere Beziehung zum Publikum enthalten, die vor allem auf den Körper zielt.

Damit möchte ich auf den zweiten Faktor, die Fragmentierung eingehen, die sich im Gegensatz zur Einheit von Subjekt, Körper und Stimme im somatischen Stimmklang der „echten" Stimme zeigt: Hierbei erscheint mir vor allem der Einsatz eines Stimmklangs bemerkenswert, der dazu tendiert aus der Stimme selbst ein ästhetisches (oder erotisches) Objekt zu machen. Der Stimmklang wird dabei zu einer kontrollierten, vom Körper und vom semantischen Sinn getrennten Klanggestalt, die sich als solche eigenständig materialisiert, d.h. sie erhält Präsenz und ist nicht auf eine verweisende Funktion reduziert. Die Klanggestalt steht also nicht, wie ein Zeichen für etwas Drittes Abwesendes, sondern ist (wie besonders deutlich in dem Wort „Love" bei Björk) in seiner eigenen Anwesenheit bedeutend.

Diese Stimme lässt sich dabei als ein vom singenden Subjekt getrenntes Objekt verstehen. Dabei habe ich bereits argumentiert, dass diese Beziehung zwischen Stimme und Subjekt sich auch auf den Körper übertragen lässt, der als Klanggenerator ebenfalls zum kontrollierten Objekt des Subjekts wird. Es entsteht so eine Distanz zwischen dem singenden Subjekt und seiner Stimme bzw. seinem Körper. Insofern „Echtheit" oder Authentizität, wie ich bei der „echten" Stimme argumentiert habe, den Ausdruck innerkörperlicher oder somatischer

Wahrheit bedeutet und damit auf einer distanzlosen Beziehung zwischen Stimmklang und Körperempfinden basiert, ist diese in einem solchen Stimmklang nicht mehr möglich.

Gerade vom weiblichen Körper wird so wiederholt etwas abgetrennt. Eine Übertragung auf die Kastration in der Psychoanalyse liegt hier nahe und, wie ich gezeigt habe, lässt sich dieser Stimmklang je nach Kontext als Phallus, Fetisch oder object a im Lacanschen Sinne interpretieren. Indem die Stimme den Körper verlässt und nicht mehr an diesen gebunden scheint, spricht sie aus einem Ort im nirgendwo, der sich vor allem in Björks und Minogues Stimme auch sehr gut hörend nachvollziehen lässt: Es können keine bestimmbaren somatischen Körper mehr als Klangquelle dieser Stimmen fixiert werden.

Insgesamt möchte ich darauf hinweisen, dass diese Fragmentierung nur eine Untergliederung, nicht aber automatisch eine Negation des singenden Subjekts bedeutet. Wie ich am Beispiel von Kate Bush deutlich gemacht habe, kann dieses gerade hinter der (und damit produziert durch die) Maske dieser künstlich-kontrollierten Stimme entstehen. Auch die trostspendende Kollektividentität von Birdy oder die Autorität von Björks Liebes-Botschaft sind Formen von Handlungsfähigkeit, die gerade durch das Trennen der Stimme vom eigenen somatischen Körper zu entstehen scheinen. Ebenso habe ich den Tanzspaß, den ich zu Kylie Minogues „Can't Get You Out of My Head" beschrieben habe, als Freude über die mit der Aneignung des Körpers verbundene Handlungsfähigkeit interpretiert, was auch hier eine Handlungsfähigkeit auf Basis von Fragmentierung bedeutet. Jeweils basiert Handlungsfähigkeit hierbei darauf als Frau etwas/jemanden anderes zu verkörpern, sich gewissermaßen von sich selbst zu trennen.

Im Rahmen der Performanztheorie lässt sich hiermit die These aufstellen, dass gesellschaftlich intelligible handlungsfähige weibliche Subjekte vor allem entstehen, indem sie eine distanzierte Haltung zu ihrem eigenen Körper einnehmen und diesen nicht als Teil ihrer selbst, sondern als Objekt ansehen und einsetzen. Der weibliche Körper wird damit nicht nur auf einer gesellschaftlichen oder ideologischen Ebene, sondern auch für Frauen selbst zur Ressource. Er ist immer schon ein kulturell kodiertes Objekt, in das verschiedene Bedeutungen eingeschrieben sind, die es von einer zentralen (männlichen) Perspektive zum begehrten Anderen machen.

In Bezug zu Butlers Einverleibungsthese lässt sich auch hier argumentieren, dass dieses Objekt, da es als begehrenswert kodiert ist, vor allem von sich als heterosexuell verstehenden Frauen, die ihn als mögliches Objekt des Begehrens verneinen müssen, in den eigenen Körper aufgenommen wird, womit zugleich eine fragmentierte Selbstbeziehung im eigenen Körper reproduziert wird.

Der geschlechtlich kodierte sonische Körper

Zur Abgrenzung möchte ich für einen letzten Punkt hier nochmals auf die „echte" Stimme in den Beispielen der männlichen Sänger eingehen: In dieser entstehen intelligible und anerkannte Handlungsfähigkeit und Subjektivität auf Basis einer somatischen Artikulation. Insofern die „echte" Stimme auch als ein Prozess der kulturellen Produktion der somatischen Empfindungen und ihrer Verarbeitung angesehen werden kann, produziert sie hier eine Einheit, in der eine Trennung von Stimme, Subjekt und Körper nicht einmal denkbar erscheint. Der so konstituierte männliche Körper ist dabei aber nicht weniger kulturell kodiert und geformt als der weibliche; allerdings geschieht diese Kodierung des Körpers auf einer anderen Ebene und wirkt dadurch natürlicher: Es werden Gefühle und somatische Körperlichkeiten samt ihrer gesellschaftlich intelligiblen Artikulationsform in einer spontan erscheinenden Gleichzeitigkeit produziert, wobei dieser Prozess, da er auf die Einheit von Subjekt und Körper wirkt, das Subjekt notwendig auf einer Ebene formt, die ihm unbewusst bleiben muss. Hier wird nicht nur eine Handlungsweise, sondern der dieser Handlung zugrundeliegende somatische Impuls, um nicht zu sagen „Wille" als Teil des Selbst mit erzeugt. Eine solche natürlich und spontan erscheinende Verbindung zwischen Innen und Außen kann jedoch in der Fragmentierung von Stimme und Subjekt nicht entstehen. Indem Subjekt und Körper/Stimme voneinander getrennt werden, erfolgt die Kommunikation von Innen nach Außen gewissermaßen über den Körper/Stimme als eine Zwischeninstanz, die vom Subjekt zu diesem Zweck eingesetzt wird.

Während das somatische Subjekt der „echten" Stimme im Körper und damit in der Welt ist, erscheint das Subjekt der fragmentierten Stimme außerhalb; sein Körper bzw. seine Stimme nehmen eher eine stellvertretende Position ein. In der Musik wird die Stimme zu einem (tendenziell Begehren erzeugenden) *Zeichen* für ein Subjekt, das nicht unmittelbar zugänglich wird, wie in der „echten" Stimme, und damit eher abwesend als anwesend ist.

Nochmal erinnert dies an das, was die Psychoanalyse unter „Kastration" versteht, und die sich hier in der ganzen invasiv-verletzenden Brutalität zeigt, die das Wort nahelegt: Wenn es auch vielleicht wahr sein mag, dass wir alle von unseren Körpern, als Zeichen für uns selbst, in irgendeiner Form abgeschnitten sind, so wird das permanente performen (und damit verinnerlichen) dieser Distanz zum eigenen Körper zu einem Maßstab dessen, was (erwünschte, intelligible oder normative) Weiblichkeit in vielen Popsongs ausmacht. Die viel und oft kritisierte sexistische Objektivierung von Frauen bleibt damit nicht mehr an der Körperoberfläche stehen, die die Grenze für die visuellen Medien darstellt, sondern muss verinnerlicht werden, um als Frau performativ zu entstehen, d.h. als solche erkennbar zu sein und die eigene (?) Rolle entsprechend zu füllen.

Die Möglichkeit den eigenen Körper zu bewohnen wird auf der anderen Seite mit Machtlosigkeit und Verletzung verbunden. Der somatische Körper erscheint eher als Ort des Schreckens und als Quelle von Schwäche. Der Körper konfrontiert mit dem eigenen Objekt-Sein und ist nicht ein selbstverständlicher Zugang zur Welt. Die von de Beauvoir argumentierte doppelte Subjektivität von Frauen lässt sich damit auch in der Musik beobachten: zugleich Objekt und Subjekt, zugleich Zentrum und Andere.

Dies erinnert dabei mit den Beobachtungen anderer feministischer Wissenschaftlerinnen. Sie finden sich insbesondere in den phänomenologischen Betrachtungen von Iris Marion Young wieder, die in ihrem Aufsatz „Throwing Like a Girl" geschlechtliche Unterschiede in der Beziehung zum eigenen Körper und zur Umwelt beschreibt. Mit Bezug auf de Beauvoir argumentiert auch Young, dass Frauen in unserer gegenwärtigen Gesellschaft dazu gebracht werden, sich von ihrem Körper zu entfremden:

> "the modalities of feminine bodily existence have their root in the fact that feminine existence experiences the body as a mere thing—a fragile thing, which must be picked up and coaxed into movement, a thing that exists as looked at and acted upon. [...] To the extent that a woman lives her body as a thing, she remains rooted in immanence, is inhibited, and retains a distance from her body as transcending movement and from engagement in the world's possibilities."[312]

Die im Klang beobachteten Unterschiede in der Beziehung von Körper und Subjekt scheinen damit nicht nur in populärer Musik eine Rolle zu spielen, sondern auch darüber hinaus Teil einer geschlechtsspezifischen Sozialisierung zu sein. Sie reihen sich ein in allgemeinere gesellschaftliche Erwartungshaltungen gegenüber Frauen, die miteinander resonieren und sich so verstärken.

---

[312] Young (2005[1980]), S. 39.

Der sonische Körper, den ich als Resultat solcher Resonanzprozesse beschrieben habe, muss somit tatsächlich als unter anderem geschlechtlich kodiert verstanden werden. Jede Begegnung mit Musik wird auf vielfältige Weise von unserer Biographie mitchoreographiert. Wenn Geschlecht tendenziell mit unterschiedlichen und unterscheidbaren Beziehungen zum eigenen Körper korreliert, die in populärer Musik aufgerufen und fortgeschrieben werden, sind unsere Möglichkeiten mit Musik zu resonieren von unserem auch in den sonischen Körper eingeschriebenen Geschlecht abhängig. Wir hören folglich je nach unserer gesellschaftlichen Position wirklich etwas Anderes. Dies ermöglicht wiederum Resonanzen zwischen Musik, geschlechtlichem Körper und gesellschaftlichen Strukturen, die zu einer Verstärkung und Naturalisierung sexistischer Verhältnisse beitragen, die sich ganz wörtlich im eigenen Körper und als eigener Körper materialisieren.

Sexismus hören!

Die genaue Betrachtung populärer Musik ermöglicht so eine Beobachtung, Analyse und Kritik der Vermittlung sexistischer Körperbilder in medialen Produkten. Die eigentliche Problematik offenbart sich dabei allerdings nur unter der Voraussetzung, dass die verschiedenen Songs miteinander in Beziehung gesetzt werden, denn ohne den Vergleich mit einer anderen unmittelbareren Körperlichkeit in der „echten" Stimme wird die Objektivierung von Stimme (und damit Körper) in weiblichen Stimmen kaum erkennbar. Dabei ist auch nicht die einzelne von ihrem eigenen Körper distanzierte Frauenstimme problematisch, sondern, dass eine solche im Mainstream populärer Musik weitgehend alternativlos ist.

Ich betrachte die hier vorgestellten Geschlechterbilder dabei als zitierbare Muster eines Intelligibilitätsrahmens, der auch die Grenzen dessen bestimmt, was verständliche Männlichkeit oder Weiblichkeit ausmacht. Dies erklärt, weshalb Frauen im Rock (und nicht nur dort) immer wieder als Novelty und Besonderheit herausgestellt werden (müssen), denn ihre Stimmen widersprechen den allgemeinen Rezeptionsbedingungen und sind demnach zuerst unverständlich. Das Herausstellen ihrer Weiblichkeit ermöglicht hingegen erneut eine Wahrnehmung als Besonderheit und Spektakel, das den hergebrachten Mustern der Wahrnehmung von Musikerinnen (und Frauen allgemein) entspricht, und verhindert eine breite Identifikation mit einer Frauenstimme, die mit dem Einfluss männlicher Popstars (als „Stimme einer Generation") vergleichbar wäre. Zugleich privilegieren in Popdiskursen vielfach betonte ästhetische Bewertungsparadigma, die nach Authentizität und Echtheit fragen, die Performances vieler Sänger[sic] und produzieren für diese eine grundsätzlich andere Handlungsfähigkeit oder einen größeren (möglichen) Einfluss. Popmusik als übergreifender dispositiver Zusammenhang schließt Musikerinnen damit tendenziell von den privilegierten Rezeptionsweisen aus und drängt sie somit förmlich alternative ästhetische Ausdrucksweisen zu entwickeln, zugleich werden diese kreativen Umgangsstrategien dann jedoch als „unecht" oder „künstlich" herabgesetzt oder auf den Ausdruck „natürlicher Weiblichkeit" reduziert.

Der Intelligibilitätsrahmen wirkt damit insbesondere für Frauen zuerst einmal einschränkend. Es sollte aber nicht vergessen werden, dass er auch gesellschaftliche Handlungsfähigkeit ermöglicht. Die Stimme als Klangobjekt bietet dabei auch eine Vielzahl ästhetischer Möglichkeiten, die in dem Objekt „Stimme" und seiner Beziehung zur Sprache und zum Subjekt angelegt sind und die sich bereits auf vielfältige Weise von Musikerinnen zu Nutze gemacht werden (beispielsweise bei Björk und Bush).

Sie erscheint damit aus feministischer Sicht durchaus ambivalent: Einerseits stellt sie die Reproduktion einer Fragmentierung des weiblichen Körpers dar und produziert eine klare Abgrenzung zur „echten" Stimme mit ihrer scheinbaren Einheit. Andererseits bietet sie auch Möglichkeiten des ästhetischen Ausdrucks, die den gesellschaftlichen Spielraum von Frauen erweitern können und so möglicherweise auch die Entwicklung neue Verbindungen von Körper, Stimme und Subjekt ermöglichen, die nicht in der scheinbaren Naturalität der männlichen „echten" Stimme gefangen bleiben. Die im Intelligibilitätsrahmen vorgegebenen Verhaltensmuster lassen sich so als Material verstehen, aus dem hoffentlich weitere neue und komplexere Bedeutungen entwickelt werden können, die die ursprünglich repressiven Tendenzen von stereotypen Klischees dekonstruieren.

Allerdings ermöglicht das hier entwickelte Verständnis von populärer Musik auch eine andere politische Konsequenz, die im Hinterfragen der eigenen und der gesellschaftlich verbreiteten Hörweisen besteht. Mit Hörweise ist dabei, wie wir gesehen haben, nicht ein passives Rezipieren gemeint, sondern ein ganzkörperliches Involviert-Sein. Wie Tia DeNora deutlich gemacht hat, ist die Verkopplung des sonischen Körpers mit Musik kein passiver Prozess. Auch wenn sie unbewusst abläuft, basiert sie auf einer körperlich-psychischen Aktivität („to latch on"). Sie lässt sich damit beeinflussen und verändern.

Ich möchte damit noch einmal auf die Cyborg-Metapher Haraways eingehen. Die Cyborg hat für Haraway zwei Seiten; einerseits ist sie verbunden mit einer Dystopie, in der kulturelle Herrschaftstechnologien sich vom außen mit den Körpern verbinden, so dass jede Grenze zwischen Selbst und Herrschaft unmöglich wird, da das Selbst für seine eigene Identitätsbildung auf selbige angewiesen ist. Andererseits erscheint die Cyborg-Figur als utopisch, indem sie die vielfachen Möglichkeiten eines unbegrenzten Körpers betont, der nicht mehr an eine angebliche und ursprüngliche Natürlichkeit gebunden ist.[313] Schließlich entsteht in der Differenz beider Bilder die politische Macht der Cyborg, die in einer selbstbestimmten Grenzziehung zwischen dem eigenen Körpers und einer (nur durch diese Grenzziehung!) äußerlichen und ausgeschlossenen Macht liegt. In Anbetracht der Tatsache, dass die kulturellen Einschreibungen jeder bewussten Entscheidung vorausgehen, macht es schließlich keinen Sinn einen ursprünglichen (natürlichen) Körper rekonstruieren zu wollen. Es ergibt sich stattdessen die Aufgabe die Verantwortung für die zukünftigen und gegenwärtigen Transformationen des eigenen Körpers zu übernehmen.

Mit dieser Metapher können wir uns nochmals als sonische Cyborgs begreifen, die zwar immer schon durch vergangene Musik und vergangene Erfahrungen geprägt wurden, deren Zukunft dadurch aber nicht festgelegt ist. Dadurch ergibt sich politische Handlungsfähigkeit.

Notwendig für eine solche Handlungsfähigkeit ist ein Erkennen der Möglichkeiten, die sich im selbstbestimmten Fortschreiben des eigenen sonischen Körpers ergeben (können). Hierzu ist ein Bewusstsein über die Prozesse wichtig, die bereits an der Formung der eigenen Identität beteiligt sind, um in diese einzugreifen.

Meine Hauptmotivation zum Schreiben dieses Textes, war es Kritik an der Reproduktion von Sexismus im Klang populärer Musik zu ermöglichen. Diesen Sexismus hörbar und benennbar zu machen. Wahrnehmung basiert allerdings zumindest teilweise auf der Möglichkeit, etwas zu bezeichnen: Etwas, das sich nicht begrifflich differenzieren lässt, etwas, für das uns die Worte fehlen, bleibt auch in der Wahrnehmung flüchtig, undefiniert und vage.

In dieser Arbeit habe ich Begriffe zur Differenzierung von Unterschieden in der Musikerfahrung entwickelt, die für eine kritische feministische Musikbetrachtung hilfreich sein können. Dafür war es notwendig verschiedene distanzlose Musikerfahrungen gegeneinander abzugrenzen. Die dabei entstandenen Begriffe („echte" Stimme, Verkörperung, Begehren, Identifikation, „sonorous envelope") sind auch ein

---

[313] Vgl. Haraway (1995 [in engl. 1985]), S. 40.

Werkzeug für das eigene Hören, sie können die eigene Wahrnehmung verändern und Kritik und Selbstreflexion ermöglichen und so auch zum Werkzeug für eine mögliche Neukonfiguration des eigenen Cyborg-Selbst werden.

Es sind Begriffe, die etwas bezeichnen, was uns oft zu nahe ist, um es zu sehen. Die hier bezeichneten Phänomene sind mit unserer Körpererfahrung, mit unseren Wünschen und Genüssen verbunden. Sie zu bezeichnen macht aus ihnen etwas, das Objekt unserer Kritik und Selbstreflexion sein kann. Dies ermöglicht auch eine bestimmte Art der Selbstbestimmung, in der die angebotenen Lüste und Wünsche hinterfragt und auch abgelehnt werden können. Sie erzeugen eine Distanz, die die Entscheidung ermöglicht, sie als permanenten oder temporären Teil von uns selbst zu umarmen oder sie als ungewollt auszuschließen. Ein solches Bewusstsein erschließt so auch das Potential, andere Resonanzen zu suchen und so vielleicht einen anderen Körper zu finden und kollektiv zu verstärken: Was passiert, wenn sich Frauen mit männlichen Rocksängern wie Mick Jagger oder Eddie Vedder wirklich körperlich identifizieren oder wenn Männer ihren eigenen Körper als erotisches Objekt im Tanz zu Kylie Minogue erkunden? Was für neue Formen von Selbstbewusstsein, was für Körper werden wir finden? Und welches Handeln kann das ermöglichen? Musik kann so auch eine Ressource für Veränderung sein.

Es gilt allerdings dennoch, wie Sara Ahmed es formuliert:

> "To give a problem a name can change not only how we register an event but whether we register an event. [...] At the same time, giving a problem a name does not make the problem go away."[314]

Die Dystopie der Cyborg-Metapher lauert unter der Oberfläche mit ihrem unregistrierten Zugriff auf unseren inneren Körper, der möglicherweise noch weiter reicht, als hier beschrieben. Jede alternative Resonanz ist ein Widerstandsmoment, das gegen einen Apparat gerichtet ist, der mit großer Beharrlichkeit geschlechtliche Identitäten produziert, die von den hier beschriebenen Verletzungen tiefgreifend gezeichnet sind. Die (niemals vollständig mögliche) Aneignung der Entscheidung über den eigenen (Cyborg-)Körper kann im aktuellen gesellschaftlich-kulturellem Kontext nur eine Umgangsstrategie sein, keine Lösung.

---

[314] Ahmed (2017), S. 34.

Es fragt sich, wie wir zu einer anderen, weniger verletzenden Musik kommen, wie wir überhaupt in eine weniger verletzende Welt kommen. Hierauf habe ich keine Antwort. Auf dem Weg dahin muss viel hinterfragt werden, nicht zuletzt unsere Wahrnehmung, unsere ästhetischen Bewertungen, unser Selbstbild, unsere Körper – aber auch die impliziten und expliziten Regeln und Dynamiken des Kontexts, in dem wir leben!

Anhang

Literatur

Adam, Jochen (2006): Ich und das Begehren in den Fluchten der Signifikanten: eine Vernähung der Lacan'schen Psychoanalyse mit dem Zen-Buddhismus. Oldenburg: BIS-Verl. (= Transpersonale Studien 9).

Adorno, Theodor W. (1941a): On popular music: I. The musical material. Online unter: http://www.icce.rug.nl/~soundscapes/DATABASES/SWA/On_popular_music_1.shtml.

Adorno, Theodor W. (1941b): On popular music: II. Presentation of the material. Online unter: http://www.icce.rug.nl/~soundscapes/DATABASES/SWA/On_popular_music_2.shtml.

Adorno, Theodor W. (1941c): On popular music: III. Theory about the listener. Online unter: http://www.icce.rug.nl/~soundscapes/DATABASES/SWA/On_popular_music_3.shtml.

Adorno, Theodor W. (2007): On Popular Music - with the assistance of George Simpson (unvollständig). In: Frith, Simon/Goodwin, Andrew (Hg.): On record: rock, pop, and the written word. Reprinted. London: Routledge.

Adrian, Allison/Warwick, Jacqueline C. (Hg.) (2016): Voicing girlhood in popular music: performance, authority, authenticity. New York: Routledge. (= Routledge studies in popular music 13).

Agamben, Giorgio (2007): Die Sprache und der Tod: ein Seminar über den Ort der Negativität. 1. Aufl., Erstausg. Frankfurt am Main: Suhrkamp. (= Edition Suhrkamp 2468).

Ahmed, Sara (2017): Living a feminist life. Durham: Duke University Press.

Avery, Lanice R. et al. (2017): Tuning Gender: Representations of Femininity and Masculinity in Popular Music by Black Artists. In: Journal of Black Psychology 43, S. 159–191.

Barthes, Roland (1988): Elemente der Semiologie. 2. Aufl. Frankfurt Main: Suhrkamp. (= Edition Suhrkamp N.F. 171 1171).

Barthes, Roland (2013): Die Rauheit der Stimme. In: Der entgegenkommende und der stumpfe Sinn. Dt., Erstausg., 7. Aufl. Frankfurt am Main: Suhrkamp. S. 269–278. (= Kritische Essays Roland Barthes. Aus dem Franz. von Dieter Hornig ; 3).

Bayton, Mavis (1993): Feminist Musical Practice: Problems and Contradictions. In: Bennett, Tony (Hg.): Rock and popular music: politics, policies, institutions. London ; New York: Routledge. S. 177–192. (= Culture).

Bayton, Mavis (2007): How women become musicians. In: Frith, Simon/Goodwin, Andrew (Hg.): On record: rock, pop, and the written word. Reprinted. London: Routledge. S. 238–257.

Beauvoir, Simone de (2012): Das andere Geschlecht: Sitte und Sexus der Frau. 15. Auflage. Reinbek bei Hamburg: Rowohlt Taschenbuch Verlag. (= rororo 22785).

Bechdolf, Ute (1999): Puzzling Gender: Re- und De-Konstruktionen von Geschlechterverhältnissen im und beim Musikfernsehen. Weinheim: Deutscher Studien.

Bennett, Andy/Waksman, Steve (Hg.) (2015): The SAGE Handbook of Popular Music. SAGE.

Bhabha, Homi K. (1983): The Other Question.... In: Screen 24, S. 18–36.

Binas, Susanne (1992): «Keep It Hard, Keep It Heavy» Zu einigen Aspekten soziokorporeller Kommunikationsmuter im Prozeß der Geschlechtersozialisation in: PopScriptum 01. Online unter: https://www2.hu-berlin.de/fpm/popscrip/themen/pst01/pst01_binas.htm.

Binas-Preisendörfer, Susanne (2015): Pop-Sounds und Gender - Überlegungen zu einem Desiderat. In: Heesch, Florian/Hornberger, Barbara (Hg.): Rohe Beats, harte Sounds: populäre Musik und Aggression. Hildesheim Zürich New York: Georg Olms Verlag. (= Jahrbuch Musik und Gender Band 7).

Björk, Cecilia (2009): Volume, Voice, Volition: Claiming Gendered Space in Popular Music Soundscapes. In: Musiikkikasvatus. The Finnish Journal of Music Education (FJME) 12, S. 8–21.

Bloomfield, Terry (1993): Resisting songs: negative dialectics in pop. In: Popular Music 12, S. 13.

Bloss, Bloss (1992): »Weibliche Schlüsse«. Online unter: https://www2.hu-berlin.de/fpm/textpool/texte/bloss_weibliche-schluesse-als-anfang-feministischer-musik-kritik.htm.

Bloss, Monika (1994): Weiblichkeit als Kulturbarriere? Online unter: https://www2.hu-berlin.de/fpm/textpool/texte/bloss_weiblichkeit-als-kulturbarriere.htm.

Bloss, Monika (2001): Musik(fern)sehen und Geschlecht hören? Zu möglichen (und unmöglichen) Verhältnissen von Musik und Geschlecht. Oder: Geschlechterkonstruktion im Videoclip. In: Wicke, Peter (Hg.): Rock- und Popmusik. Laaber: Laaber. (= Handbuch der Musik im 20. Jahrhundert Bd. 8).

Bloss, Monika (2006): Musikwissenschaft. In: Braun, Christina von von/Stephan, Inge (Hg.): Gender-Studien: eine Einführung. 2., aktualisierte Aufl. Stuttgart: Metzler.

Bradby, Barbara (1993): Sampling sexuality: gender, technology and the body in dance music. In: Popular Music 12, S. 155.

Bradby, Barbara (2002): Oh, Boy! (Oh, Boy!): mutual desirability and musical structure in the buddy group. In: Popular Music 21, S. 63–91.

Bradby, Barbara (2005): She Told Me What to Say: The Beatles and Girl-Group Discourse. In: Popular Music and Society 28, S. 359–390.

Bradby, Barbara (2007): Do Talk and Don't Talk - The Division of the Subject In Girl-Group Music. In: Frith, Simon/Goodwin, Andrew (Hg.): On record: rock, pop, and the written word. Reprinted. London: Routledge.

Bradby, Barbara (2017): Phallic girls of pop: Nicki Minaj's sampled anaconda and the semiotics of contradiction. In: PopScriptum 12.

Bradby, Barbara/Laing, Dave (Hg.) (2001): 'Gender and Sexuality' special issue. In: Popular Music 20.

Braun, Christoph (2010): Die Stellung des Subjekts: Lacans Psychoanalyse. 3. Aufl. Berlin: Parodos.

Bruzzi, Stella (1997): Mannish Girl: k.d.lang - From Cowpunk to Androgyny. In: Whiteley, Sheila (Hg.): Sexing the groove: popular music and gender. London ; New York: Routledge.

Buscatto, Marie (2007): Women in artistic professions. An emblematic paradigm for gender studies. In: Social Cohesion and Development 2, S. 69–77.

Butcher, Helen et al. (1974): Images of Women in the Media. In: CCCS stencilled occasional papers 31.
Butler, Judith (2014): Körper von Gewicht: die diskursiven Grenzen des Geschlechts. 8. Auflage. Frankfurt am Main: Suhrkamp. (= Edition Suhrkamp 1737 = N.F., 737).
Butler, Judith (2016): Das Unbehagen der Geschlechter. 18. Auflage 2016. Frankfurt am Main: Suhrkamp. (= Edition Suhrkamp 1722 = N.F., Bd. 722).
Buxton, David (2007): Rock Music, The Star System, And the Rise of Consumerism. In: Frith, Simon/Goodwin, Andrew (Hg.): On record: rock, pop, and the written word. Reprinted. London: Routledge.
Clifford-Napoleone, Amber R. (2015): Queerness in heavy metal music: metal bent. New York: Routledge. (= Routledge studies in popular music 5).
Coates, Norma (1997): (R)evolution now? : rock and the political potential of gender. In: Whiteley, Sheila (Hg.): Sexing the groove: popular music and gender. London ; New York: Routledge. S. 50–64.
Cohen, Sara (1997): Men Making a Scene: Rock Music and the Production of Gender. In: Whiteley, Sheila (Hg.): Sexing the groove: popular music and gender. London ; New York: Routledge. S. 17–36.
Collins, Patricia Hill (2006): Black sexual politics: African Americans, gender, and the new racism. New York: Routledge. (= Sociology Race & ethnicity).
Connor, Steven (2000): Dumbstruck: a cultural history of ventriloquism. Oxford ; New York: Oxford University Press.
Critcher, Charles/Parker, Margaret/Sondhi, Ranjit (1975): Race in the Provincial Press: A Case Study of Five West Midlands Newspapers. In: CCCS stencilled occasional papers 39.
Cusick, Suzanne (1994a): On a lesbian relationship with music - a serious effort not to think straight. In: Brett, Philip/Wood, Elizabeth/Thomas, Gary C. (Hg.): Queering the pitch: the new gay and lesbian musicology. New York: Routledge.
Cusick, Suzanne G. (1994b): Feminist theory, music theory, and the mind/body problem. In: Perspectives of New Music, S. 8–27.
Cusick, Suzanne (1999): On Musical Performances of Gender and Sex. In: Barkin, Elaine/Hamessley, Lydia (Hg.): Audible traces: gender, identity, and music. Zürich ; Los Angeles: Carciofoli.
Cusick, Suzanne G. (2009): Francesca Caccini at the Medici court: music and the circulation of power. Chicago: University of Chicago Press. (= Women in culture and society).
Davies, Helen (2001): All rock and roll is homosocial: the representation of women in the British rock music press. In: Popular Music 20, S. 301–319.
DeNora, Tia (2003): Music in everyday life. Cambridge; New York: Cambridge University Press.
Dibben, Nicola (1999): Representations of femininity in popular music. In: Popular Music 18, S. 331.
Dickinson, Kay (2001): 'Believe'? Vocoders, digitalised female identity and camp. In: Popular Music 20.
Doane, Mary Ann (1982): Film and the masquerade: Theorising the female spectator. In: Screen 23, S. 74–88.

Dolar, Mladen (2014): His Master's Voice: eine Theorie der Stimme. 1. Aufl. Berlin: Suhrkamp. (= Suhrkamp Taschenbücher Wissenschaft 2135).

Dougher, Sarah/Pecknold, Diane (Hg.) (2016): Special Issue: Girls and Popular Music. In: Journal of Popular Music Studies 28, S. 490–492.

Dreeßen, Yannig (2017): Me, Myself and I?[1] Postfeminismus und Sexismus im Mainstreampop der Post-Millennium- Jahre. In: PopScriptum 12.

Echternach, Matthias (2016): Register. In: Mecke, Ann-Christine et al. (Hg.): Lexikon der Gesangsstimme: Geschichte, wissenschaftliche Grundlagen, Gesangstechniken, Interpreten. Laaber: Laaber. S. 503–507. (= Instrumenten-Lexika 5).

Echternach, Matthias/Seedorf, Thomas (2016): Falsett/Falsettregister. In: Mecke, Ann-Christine et al. (Hg.): Lexikon der Gesangsstimme: Geschichte, wissenschaftliche Grundlagen, Gesangstechniken, Interpreten. Laaber: Laaber. S. 206–210. (= Instrumenten-Lexika 5).

Eco, Umberto (2015): Zeichen: Einführung in einen Begriff und seine Geschichte. 16. Auflage. Frankfurt am Main: Suhrkamp Verlag. (= Edition Suhrkamp 895).

Eidsheim, Nina Sun (2008): Voice as a Technology of Selfhood: Towards an Analysis of Racialized Timbre and Vocal Performance. San Diego: University of California.

Fanon, Frantz (2008): Black skin, white masks. 1st ed., new ed. New York : [Berkeley, Calif.]: Grove Press ; Distributed by Publishers Group West.

Fast, Susan (2012): Michael Jackson's Queer Musical Belongings. In: Popular Music and Society 35, S. 281–300.

female:pressure: about female:pressure. Online unter: http://www.femalepressure.net/fempress.html.

female:pressure trouble maker (2017): facts 2017.

Foucault, Michel (1978): Dispositive der Macht: über Sexualität, Wissen und Wahrheit. Berlin: Merve Verl. (= IMD 77).

Foucault, Michel (2014): Der Wille zum Wissen. 20. Aufl. Frankfurt am Main: Suhrkamp. (= Sexualität und Wahrheit Michel Foucault ; Bd. 1).

Freud, Sigmund (1925): Einige psychische Folgen des anatomischen Geschlechtsunterschieds. Online unter: http://www.textlog.de/freud-psychoanalyse-psychische-folgen-geschlechtsunterschieds.html.

Frith, Simon (1986): Why do songs have words? In: The Sociological Review 34, S. 77–106.

Frith, Simon (1992): Zur Ästhetik der Populären Musik. In: PopScriptum 1.

Frith, Simon (1996): Music and Identity. In: Hall, Stuart/Du Gay, Paul (Hg.): Questions of cultural identity. London ; Thousand Oaks, Calif: Sage.

Frith, Simon/Goodwin, Andrew (Hg.) (2007): On record: rock, pop, and the written word. Reprinted. London: Routledge.

Frith, Simon/McRobbie, Angela (2007): Rock and Sexuality. In: Frith, Simon/Goodwin, Andrew (Hg.): On record: rock, pop, and the written word. Reprinted. London: Routledge.

Fuchs, Michael (2008): Landmarken der physiologischen Entwicklung der Stimme bei Kindern und Jugendlichen (Teil 1). In: Laryngo-Rhino-Otologie 87, S. 10–16.

Fuchs, Michael (MF) (2016): Geschlecht. In: Mecke, Ann-Christine et al. (Hg.): Lexikon der Gesangsstimme: Geschichte, wissenschaftliche Grundlagen, Gesangstechniken, Interpreten. Laaber: Laaber. S. 262–264. (= Instrumenten-Lexika 5).

Funk-Hennigs, Erika (2011): Gender, Sex und populäre Musik. Drei Fallbeispiele. In: Helms, Dietrich/Phleps, Thomas (Hg.): Thema Nr. 1: Sex und populäre Musik. Bielefeld: Transcript. (= Beiträge zur Popularmusikforschung 37).

Gaar, Gillian G. (2002): She's a rebel: the history of women in rock & roll. Expanded 2nd ed. New York, NY: Seal Press.

Garcia, Luis-Manuel (2015): Beats, flesh, and grain: sonic tactility and affect in electronic dance music. In: Sound Studies 1, S. 59–76.

Gavanas, Anna/Reitsamer, Rosa (2017): Neoliberal Working Conditions, SelfPromotion and DJ Trajectories: A Gendered Minefield. In: PopScriptum 12.

Gebauer, Gunter/Wulf, Christoph (2003): Mimetische Weltzugänge: soziales Handeln, Rituale und Spiele, ästhetische Produktionen. Stuttgart: W. Kohlhammer. (= Ursprünge des Philosophierens Bd. 7).

Girls Rock Camp Alliance: Girls Rock Camp Alliance-Homepage. Online unter: http://girlsrockcampalliance.org/.

Goldin-Perschbacher, Shana (2007): „Not with You But of You" - „Unbearable Intimacy" and Jeff Buckley's Transgendered Vocality. In: Jarman-Ivens, Freya (Hg.): Oh boy! masculinities and popular music. New York: Routledge. S. 213–233.

Goodman, Steve (2010): Sonic warfare: Sound, affect, and the ecology of fear. MIT Press.

Göpfert, Bernd (1988): Handbuch der Gesangskunst. Wilhelmshaven: F. Noetzel: Heinrichshofen-Bücher. (= Taschenbücher zur Musikwissenschaft 110).

Green, A.D. (1979): On the Political Economy of Black Labour and the Racial Structuring of the Working Class in England. In: CCCS stencilled occasional papers 62.

Greig, Charlotte (1997): Female Identity and the Woman Songwriter. In: Whiteley, Sheila (Hg.): Sexing the groove: popular music and gender. London ; New York: Routledge.

Grossberg, Lawrence (1992): We gotta get out of this place: popular conservatism and postmodern culture. New York: Routledge.

Grossberg, Lawrence (1997): Rockin' in Conservative Times. In: Dancing in spite of myself: essays on popular culture. Durham, NC: Duke University Press. S. 253–269.

Hall, Stuart (1977): Culture, the Media and the „Ideological Effect". In: Curran, James/Gurevitch, Michael/Wollacott, Janet (Hg.): Mass communication and society. London: Arnold. (= Open university set book).

Hall, Stuart (1996): Introduction: Who Needs Identity? In: Hall, Stuart/Du Gay, Paul (Hg.): Questions of cultural identity. London ; Thousand Oaks, Calif: Sage.

Hall, Stuart (2014): Die Konstruktion von „Rasse" in den Medien. In: Ideologie, Kultur, Rassismus. 6. Auflage. Hamburg: Argument Verlag. (= Ausgewählte Schriften Stuart Hall ; 1).

Hall, Stuart (2016): Das Spektakel der Anderen. In: Koivisto, Juha/Merkens, Andreas (Hg.): Ideologie, Identität, Repräsentation. Fünfte Auflage. Hamburg: Argument Verlag. (= Ausgewählte Schriften Stuart Hall ; 4).

Hampp, Andrew (2012): How David Guetta Is Helping EMI Improve Its Product Placement. In: Billboard. Online unter: http://www.billboard.com/biz/articles/news/branding/1098229/how-david-guetta-is-helping-emi-improve-its-product-placement.

Haraway, Donna (1995): Ein Manifest für Cyborgs - Feminismus im Streit mit den Technowissenschaften. In: Hammer, Carmen (Hg.): Die Neuerfindung der Natur: Primaten, Cyborgs und Frauen. Frankfurt/Main: Campus-Verl. S. 33–72.

Hawkins, Stan (2016): Queerness in pop music: aesthetics, gender norms, and temporality. New York ; London: Routledge, Taylor & Francis Group. (= Routledge studies in popular music 10).

Hebdige, Dick (1991): Subculture: the meaning of style. London ; New York: Routledge. (= New accents).

Heesch, Florian/Scott, Niall (Hg.) (2016): Heavy metal, gender and sexuality. Abingdon, Oxon ; New York: Routledge. (= Ashgate popular and folk music series).

Helfferich, Cornelia (2017): Familie und Geschlecht: eine neue Grundlegung der Familiensoziologie. Opladen Toronto: Verlag Barbara Budrich. (= UTB Soziologie 4662).

Helms, Dietrich/Phleps, Thomas (Hg.) (2012): Black Box Pop: Analysen populärer Musik. Bielefeld: Transcript-Verl. (= Beiträge zur Popularmusikforschung 38).

Helms, Dietrich/Phleps, Thomas/Arbeitskreis Studium Populärer Musik (Hg.) (2003): Clipped differences: Geschlechterrepräsentationen im Musikvideo. Bielefeld: Transcript. (= Beiträge zur Popularmusikforschung 31).

Henriques, Julian (2011): Sonic bodies: reggae sound systems, performance techniques, and ways of knowing. Bloomsbury Publishing USA.

Hill, Rosemary Lucy (2016): Gender, metal and the media: women fans and the gendered experience of music. London: Palgrave Macmillan. (= Pop Music, Culture and Identity).

Ismaiel-Wendt, Johannes Salim (2011): tracks'n'treks: populäre Musik und postkoloniale Analyse. 1. Aufl. Münster, Westf: Unrast.

Jacke, Christoph (2013): Inszenierte Authentizität versus authentische Inszenierung: ein Ordnungsversuch zum Konzept Authentizität in Medienkultur und Popmusik. In: Dietrich Helms/Thomas Phleps (Hg.): Ware Inszenierungen. Performance, Vermarktung und Authentizität in der populären Musik. Beiträge zur Popularmusikforschung 39, S. 71–95.

James, Robin (2015): Resilience & melancholy: pop music, feminism, neoliberalism. Winchester, UK: Zero Books.

Jarman-Ivens, Freya (Hg.) (2007): Oh boy! masculinities and popular music. New York: Routledge.

Jarman-Ivens, Freya (2011): Queer voices: technologies, vocalities, and the musical flaw. 1st ed. New York: Palgrave Macmillan. (= Palgrave Macmillan's critical studies in gender, sexuality, and culture).

Jasen, Paul C. (2016): Low end theory: bass, bodies and the materiality of sonic experience. New York: Bloomsbury Academic. (= Bloomsbury music).

Jeffries, Michael P. (2011): Thug life: race, gender, and the meaning of hip-hop. Chicago: University of Chicago Press.
Kane, Brian (2015): Sound studies without auditory culture: a critique of the ontological turn. In: Sound Studies 1, S. 2–21.
Kassabian, Anahid (2001): Hearing film: tracking identifications in contemporary Hollywood film music. New York: Routledge.
Kassabian, Anahid (2009): Music, Sound and the Moving Image: The Present and a Future? In: Scott, Derek B. (Hg.): The Ashgate research companion to popular musicology. Farnham, Surrey; Burlington, VT: Ashgate. (= Ashgate research companions).
Kienast, Miriam (2002): Phonetische Veränderungen in emotionaler Sprechweise. Aachen: Shaker.
Kim, Jin-Hyun (2017): Musik als nicht-repräsentationales Embodiment - Philosophische und kognitionswissenschaftliche Perspektiven einer Neukonzeptionalisierung von Musik. In: Musik und Körper: interdisziplinäre Dialoge zum körperlichen Erleben und Verstehen von Musik. Bielefeld: Transcript. (= Musik und Klangkultur).
Kimpton, Peter (2015): Readers recommend: songs with product placement | Peter Kimpton. In: The Guardian.
Klann-Delius, Gisela (2016): Spracherwerb: eine Einführung. 3., aktualisierte und erweiterte Auflage. Stuttgart: J.B. Metzler Verlag. (= Lehrbuch J.B. Metzler).
Klein, Gabriele (2004): Electronic vibration: Pop, Kultur, Theorie. 1. Aufl. Wiesbaden: VS, Verl. für Sozialwiss. (= Erlebniswelten 8).
Klenner, Christina/Menke, Katrin/Pfahl, Svenja (2012): Flexible Familienernährerinnen: moderne Geschlechterarrangements oder prekäre Konstellationen? Opladen: Budrich.
Krips, Henry (1999): Fetish: an erotics of culture. Ithaca, N.Y: Cornell University Press.
Kristeva, Julia (1985): La révolution du langage poétique: 1 à la fin du XIXe siècle; Lautréamont et Mallarmé. Neudr. Paris: Éd. du Seuil. (= Points Essais 174).
Kristeva, Julia (2010): Die Revolution der poetischen Sprache. Nachdr. Frankfurt: Suhrkamp. (= Edition suhrkamp 949).
Krüger, Simone (2016): Popular music in world perspective. Place of publication not identified: Polity Press.
Lacan, Jacques (1990): XI Ich-Ideal und Ideal-Ich. In: Buch I (1953 - 1954): Freuds technische Schriften - Textherstellung durch Jaques-Alain Miller. 2. Auflage. Weinheim: Quadriga. S. 167–184. (= Das Seminar von Jacques Lacan 1).
Lacan, Jacques (1991): Die Bedeutung des Phallus, in: Schriften II, Weinheim Berlin.
Lacan, Jacques (2006): Ecrits: The first complete edition in English. New York: Norton.
Lawrence, Errol (1981): Common Sense, Racism and the Sociology of Race Relations. In: CCCS stencilled occasional papers 66.
Leibetseder, Doris (2010): Queere Tracks: subversive Strategien in der Rock- und Popmusik. Bielefeld: Transcript. (= Gender studies).

Leonard, Marion (2007): Gender in the music industry: rock, discourse, and girl power. Aldershot, Hampshire, England ; Burlington, VT: Ashgate. (= Ashgate popular and folk music series).

Lewis, Kate (2017): "As Good As Any Man I've Ever Heard: Lead Guitar, Gendered Approaches and Popular Music". In: PopScriptum 12.

Liikkanen, Lassi A./Salovaara, Antti (2015): Music on YouTube: User engagement with traditional, user-appropriated and derivative videos. In: Computers in Human Behavior 50, S. 108–124.

Malloch, Stephen N. (1999): Mothers and infants and communicative musicality. In: Musicae scientiae 3, S. 29–57.

Malm, Krister/Wallis, Roger (1992): Media Policy and Music Activity. Routledge.

Maus, Fred E. (2009): Music and the gendering of sound : on an auditory/vocal/sounding note. In: Neumeier, Beate (Hg.): Dichotonies: gender and music. Heidelberg: Universitätsverlag Winter. (= American studies v. 181).

Mayhew, Emma (2006): „I Am Not in a Box of Any Description" Sineád O'Connor's Queer Outing. In: Whiteley, Sheila/Rycenga, Jennifer (Hg.): Queering the popular pitch. New York: Routledge.

McClary, Susan (2002): Feminine endings: music, gender, and sexuality. Minneapolis: University of Minnesota Press.

McClary, Susan (2007): „«Same as it ever was»: Youth Culture and Music". In: Reading music: selected essays. Hampshire, England: Ashgate Pub. (= Ashgate Contemporary thinkers on critical musicology series).

McClary, Susan/Walser, Robert (2007): Start making sense – musicology wrestles with rock. In: Frith, Simon/Goodwin, Andrew (Hg.): On record: rock, pop, and the written word. Reprinted. London: Routledge.

McDonald, Paul (1997): Feeling and Fun: Romance, Dance and the Performing Male Body in the Take That Videos. In: Whiteley, Sheila (Hg.): Sexing the groove: popular music and gender. London ; New York: Routledge.

McRobbie, Angela (1978): Jackie: An Ideology of Adolescent Femininity. Online unter: http://epapers.bham.ac.uk/1808/.

McRobbie, Angela (2009): The aftermath of feminism: gender, culture and social change. Los Angeles ; London: SAGE.

Mecke, Ann-Christine (2016): Kinderstimme. In: Mecke, Ann-Christine et al. (Hg.): Lexikon der Gesangsstimme: Geschichte, wissenschaftliche Grundlagen, Gesangstechniken, Interpreten. Laaber: Laaber. S. 337–339. (= Instrumenten-Lexika 5).

Melodiva/Frauen machen Musik e.V.: Melodiva-Homepage. Online unter: http://www.melodiva.de/melodiva/.

Mercer, Kobena (2013): Welcome to the jungle: New positions in black cultural studies. Routledge.

Merleau-Ponty, Maurice (2010): Phänomenologie der Wahrnehmung. 6. Aufl., photomechan. Nachdr. der Ausg. 1966. Berlin: de Gruyter. (= Phänomenologisch-psychologische Forschungen de Gruyter-Studienbuch 7).

Middleton, Richard (1990): Studying popular music. Milton Keynes [England] ; Philadelphia: Open University Press.

Middleton, Richard (1993): Popular music analysis and musicology: bridging the gap. In: Popular Music 12, S. 177–190.
Middleton, Richard (Hg.) (2000a): Reading pop: approaches to textual analysis in popular music. Oxford ; New York: Oxford University Press.
Middleton, Richard (2000b): Rock Singing. In: Potter, John (Hg.): The Cambridge companion to singing. Cambridge, UK ; New York: Cambridge University Press. (= The Cambridge companions to music).
Moore, Allan (2002): Authenticity as authentication. In: Popular Music 21.
Muchitsch, Veronika (2017): Neoliberal Sounds? The Politics of Beyoncé's Voice on "Run The World (Girls)". In: PopScriptum 12.
Mulvey, Laura (1994): Visuelle Lust und Narratives Cinema. In: Weissberg, Liliane (Hg.): Weiblichkeit als Maskerade. Orig.-Ausg. Frankfurt am Main: Fischer-Taschenbuch-Verl. S. 48–65.
Mulvey, Laura (1999): Visual Pleasure and Narrative Cinema. In: Braudy, Leo/Cohen, Marshall (Hg.): Film Theory and Criticism: Introductory Readings. New York: Oxford UP. S. 833–44.
Mulvey, Laura (2009): Afterthoughts on „Visual Pleasure and Narrative Cinema" inspired by King Vidor's Duel In The Sun. In: Visual and other pleasures. 2nd ed. Houndmills, Basingstoke, Hampshire [England] ; New York: Palgrave Macmillan. (= Language, discourse, society).
Mushaben, Joyce Marie (2008): Gender, HipHop and Pop-Islam: the urban identities of Muslim youth in Germany. In: Citizenship Studies 12, S. 507–526.
Negus, Keith (1997): Sinéad O'Connor - Musical Mother. In: Whiteley, Sheila (Hg.): Sexing the groove: popular music and gender. London ; New York: Routledge.
Neppert, Joachim M. H. (1999): Elemente einer akustischen Phonetik: mit 18 Tabellen. 4., vollst. neu bearb. Aufl. Hamburg: Buske.
Network for the Inclusion of Music in Music Studies (NIMiMS): NIMiMS Information. Online unter: http://nimims.net/.
O'Brien, Lucy (1996): She bop: the definitive history of women in rock, pop, and soul. New York: Penguin Books.
Ort, Nina (2014): Das Symbolische und das Signifikante: eine Einführung in Lacans Zeichentheorie. Wien: Turia + Kant.
Paeschke, Astrid (2003): Prosodische Analyse emotionaler Sprechweise. Berlin: Logos. (= Mündliche Kommunikation 1).
Pagel, Gerda (2012): Jacques Lacan zur Einführung. 6., Aufl. Hamburg: Junius. (= Zur Einführung 264).
Palmer, Gareth (1997): Bruce Springsteen and Musculinity. In: Whiteley, Sheila (Hg.): Sexing the groove: popular music and gender. London ; New York: Routledge.
Papenburg, Jens Gerrit (im Erscheinen): Körperlichkeit. In: Ziemer, Hansjakob/Morat, Daniel (Hg.): Handbuch Sound. Geschichte. Begriffe. Ansätze. Metzler Verlag.
Papenburg, Jens Gerrit (Hg.) (2006): Das Sonische – Sounds zwischen Akustik und Ästhetik. In: PopScriptum 10.
Papenburg, Jens Gerrit (2011): Hörgeräte. Technisierung der Wahrnehmung durch Rock- und Popmusik. Dissertation.
Patel, Aniruddh D. (2008): Music, language, and the brain. New York: Oxford University Press.

Pattie, David (1999): 4 Real: Authenticity, Performance, and Rock Music. In: Enculturation 2.

Pecknold, Diane (2016): „These Stupid Little Sounds in Her Voice": Valueing and Vilifying the New Girl Voice. In: Adrian, Allison/Warwick, Jacqueline C. (Hg.): Voicing girlhood in popular music: performance, authority, authenticity. New York: Routledge. S. 77–98. (= Routledge studies in popular music 13).

Pfleiderer, Martin (2003): Sound. Anmerkungen zu einem populären Begriff. In: Phleps, Thomas/Appen, Ralf von (Hg.): Pop sounds: Klangtexturen in der Pop- und Rockmusik ; basics - stories - tracks. Bielefeld: Transcript-Verl. S. 19–29. (= Texte zur populären Musik 1).

Pink Noises/Tara Rodgers: About: pink noises | tara rodgers. Online unter: http://www.analogtara.net/wp/projects/pink-noises/.

Rabine, Leslie W. (1994): A Woman's Two Bodies: Fashion Magazines, Consumerism, and Feminism. In: Benstock, Shari/Ferriss, Suzanne (Hg.): On Fashion. Rutgers University Press.

Railton, Diane/Watson, Paul (2005): Naughty Girls and Red Blooded Women. Representations of female heterosexuality in music video. In: Feminist Media Studies 5, S. 51–63.

Rappe, Michael (2010): Under construction: kontextbezogene Analyse afroamerikanischer Popmusik. Köln: Dohr. (= Musicolonia).

Reid, Cornelius L. (1983): A dictionary of vocal terminology: an analysis. New York: Joseph Patelson Music House.

Reynolds, Simon/Press, Joy (1995): The sex revolts: gender, rebellion and rock „n" roll. London: Serpent's Tail.

Rieger, Eva (1988): Frau, Musik und Männerherrschaft: Zum Ausschluss der Frau aus der deutschen Musikpädagogik, Musikwissenschaft und Musikausübung. Originalausg. Kassel: Furore Verl.

Romanow, Rebecca (2005): But... Can the Subaltern Sing? In: CLCWeb: Comparative Literature and Culture 7, S. 6.

Rose, Tricia (2008): The hip hop wars: what we talk about when we talk about hip hop--and why it matters. New York: BasicCivitas.

Said, Edward W. (2017): Orientalismus. 5. Auflage. Frankfurt am Main: S. Fischer. (= S. Fischer Wissenschaft).

Schmutz, Vaughn/Faupel, Alison (2010): Gender and cultural consecration in popular music. In: Social forces 89, S. 685–707.

Schuhen, Gregor (2012): Das Madonna-System - Oder: eine Heilsgeschichte der Weiblichkeit. In: Ritzer, Ivo (Hg.): Global Bodies: Mediale Repräsentationen des Körpers. Berlin: Bertz + Fischer. (= Medien/Kultur 5).

Schulze, Holger (2006): Hypercorporealismus Zur Wissenschaftgeschichte des körperlichen Klangs. In: PopScriptum 10.

Scott, Derek B. (Hg.) (2009): The Ashgate research companion to popular musicology. Farnham, Surrey ; Burlington, VT: Ashgate. (= Ashgate research companions).

Shepherd, John (1991): Music as social text. Cambridge, UK: Polity Press.

Shepherd, John/Wicke, Peter (1997): Music and cultural theory. Cambridge, UK : Malden, MA: Polity Press ; Published in the USA by Blackwell.

Silverman, Kaja (1988): The acoustic mirror: the female voice in psychoanalysis and cinema. Bloomington: Indiana University Press. (= Theories of representation and difference).

Spotify-Homepage: Welchen Wert haben Streaming-Daten? - Spotify for Brands, Interview mit Adam Bly. In: Deustchland. Online unter: http://spotifyforbrands.com/de/insight/adam-bly-qa/.

Spotify-Homepage: Zielgruppenansprache - Spotify for Brands. In: Deustchland. Online unter: http://spotifyforbrands.com/de/targeting/.

Stadler, Gustavus/Tongson, Karen (Hg.) (2013): Special Issue: Trans/Queer. In: Journal of Popular Music Studies 25, S. 553–556.

Stras, Laurie (Hg.) (2011a): She's so fine: reflections on whiteness, femininity, adolescence and class in 1960s music. Farnham Burlington, VT: Ashgate. (= Ashgate popular and folk music series).

Stras, Laurie (2011b): Voice of the Beehive: Vocal Technique at the turn of the 1960s. In: Stras, Laurie (Hg.): She's so fine: reflections on whiteness, femininity, adolescence and class in 1960s music. Farnham Burlington, VT: Ashgate. (= Ashgate popular and folk music series).

Tagg, Philip (2000): Analysing popular music: theory, method, and practice. In: Reading pop: Approaches to textual analysis in popular music, S. 71–103.

Tagg, Philip/Clarida, Bob (2003): Ten little title tunes: towards a musicology of the mass media. New York: The Mass Media Music Scholar's Pr.

Taylor, Pam (1976): Women Domestic Servants 1919-1939. In: CCCS stencilled occasional papers 40.

Taylor, Jodie (2008): Playing it Queer - Understanding Queer Gender, Sexual and Musical Praxis in a 'New' Musicological Context. Queensland Conservatorium of Music Griffith University.

Thaut, Michael H./McIntosh, Gerald C./Hoemberg, Volker (2015): Neurobiological foundations of neurologic music therapy: rhythmic entrainment and the motor system. In: Frontiers in Psychology 5.

Volkmann, Maren (2011): Frauen und Popkultur: Feminismus, cultural studies, Gegenwartsliteratur. Bochum: Posth Verlag. (= Schriften zur Popkultur Bd. 6).

Walser, Robert (1993): Running with the Devil: power, gender, and madness in heavy metal music. Hanover, NH: University Press of New England. (= Music/culture).

Warwick, Jacqueline C. (2007): Girl groups, girl culture: popular music and identity in the 1960s. New York: Routledge.

Warwick, Jacqueline C. (2009): Singing Style and White Masculinity. In: Scott, Derek B. (Hg.): The Ashgate research companion to popular musicology. Farnham, Surrey ; Burlington, VT: Ashgate. S. 349–364. (= Ashgate research companions).

Wendt, Beate (2007): Analysen emotionaler Prosodie. Frankfurt am Main: P. Lang. (= Hallesche Schriften zur Sprechwissenschaft und Phonetik Bd. 20).

Werner, Ann/Johansson, Sofia (2016): Experts, dads and technology Gendered talk about online music. In: International Journal of Cultural Studies 19, S. 177–192.

Whiteley, Sheila (1997a): Little Red Rooster v. the Honky Tonk Woman: Mick Jagger, Sexuality, Style and Image. In: Whiteley, Sheila (Hg.): Sexing the groove: popular music and gender. London ; New York: Routledge.

Whiteley, Sheila (1997b): Seduced by the Sign: An Analysis of the Textual Links Between Sounds and Image in Pop Videos. In: Whiteley, Sheila (Hg.): Sexing the groove: popular music and gender. London ; New York: Routledge.

Whiteley, Sheila (Hg.) (1997c): Sexing the groove: popular music and gender. London ; New York: Routledge.

Whiteley, Sheila (2000): Women and popular music: sexuality, identity, and subjectivity. London ; New York: Routledge.

Whiteley, Sheila (2015): Blurred Lines, Gender and Popular Music. In: Bennett, Andy/Waksman, Steve (Hg.): The SAGE handbook of popular music. Los Angeles: SAGE.

Whiteley, Sheila/Rycenga, Jennifer (Hg.) (2006): Queering the popular pitch. New York: Routledge.

Wicke, Peter (1992): «Populäre Musik» als theoretisches Konzept. In: PopScriptum 01.

Wicke, Peter (1993): Popmusik als Industrieprodukt. Online unter: https://www2.hu-berlin.de/fpm/textpool/texte/wicke_popmusik-als-industrieprodukt.htm.

Wicke, Peter (1998): Heroes and Villains. Online unter: https://www2.hu-berlin.de/fpm/textpool/texte/wicke_heroes-and-villains.htm.

Wicke, Peter (2001): Von Mozart zu Madonna: eine Kulturgeschichte der Popmusik. 1. Aufl., Lizenz[ausg.]. Frankfurt am Main: Suhrkamp. (= Suhrkamp-Taschenbuch 3293).

Wicke, Peter (2006): Das Sonische in der Musik. In: PopScriptum 10.

Widmer, Peter (2012): Subversion des Begehrens: eine Einführung in Jacques Lacans Werk. Erw. Neuausg. des erstmals 1990 im Fischer-Taschenbuch-Verl. erschienenen Werks „[Subversion des Begehrens :] Jacques Lacan oder die zweite Revolution der Psychoanalyse", orthogr. aktualisierter Nachdr. Wien Berlin: Turia + Kant.

Willis, Paul (ca. 1973): Symbolism and Practice - A Theory for the Social Meaning of Pop Music. In: CCCS stencilled occasional papers 13.

Willis, Paul (1981): „Profane Culture": Rocker, Hippies ; subversive Stile der Jugendkultur. Frankfurt am Main: Syndikat.

Winship, Janice (1978): Women at Work Bibliography. Online unter: http://epapers.bham.ac.uk/1809/.

Young, Iris Marion (2005): On female body experience: „Throwing like a girl" and other essays. New York: Oxford University Press. (= Studies in feminist philosophy).

Youtube: About targeting for video campaigns - YouTube Help. Online unter: https://support.google.com/youtube/answer/2454017?hl=en.

Musik

Birdy (01.01.2012): „People Help The People", MP3 [256 kbit/s], Warner Bros., Dauer: 04:17.

Björk (06.11.2002): „All Is Full Of Love" (Original Mix), MP3 [320 kbit/s], Polydor, Dauer: 04:44.

Bush, Kate (27.07.1988): „Feel It", MP3 [320kbit/s], Parlophone UK, Dauer: 03:03.

Minogue, Kylie (14.02.2002): „Can't Get You Out of My Head", MP3 [320 kbit/s], EMI UK, Dauer: 03:52.

Nirvana (23.09.2011): „Smells Like Teen Spirit" (Album Version), MP3 [320 kbit/s], Universal Music International, Dauer: 05:02.

The Shirelles (25.03.2011): „Will You Still Love Me Tomorrow?", MP3 [320 kbit/s], AudioSonic Music, Dauer: 02:46

Williams, Robbie (01.03.2003): „Feel" (Album Version), MP3 [320 kbit/s], Parlophone UK, Dauer: 04:25

Sach- und Fachbücher
- Gesellschaftskritik
- Frauen-/ Männer-/ Geschlechterforschung
- Holocaust/ Nationalsozialismus/ Emigration
- **(Sub)Kulturen, Kunst & Fashion,** Art Brut
- Gewalt und Traumatisierungsfolgen
- psychische Erkrankungen

sowie

… junge urbane Gegenwartsliteratur,
Krimis / Thriller, Biografien

… Art Brut und Graphic Novels,
(queere) Kinderbücher

www.marta-press.de

Ilse Jung

RUHRGEBEATGIRLS

DIE GESCHICHTE DER
MÄDCHEN-BEATBAND
THE RAG DOLLS
1965-1969

Marta press

Ilse Jung:
RuhrgeBEATgirls.
Die Geschichte der Mädchen-Beatband
The Rag Dolls
1965-1969

Ilse Jung, 1948 in Duisburg geboren, zeichnet in ihrem Buch die Geschichte der deutschen Mädchen-Beatband *The Rag Dolls* nach, in der sie von 1967-1969 mit Begeisterung Rhythmusgitarre spielte. Was die britische Beat-Band *The Liverbirds* im Großen war, war *The Rag Dolls* im Kleinen, dennoch hatten sie viele Konzerte und Auftritte und daneben mit den üblichen Vorurteilen der damaligen Zeit zu kämpfen, in der Mädchen und Frauen Groupies zu sein hatten. Die Mädchen aus dem Ruhrgebiet hatten jedoch viel zu sehr selber Spass daran, Musik zu machen, auf der Bühne zu stehen und das tourige Leben in einer Band zu genießen.

Heute noch spielt Ilse Jung in einer Rockband und in Lesungen berichtet sie unterhaltsam über ihre Erlebnisse in der damaligen Beat-Zeit. Für talentierte Mädchen und junge Frauen wird durch ihr Vorbild sichtbar, was möglich ist, wenn man fest an sich glaubt und unterstützende Strukturen hat!

Marta Press, Hamburg, September 2016,
120 Seiten, viele Abbildungen
ISBN: 978-3-944442-25-9
16,80 € (D), 18,00 € (AT), 20,00 CHF (CH) UVP

www.ingramcontent.com/pod-product-compliance
Lightning Source LLC
Chambersburg PA
CBHW030826230426
43667CB00008B/1404